ちくま新書

貿易の世界史
——大航海時代から「一帯一路」まで

福田邦夫
Fukuda Kunio

1538

貿易の世界史——大航海時代から「一帯一路」まで【目次】

第3章　アメリカのヘゲモニー　161

はじめに　貿易の主役は誰だろう

†貿易は双方に利益をもたらすものなのか?

貿易とは何か?　経済学のテキストには、貿易はお互いの国に利益をもたらすから行われ、人類を至福の世界に導く自然現象でもあるかのように説明するものもある。貿易は相互に利益をもたらすものなのか。そうではない。当事者の利益が相反するからこそ、イギリスのＥＵ離脱やアメリカのＴＰＰ不参加がおこるのだ。

自由貿易がよくて保護貿易は悪いという言説があるがそれも違う。自国の産業を守るために、歴史的に保護政策は行われてきたからだ。ただしトランプ政権時代のアメリカの政策は第４章で詳述するように保護主義でも何でもない。

トランプは、二〇一七年一月、大統領就任後の記者会見で、アメリカは不均衡貿易で毎年、数千億ドルを失っているから不均衡な貿易を是正する、そして雇用を確保するため、海外移転している企業の製品に高関税をかけると述べ、企業にアメリカへの回帰を呼び掛けた。[1] 実際、一九七〇年から貿易赤字国に転落したアメリカは、巨額の貿易赤字を記録しつづけている（二九五頁、図4-3参照）。トランプ大統領は、貿易赤字の原因は貿易黒字国の責任であるとして、貿易黒字国を激しく糾弾した。

同大統領は、二〇一八年三月、一九六二年の通商拡大法二三二条に基づいて、メキシコとカナダを除く全ての国を対象にして鉄鋼に二五％、アルミニウムに一〇％の輸入関税を課すことを決定した。これに対して中国とEUは報復関税措置を発動した。[2] 以降、中国とアメリカとの間では米中貿易戦争とも言うべき激しい関税引上げ競争が展開されている。しかし米中の経済は相互依存関係を深めており、アメリカ経済は中国の労働市場や販売市場を無視しては成り立たない。米中関係については第4章で触れるが、通信技術開発では中国が優勢を誇っている。こうした状況のなか、トランプ大統領は中国に対して経済戦争を宣言した。

すなわち、トランプ大統領は二〇一九年に成立した国防権限法に基づき、政府調達から中国企業を排除する規制の第一段階として、二〇一九年八月に米政府機関に対し、中国の通信機器大手、華為技術（ファーウェイ）、中興通訊（ZTE）、海能達通信（ハイテラ）、杭州海康威視数字技術（ハイクビジョン）、浙江大華技術（ダーファ・テクノロジー）五社との直接取引を禁止した。そして第二段階となる二〇二〇年八月からは適用範囲を広げ、中国企業五社の製品やサービスを使う企業と、米政府との取引を禁止する規則を施行した。こうした措置は、中国企業に部品を供給している日本や米国の企業に多大な影響を及ぼすだろう。

アメリカ企業に限らず、世界の企業は一九七〇年代以降、急激な海外展開を遂げており、国内で生産し国外に輸出するという古典的パターンから脱却している。つまり米国企業のグローバルな事業展開の帰結として生まれたのが米国の貿易赤字なのだ。だから米国企業を海外から引き戻すというのは、大統領が誰であれ無理な話であり、選挙目当てのプロパガンダでしかない。

実際、米国の製造業部門労働人口は、図0‐1に示すように一九九一年の一七八〇万人から二〇〇九年には一二〇〇万人にまで激減している。製造業部門の海外展開に歯止めが利かない状態だ。

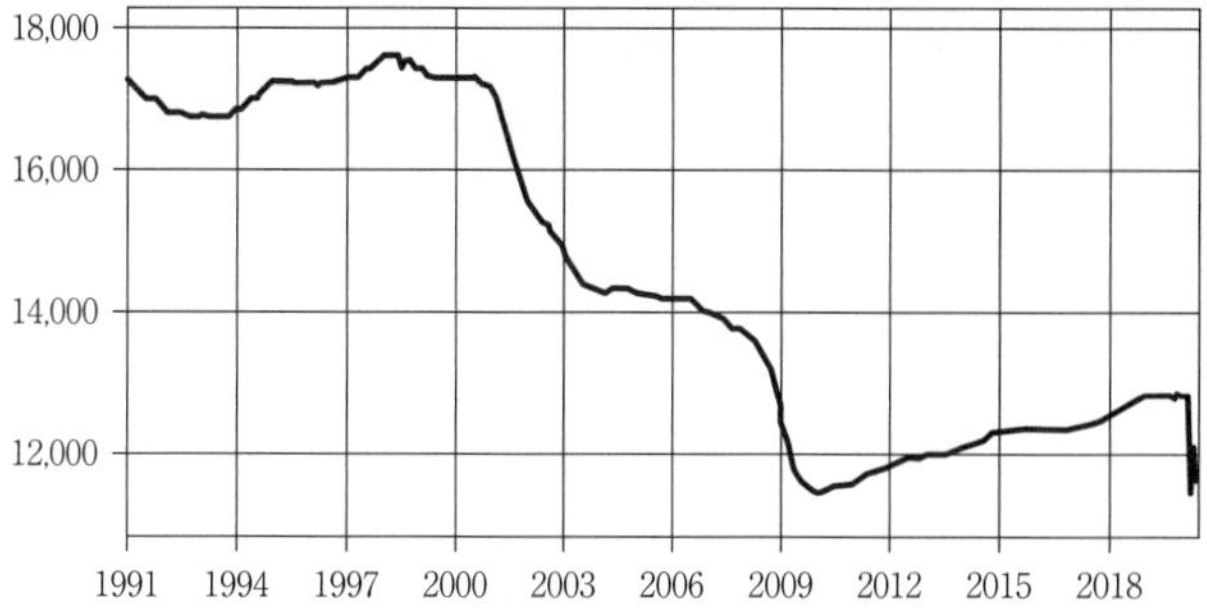

図0-1　米国における製造業部門労働人口の推移（単位：1000人）
出所：U. S　Bureau of Labor Statistics. https://www.bls.gov/

†貿易の主役は多国籍企業

二〇一六年段階で、資産総額、または純収益が二五〇〇万ドル以上の米国多国籍企業（U.S. Multinational Enterprises）の子会社三万四八八一社が、全世界二八九か国を舞台にしてあらゆる産業部門で事業を展開している。米国の多国籍企業とその子会社が世界で雇用している従業員数は約一七〇〇万人であり、中国では約二一〇万人、メキシコでは約一六〇万人、インドでは約一四〇万人、カナダでは約一三〇万人を雇用している。[3]

こうしたなか安倍首相（当時）は、二〇一七年二月一〇日、トランプ大統領との首脳会談直前、年金資産も活用して数兆円もの投資をして、米国で七〇万人の雇用を創出する「日米成長雇用イニシアチブ」を公表した。また米自動車大手ゼネラル・モーターズ（GM）は米国内の工場に約一〇億ドル（約一一四〇億円）を投資し、千人超の雇用を創出する計画を発表した。GMだけではなく日系自動車メーカーも米国における雇用創出を一斉にアピールしている。

しかしGMやフォード・モーターズ・カンパニー（FMC）、さらにトヨタ自動車がトランプ大統領の要求を全面的に受け入れて生産基地を海外から米国へ全面的に移転する予兆は見られない。これら多国籍企業は全世界で激しい市場獲得競争の渦中におかれ、一国内に生産基地を構え、一国内の市場をターゲットにして活動を展開しているのではないのだ。

トランプ大統領は、米国はメキシコと不均衡貿易で毎年、数千億ドルを失っていると批判したが、メキシコから米国への輸出の主導権を握っているのは、こうした米国の多国籍企業に他ならない。

二〇一五年段階におけるGMの全雇用者数は二一万五〇〇〇人であり、この内一一万八七〇〇人がメキシコを始め海外の工場で雇用されている。海外雇用比率は五五％に達する。FMCの場合、全雇用者数は一九万九〇〇〇人であり、この内九万六〇〇〇人が海外の工場で雇用されており、海外雇用比率は四八％に達する。また海外資産保有額が世界第二位のトヨタ自動車の場合、全雇用者数は三四万八八七七人であり、この内一四万八九四四人が海外の工場で雇用されており、海外雇用比率は四三％に達する。[4]

世界の大手自動車メーカーは米国を最重要市場と位置付け、関税メリットと安価な労働力を求めてメキシコに生産拠点をシフトさせている。二〇一五年にメキシコから輸出された自動車二六一万台の内、七五％は米国向けである。帝国データバンクによる『メキシコ進出企業実態調査』（二〇一八年）によれば、メキシコへ進出した日系企業について以下のように述べている。

「メキシコに進出している日本企業は、二〇一八年六月時点で七一五社であり、業種別に見て最も多かったのは「製造業」の四五九社（構成比六四・二％）で、全体の約三分の二を占めた。二位は「卸売業」（一三五社、同一八・九％）となった。業種細分類別に見ると、最も多かったのは「自動車部分品・付属品製造業」の四三社（同六・〇%）であり、「自動車駆動・操縦・制動装置製造業」（三〇社、同四・二%）、事業持株会社を含む「投資業」（二七社、同三・八%）、総合商社など「各種商品卸売業」（二〇社、同二・八%）と続いた。この他、自動車用外板部品の製造などの「金属プレス製品製造業」（一六社、同二・二%）や、「鉄鋼卸売業」（一四社、同二・〇%）、「自動車用内燃機関製造業」（一一社、同一・五%）などの自動車製造に関連した業種が上位を占めた。こうした企業の中には、現地生産を行う日系完成車メーカー向けの他、欧米系の大手完成車メーカーに部品供給などを行っている企業も見られ、メキシコを部品供給や最終組み立てなど、北中米地域の「製造拠点」と位置付けて進出している企業が多く見られた[5]」

国家が企業のグローバルな事業展開に歯止めをかけて自国民の安定した雇用を維持し、産業を守るための通商政策であれば、それは正当な通商政策であり、これまでのアメリカの企業最優先の通商政策とは真逆の政策である。だがトランプ大統領は、富裕層を更に富裕化させる大幅減税政策をとる一方、著しい所得格差解消や最低賃金の引上げ、更に社会保障制度の整備は何もしていない。同大統領の狙いは、大企業や富裕層の利益を擁護することに他ならない。

実際、同大統領は、二〇一七年一二月、大幅な法人税軽減を目的とする税制改革法に署名した[6]。同法は二〇二五年までの時限立法であるが、法人税は従来の三五%から二一%に引き下げられた。多国籍企業が外国から受け取る受取配当は全額が益金不算入とされ、無税となった。個人所得の最高税率も引き下げられ、相続税（遺産税）課税最低限は二倍に引上げられた。また遺産税、相続税に対する基礎控除額が二〇二五年まで倍増（約一二〇〇万ドル）することになった。この措置によって課税対象者が大幅に減少した。[7]

法人や富裕層、なかでも海外で事業展開する多国籍企業は、税の大幅軽減措置を大歓迎した。だが大幅減税により、税収は大幅に減り、二〇一九年一〇月には米連邦政府の債務残高は二三兆ドル（約二五〇〇兆円）の節目を超え、過去最高の二三兆八四億一〇〇〇万ドルに達した。[8]アメリカのGDP（国内総生産）は二〇一九年段階で約二一兆四三九四億ドル、債務残高はGDPの約一一二％に達する。

†国際貿易の構造を理解する

繰り返すが、国際貿易はお互いの国に利益をもたらすから行われるのではない。貿易は多国籍企業にとって利潤追求の道具であり、その道具を使って利益を得るのは国民ではなく私企業なのだ。まるで毛細血管のように全世界に張り巡らされている貿易・生産ネットワークは、富を全世界に平等に行き渡らせる役割を担っているのではなく、巨大企業の手中に富を集積・集中する役割を果たしている。だからこそ国際NGOオックスファム（OXFAM）の二〇一六年度報告にあるように、世界人口の一％にあたる富裕層が持つ富は、二〇一六年には残りの人口の九九％が持つ富の合計を上回るという、異常の中の異常な事態が生じているのだ。[9]

そもそも現在の貿易の当事者は、国でも、あなたでもなく、多国籍企業なのだ。貿易によって、異国の文化に触れることができるなど、われわれ消費者にもプラスはあるかも知れない。だが貿易の恩恵は、基本的には貿易によって富を得ようとするものに与えられる。このようにして現在の世界経済ができあがってしまったのだ。本書では歴史を振り返り、近代社会が形成されるなかで貿易が果たした役割について考察し、貿易問題の本質を明らかにしたい。それには先ず、散らばっていた世界を「ひとつ」にする契機となった大航海時代までさかのぼらなければならない。

1　前任のオバマ大統領も雇用創出を軽視したわけではない。二〇一二年の大統領選挙戦で、二〇一六年までに「製造業雇用一〇〇万人創出」を公約し、イノベーション研究拠点を一五か所創設し、競争力強化のための法人税引き下げ、雇用の国内回帰促進のための投資誘致策を展開した。詳しくは西川珠子『米国産業構造の変化――マクロ経済統計に見る「製造業復活」の実態』みずほ総研論集　二〇一三年Ⅱ号。

2　https://www.jetro.go.jp/biznews/2018/03/c6af8e7dc0aa2323.html（二〇一八年四月二日閲覧）

3　Selected Data for Foreign Affiliates in All Countries in Which Investment Was Reported https://www.bea.gov/international/usdia2016p（二〇一九年五月五日閲覧）

4 UNCTAD World Investment Report 2016.

5 https://www.tdb.co.jp/report/watching/press/pdf/p180703.pdf

6 Tax Cuts and Jobs Act, H.R.1については以下参照。PUBLIC LAW 115-97-DEC. 22, 2017 https://www.congress.gov/115/plaws/publ97/PLAW-115publ97.pdf（二〇一八年三月三日閲覧）

7 日向寺裕芽子／塩田真弓『「トランプ税制改革」について』財務省主税局調査課 https://www.mof.go.jp/public_relations/finance/201802/201802h.html（二〇一八年七月五日閲覧）なおブッシュ（子）共和党政権下では、二〇〇一年以降一〇年間に約一兆ドルの大幅減税が行われた。これに対してオバマ民主党政権は、富裕層を優遇するブッシュ大統領の減税政策が破棄され、オバマケアに示されているように所得再配分政策がとられた。

8 https://www.jiji.com/jc/article?k=2019110200257&g=int）

9 OXFAM. Just 8 men own same wealth as half the world. https://www.oxfam.org/（二〇一八年一月閲覧）

第 1 章

近代世界と貿易

メドウェイ川襲撃　イングランドがまだ悪疫の大流行とロンドンの大火災の衝撃から立ち直れなかった1667年6月9日、オランダの艦隊がチャタムに潜入。イングランド艦隊を急襲した。この後ほどなくして第2次英蘭戦争は終結する。（ピーター・ファン・デ・ヴェルデ『燃え上がるイングランド艦艇』）

「貿易戦争」という言葉があるが、大航海時代の貿易は戦争そのものであった。近代社会の担い手となったヨーロッパ人は、非ヨーロッパ世界に乗り出し、何ら躊躇することなく、そこで暮らしていた人々を殺め、金や銀を奪い去ったのである。近代社会は、あらゆるモノを金銭に変える貿易商人と宗教、そして国家が結託して築いた建造物なのだ。

ポルトガルの王侯貴族や貿易商人は、オランダやイギリスに先駆けてインド洋や西アフリカ沿岸を制圧し、さらにブラジルを支配下においた。ポルトガルの首都リスボンは、ブラジルから略奪してきた黄金を惜しみなく使って建てた王宮が立ち並ぶ煌びやかな大都会であった。だがポルトガルは、イギリスと結んだメスエン条約（一七〇三、一七一三年）により工業化の芽を摘み取られ、またスペインの台頭によって凋落し、その座をスペイン、そしてオランダに譲ったのである。

スペインもポルトガル同様、新大陸（現在のボリビア）で銀を発見（ポトシ銀山）し、先住民を残忍非道な手段で皆殺しにして富を奪い、ポルトガルを凌ぐ海洋帝国を打ち建てた。スペイン支配下のアントワープ（アントウェルペン）は一六世紀ヨーロッパの最大の商業中心地として栄えたが、一五六八年に開始されたネーデルラント（オランダ）独立戦争の最中、スペイン軍によって壊滅的打撃を受け、スペインの軍門に下ってしまった。

のち一六四八年にスペインからの独立を獲得した北部州オランダにはアントワープを支えていたオランダ商人が移住した。彼らは、王朝支配とは無縁であり、経済的合理性しか追求せず、瞬く間に世界最強の商業国家を築いた。だが新興国イギリス、フランスと競合の末、凋落していく。

1　大航海時代の幕開けとポルトガル

†新たな商人の登場

大航海時代とは何か。それはイベリア半島でイスラム勢力を撃退して独立国家を樹立したポルトガルとスペインによる地理上の大発見と、それに引きつづき非ヨーロッパ世界の暴力的支配が開始された一五～一六世紀を指す。大航海時代の開幕を告げるためには、大洋を横断できる艦隊と航海用具、火薬が必要であった。また偵察探検をするためには、正貨＝銀貨が必要であり、南ドイツ（アウクスブルク）の銀行フッガー家や商人からも融資を受ける必要があった。そして何よりも国家からの援助が必要であった。大航海時代は、長年にわたって異教徒イスラム勢力に抗してレコンキスタ（国土回復運動）[1]を繰り広げた古強者を記念し、征服者（コンキスタドール）の時代とよばれているが、この時代には、貿易商人は兵士でもあり、同時に知識人でもあった。[2]

したがってこの時代は、これまで見られなかったタイプの商人が登場して権力を掌握した時代でもある。フランスの経済学者ジャック・アタリは、新しいタイプの商人について以下のように述べている。アタリが指摘する狡知にたけた商人の誕生こそが近代人の誕生かもしれない。

「知識人である商人は書物や地図が読め、地理、気象学、宇宙形状誌、言語、数学を知らなければならない。冒険家である商人は不正行為をしたり、ごまかしたり、必要とあらば殺人を行うこともあえてしなければならない。支配者である商人は管理し、命令し、組織し、解雇し、自らの規則をおしつけなければならない。計算機である商人は資本を集め、それをさまざまな企業に投資し、貸付方法を考案し、利潤を分配し、為替レートを計算し、公証人の前で作成された契約書の内容に応じて、他の商人、職人、法律家、大諸侯、聖職者から集めた資本を運用しなければならない[3]」

†レコンキスタと新航路の発見

ポルトガルにおけるレコンキスタは、スペインよりも早く一二四九年に完了した。ポルトガル国王ジョアン一世（一三五七〜一四三三年）は、一四一五年にモロッコ北端のセウタを攻略した。セウタを攻略したのは、セウタがサハラ砂漠を越えて流入する金の市場であり、大西洋と地中海を結ぶ重要な中継貿易の基地であったからだ。だが、サハラ砂漠を越えて金を運んで来る商隊はセウタを避けるようになったので、国王は所期の目的を達成することはできなかった。[4]航海王子として名を馳せた国王の王子エンリケ（一三九四〜一四六〇年）は、数次にわたってアフリカ西岸に探検隊を派遣し名実ともに大航海時代の口火を切った。

ポルトガル艦隊は、一四三一年に西アフリカ沿岸のカーボベルデ島を発見、一四四五年にはセネガル、一四五〇年にはギニア、一四五六年にはガンビア、一四六〇年にはシエラレオネ、一四七八年には、サントメ・プリンシペを発見した。[5] ポルトガル艦隊はさらにアフリカ大陸の西岸を南下し、一四八八年にはアフリカ大陸南端の希望峰に辿り着いた。さらに一四九八年には、ヴァスコ・ダ・ガマが、インドのカルカッタ（コルカタ）に到着、一五四三年には、明の寧波《ニンポー》に向かうポルトガル船が九州の種子島に漂着し、日本に至るまでの航路を発見した。

ギニア湾に浮かぶサントメ・プリンシペ（サントメ島、プリンシペ島）では、一四九三年からサトウキビ栽培が開始され、そこには、リスボンの牢獄に投獄されていた囚人やキリスト教に改宗することを拒否したユダヤ人が多数、労働力として連行され酷使されていた。後には、南アフリカのコンゴから多数の黒人が奴隷として連行され、やがて奴隷貿易の中継地としてポルトガル経済を支えた。[6]

†奴隷狩り

ポルトガルをはじめとするヨーロッパの貿易商人はどのようにしてアフリカ人奴隷を手に入れたのか。J・シュレ＝カナールは以下のように述べている。

「一般にヨーロッパ人は、奴隷狩りに直接手を出すことは差し控えた。アフリカ人から〈買う〉方がずっと得で、危険も遥かに少なかった。こうして、ただ奴隷商人を儲けさせるために、アフリカ人自身が自らを破滅させていったのである。生産活動にかわって、人と物を破壊する戦争が、奴隷を手に入れるための戦争が一番儲かる仕事になった。勝敗が逆転すれば、今日奴隷狩りをしていた者も、明日はわが身が捕虜となり、これまで同胞たちを歩ませてきた人骨の散らばる港への道を、足枷をひきずって自ら歩まなければならなかった。こうして、絶え間ない社会不安と、ひっきりなしの戦争と侵掠、さらにそこからくる貧困と飢餓が、黒アフリカの特徴となった。しかし、昔からそうだったわけではない。そのときからである」[7]

J・シュレ＝カナールは、「一般にヨーロッパ人は、奴隷狩りに直接手をだすことは差し控えた」と述べているが、それはうだるような暑さに加えて黄熱病やマラリア、さらにデング熱等の熱帯伝染病によって、ポルトガル人兵士も軍馬も次々に死んでしまったからである。そこでポルトガル人はアフリカの有力な支配者を利用したのだ。

アフリカ南部のコンゴは、一四八二年にポルトガルの貿易商人が発見したが、一四九一年にポルトガル国王が派遣した宣教師団がコンゴ国王ヌジンガに謁見した際、同国王はキリスト教に改宗した。同国王の支配領域はアンゴラ王国にまで及んでいた。一五一三年からポルトガル国王はコンゴに大使を派遣し、ポルトガル国王はコンゴ国王と独占的な貿易取引を行うことを約束した。ポルトガルは黒人奴隷を輸入し、コンゴ国王はポルトガルから銃や装飾品を独占的に輸入して臣下に配分した。またコンゴ国王は領内にポルトガル人宣教師を迎え入れるための教会を建設した。一六世紀中葉からは、ポルトガル人宣教師に代わってコンゴ人宣教師がキリスト教の布教に専念するようになった。またポルトガルの貿易商人や兵士は、コンゴの町に住みつき、先住民女性と結婚して多数の混血児をもうけた。ポルトガル人との混血児は、ポルトガル人の名前を名乗り、ポルトガル語を話し、ポルトガルの文化を伝播し、特権的集団を構成していった。

コンゴ国王が銃や装飾品の輸入と引き替えにポルトガルに輸出していた黒人奴隷は、コンゴ王国に敵対する近隣の部族であった。

一五六〇年代にコンゴ王国に反旗を翻したジャガ族の反乱はコンゴ王国全土に広がった。危機に直面したコンゴ国王はポルトガルに援軍を求め、ポルトガル国王は、一五七一年に六〇〇人の兵士を派兵した。戦闘は八か月間に及び、ポルトガル軍はジャガ族を殲滅した。ジャガ族が反乱に決起した理由は、コンゴ王国による奴隷狩りだった。

一六世紀後半になるとポルトガルは、現在のアンゴラ、ギニアを黒人奴隷の狩猟場として位置づけ、奴隷貿易に専念した。ブラジルに輸出した奴隷の約七〇%が大西洋に面した現在のアンゴラ、ギニアから送られたのだ。[8] 奴隷積出し港は「奴隷海岸」、象牙の積出し港は「象牙海岸」と命名された。

†通商路の確立

ポルトガルは、オランダやイギリスの先陣を切って喜望峰を経由してインド洋に進出し、香料・胡椒・綿織物に代表されるアジア貿易とアフリカからの奴隷貿易を独占しようとした。だがアジアでのポルトガルの貿易商人は、松井透が指摘しているように「突然出現してなわばりを主張する暴力組織の所業」[9]に等しく、アジア社会の根底に触れるような衝撃を与えるものではなかった。[10]なぜならポルトガルが来る以前、すでに西アジアから東アジアを繫ぐ独自の市場圏が形成されていたからだ。松井透は以下のように指摘している。

「そこでは各地市場で商品がさかんに売買されるばかりでなく、土地の商人が代理商になったり、他国の商人が移住して居留地を作ったり、商業金融では近隣市場が結ばれたりする例も多く見られた。それはまた西方において、西アジア市場を介して地中海市場にも口を開き、香辛料・染料・織物などの東方物産が、中部ヨーロッパ産の銀・銅や西アフリカ産の金・象牙などと取引されていた[11]」

西アジア商隊路では、アジアで手に入れた商品は、ペルシャ湾、バグダッド、アレッポを経由し、そこから海路でコンスタンティノープルやヴェネツィア、ジェノバまで運ぶルートか、または紅海の入り口まで駱駝の背中に積んで運び、紅海で船に積み替えてナイル川沿岸のスエズまで運ぶルートがとられていた。スエズに到着した商品は再び駱駝の背中に積まれて陸路でアレキサンドリアまで運ばれた。さらにアレキサンドリア港で待ち受けているイタリアのガレー船に積み替えられてヴェネツィアやジェノバに運ばれた。陸路での荷物の運搬は、馬または駱駝が用いられ、莫大な運送費用がかかった。全ての商品は何度も積み替えられ、その度に商人から商人へと手渡しされ、商人はそれぞれ多大の利潤を手に入れていた。[12] ポルトガルによる喜望峰経由のアジア貿易は、これまでの西アジアから陸路で地中海商業圏に出る通商路を封じたわけではなく、その契機を与えたに過ぎない。

一方でポルトガルは、一四三一年から一四六〇年にかけて、かつて奴隷海岸、象牙海岸、黄金海岸、穀物海岸と呼ばれた西アフリカの中央部にあるギニア湾沿岸地帯を制圧したので、サハラ砂漠を越えて北アフリカに流入していた金を直接ポルトガルに運ぶことができるようになった。このため、一四四七年には、本国でアフリカ大陸から大量に流入する金を使ってクルザード金貨が鋳造された。[13] クルザード金貨は、アジアで香辛料や綿織物、それに絹織物を買いつけるために使用された。

ポルトガルがアフリカから本国に持ち帰ったのは金だけではない。ポルトガルはギニア湾沿岸に強固な商館＝要塞を築き、これを拠点として奴隷狩りを行い、数多くのアフリカ人を本国やブラジルに連行した。ポルトガルに連行された黒人奴隷は、建設現場や農業に従事させられた。また象牙も持ち帰った。このようにしてポルトガルは、アフリカ、アジアの貿易をほぼ独占したのだが、領土を支配するのではなく、貿易網の要点に各々商館＝要塞を建設して貿易網を支配下においたのである。またスペイン同様、国王は絶大な権限を持ち、貿易は王室の独占事業のひとつであった。金七紀男は、ポルトガル国王について以下のように述べている。

「もともとポルトガル王国はスペインと同様に強大なイスラム勢力との対抗関係のなかで形成されたことから、建国当初から王権は他の西欧諸国に比べて強大であった。国王は常に最高裁判権・貨幣鋳造権を留保し、国内の城はすべて国王に所属していた。ヨーロッパに一般的な授受という形式を採る重層的な封建的臣従関係は見られず、国王の一元的支配が原則だった」[14]

†私貿易の興隆

ポルトガル国王は王宮内に「インド商務院」を設立し、海外貿易を統括した。なかでも金、銀それに香辛料の貿易は厳格に管理していた。貿易商人がアジアやアフリカから持ち帰った胡椒や綿織物、砂糖等は、オランダのフランドルの商館を通じてヨーロッパ市場に売却され、王室は莫大な利益を手にしていたのである。王室が探し求めていた金や銀は、香辛料や、インドのベンガルやグジャラートの綿織物を買いつけるためにはなくてはならないものであった。と

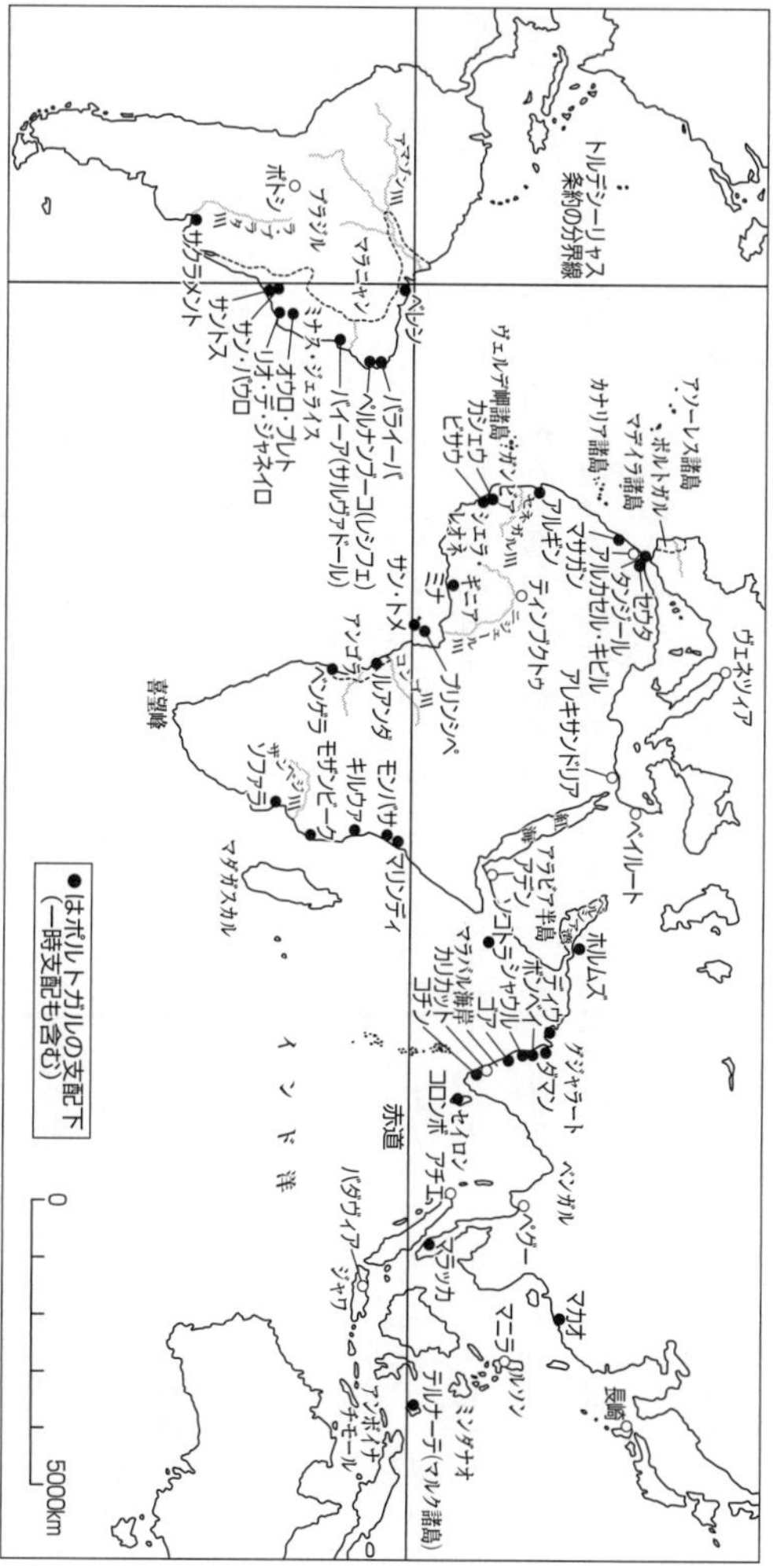

図 1-1　ポルトガル海洋帝国の拠点

出所：立石博高編『スペイン・ポルトガル史』山川出版社、2000年、380 頁

はいえ、広大な地域で行われる商取引を国王が一括して管理することは不可能であり、一五五〇年代以降は、王室が取り扱う貿易の一部を特権として大貴族や騎士団に譲渡するようになった。[15] これを契機として貿易商人の活躍、すなわち私貿易が興隆をきわめた。当時、リスボンには、アジアから運ばれてくる香料や綿織物がもたらす富に引き寄せられてヨーロッパ各地からフッガー、ウェルザー、フェヒリン等の商人が集まった。彼らは、国際的商人団を組んでポルトガルが編成する船団に投資した。[16]

†コロンブスの登場

世界最大の海洋国家であったイタリア沿岸都市ジェノバで生まれたコロンブスは、一四七〇年代に黄金と香料を求めて野心的な航海をつづけていたポルトガル人の情熱に心を奪われ、北アフリカ北岸の海域で冷酷な略奪行為を繰り返していたコルセア海賊船の乗組員になった。そしてポルトガル人から航海地図の作製技術を学び、大西洋の最西端にあるマディラ諸島のポルト・サント島の領主の娘と結婚した。

コロンブスの義父は、マディラ諸島でアフリカ人奴隷を使用して砂糖のプランテーションを経営していた。彼は砂糖をアメリカ大陸に持ち込んだ最初の人物である。[17] コロンブスは、一四八九年にポルトガル国王に西回りでアジア航路を発見する計画を披露して却下されたのだが、その頃、ポルトガルは大西洋の島々の植民地化を進めており、西アフリカ沿岸部からアフリカ最南端にまで航行するようになっていた。[18]

†ブラジルの発見

アフリカ大陸からインド洋に通じる航路とは別に、一五〇〇年にはアルヴァレス・カブラルが大西洋を横断してブラジルを「発見」した。だが銀鉱床が見つからなかったため、ポルトガル国王はブラジルを高く評価していなかった。

なおブラジルは一四九三年、ローマ教皇が調停したスペインとポルトガルの植民地分割線ではスペイン領であったが、翌年の一四九四年、ポルトガルのジョアン二世がスペインと交渉して取り決めたトルデシリャス条約でポルトガル領として認められた。[19]

アフリカ人奴隷を使った砂糖栽培が始まったのは、国王が一五三四年に一〇人余りの功臣・貴族にブラジルの広大な土地を与え、彼らが大土地所有者（封土受贈者）となってからのことである。[20] 砂糖プランテーションが拡大するとポルトガル国王は一五四九年からブラジルで公式の行政権を行使するようになった。[21]

ブラジル発見当初、ここを訪れたのは、一獲千金を夢見るポルトガル人冒険商人であったが、フランスやオランダ、それにイギリスからも冒険商人がやって来た。ブラジルでポルトガル人が出会った先住民についてK・ポメランツとS・トピックは以下のように述べている。

「ブラジルでポルトガルの商人が最初に出会った人は、トゥピナンバという半定住部族であり、男たちは狩りをしたり、魚を捕ったり、駆け回って食べ物を集めて生活をしていた。女性は原始的な農業に従事していたが、全くの粗放農業であり、もちろん資本など全然蓄積されていなかった。彼らは税など払ったりせず、他人のために働くことなど論外であるという、いわゆる「遅れた」人々だった。トゥピナンバと呼ばれる人々の社会には階級が不在であり、貿易とは無縁であるばかりか自分たちのためにだけ生産し、粗末な工芸品を作ること以外にはなにもしなかった。かれらにとっての貿易（モノとモノの交換）は、ある種の競技であり、誰かが専門的に従事する職業ではなかった」[22]

†貿易商人の「商法」

ポルトガルの貿易商人につづいて香料貿易に乗り出したフランスの貿易商人は、当初ブラジルで黄金や香料が見つからなかったので、ヨーロッパで破格の値段で売れるブラジルウッドから抽出される赤色染料を求めた。このため南米におけるポルトガルの植民地は、この木に由来してブラジルと命名されたのである。一六世紀当初、ポルトガルの貿易商人がブラジルからヨーロッパに持ち帰ったのは、ブラジルウッド、獣皮、タバコ、若干の綿花であった。ポルトガル人をはじめとするヨーロッパの貿易商人は、敵対する部族間の争いを巧みに利用して漁夫の利を手にした。K・ポメランツとS・トピックは以下のように述べている。

「フランス人やポルトガル人の貿易商人は、先住民が纏っている衣服を身につけ、先住民の言葉を習得し、先住民の娘と結婚して共同体に入り込んだ。そしてブラジルウッドをヨーロッパに送るために共同体の伝統である互酬労働をさせようとして、好戦的なトゥピナンバの人々に鉄製の剣や斧などの武器を贈った。彼らはこの贈り物を重宝した。またポルトガル人はいくつかの村を選んで彼ら先住民に武器を贈与したので、他の部族も武器を欲しがるようになり、部族間の争いは激しさを増して行った。またフランス人貿易商も、ポルトガルの武器で武装しているトゥピナンバ族に敵意を抱いている部族に武器を贈り、トゥピナンバ族を攻撃するように仕掛けた。染料になる木を求めるヨーロッパ人は、ヨーロッパから遠く離れた南半球を戦乱の地にしてしまったのだ[23]」

†先住民の絶滅とプランテーションの誕生

ヨーロッパ人は、アフリカでも対立する部族間の争いを利用したのだが、一六世紀初めまでに新大陸の先住民がほぼ絶滅したので、コロンブスの義父が持ち込んだ砂糖が、アフリカの労働力と新大陸ブラジルの大地を使って大規模に栽培され始めた。

先住民はなぜ絶滅したのか。それはヨーロッパ人による残酷な殺害によるものである。と同時にコロンブスが新大陸に持ち込んだ天然痘や麻疹、ジフテリア、腸チフス、百日咳に罹患して死亡したからでもある。これらの病気に対して先住民は免疫を持っていなかった。M・W・サンドラーによれば、ヨーロッパ人が持ち込んだ病気による死者は、一三〇〇年代にヨーロッパで蔓延した黒死病（ペスト）による死者よりも多かった。一六世紀の五〇年足らずのうちに、中央メキシコの人口は七〇〇〇万人から二五〇〇万人に、ペルーの人口は一九〇〇〇万人から一三〇〇〇万人に減少し、カリブ海の島々の先住民はほぼ絶滅したのだ。[24]

ヨーロッパ人が持ち込んだ病気に加えて、ヨーロッパ人がアフリカから運んだ黒人奴隷も新大陸の先住民に決定的な打撃を与えた。それはマラリアと黄熱病だった。W・H・マクニールによれば、コロンブス以前のアメリカにはマラリアも黄熱病も存在しなかった。アフリカ人奴隷はマラリアや黄熱病が存在する場所でも生き延びることができたが、新大陸の先住民はそうではなかった。アフリカ生まれの熱帯性の感染症、黄熱病とマラリアは先住民を壊滅させ、多くの地域を無人化したとして、マクニールは以下のように述べている。

「アメリカ大陸のインディオを見舞った災禍は、今日のわれわれには想像もつかないほどのスケールだった。（中略）社会全体が粉々に砕け、価値が崩壊し、従来の生き方はそのすべての意味が剝ぎ取られたのだ[25]」

ブラジルでアフリカ人奴隷を使って生産された糖蜜は、フランドルに運ばれヨーロッパ市場で売られた。またアフリカ大陸には銃や鉄製の剣、ラム酒などが運ばれ、数多くの黒人奴隷が新大陸へ運ばれたのである。教科書では「三角貿易」と言われているが、実態は貿易ではなく、略奪そのものだったのである。

アフリカからの奴隷輸入は、ポルトガル人によって独占的に行われ、主としてギニア、アンゴラ、モザンビークから搬入され、一五七〇年から一六七〇年までに四〇万人を上回ったと推定されている。そしてポルトガル人農園主は、封建領主のような存在になった。[26]

†砂糖と綿

このようにしてポルトガルは、一六世紀の後半から一世紀もの間、ブラジルの先住民から奪った広大な大地にアフリカ大陸から連行した黒人奴隷を使用して世界の砂糖生産を支配したのである。ウォーラーステインが指摘しているように、砂糖と後の綿花が南米の厳しい気候条件に適った主要な作物であり、この二つの作物のプランテーションでは、多くの未熟練労働者が酷使されたのである。ポルトガル人入植者は、西半球ではインディオを奴隷として使役することを諦め、プランテーション用奴隷としては、もっぱらアフリカ人に頼り始めたのである。[27] またジョージ＝ネーデルとペリー＝カーティスは、黒人奴隷とブラジルでの砂糖栽培について以下のように述べている。

「ポルトガル人は奴隷貿易から利益を得た最初のヨーロッパ人に数えられる。彼らは商船隊とアフリカ沿岸の寄港地を持っていたので、内陸部の人的資源を搾取するのに恰好の立場にあった。ひとたび熱帯の諸条件におけるアフリカ人の労働能力が、インディアンの能力より優れていることが判明すると、新世界の黒人労働力に対する需要は、急速に拡大した。一七世紀の間に、毎月約五〇〇〇人の黒人が、悪臭を放つ船倉に押しこめられて、大西洋を横断したのである。次の一八世紀には、推定七〇〇万人の奴隷が新世界に輸送された[28]」

一五一三年にポルトガル国王は、コロンブスが新大陸を「発見」したのを記念して、一二人の枢機卿に囲まれたローマ教皇の等身大の像と九三メートルの高さのキャンドルを、全て砂糖で作ってローマ教皇に進呈した[29]。

†ヨーロッパ列強の商業戦争

こうしたなか、一五七八年、ポルトガル軍がモロッコのアルカサル・エル・ケビールでアサド朝の軍との闘いに敗れた際、スペイン国王フェリペ二世は軍隊を率いてポルトガルに侵攻し、フィリペ一世と名のって一五八〇年、ポルトガル国王の座に就いた[30]。以降六〇年間、ポルトガルは、連合王国の名のもとにスペイン・ハプスブルク家の支配下におかれたのである。ポルトガガルがスペインに併合されるまで、アフリカの奴隷貿易はポルトガルが独占していたが、併合を契機としてオランダ、フランスとイギリスが競って西アフリカ沿岸に商館を構え始めた。デンマークやブランデンブルクまでもが割り込んできた。ヨーロッパ列強の間で熾烈な商業戦争が開始されたのである。[31]

†スペイン支配下のポルトガル

ポルトガルは一五八〇年に連合王国の名のもとにスペイン・ハプスブルク家の支配下におかれると、スペインの敵であったオランダ、イギリスの攻撃を受けるようになった。一五八八年には、スペイン国王が誇る無敵艦隊がイギリス艦隊の攻撃を受けて壊滅したが、無敵艦隊の主力はポルトガル艦隊であった。スペインと共に海上輸送手段を喪失したポルトガルの貿易は壊滅的な打撃を被った。ポルトガルが独占していたインド貿易も激減し、一六三〇年から一六六〇年にかけてインドとポルトガルを結ぶ貿易拠点にイギリスとオランダが次々と割り込んできた。一六三〇年には、ポルトガル王室の経済を支えていたブラジルの北東部沿岸がオランダに占拠された。

オランダは、新大陸への奴隷供給源であったアンゴラに侵攻し、一六四一年にはアンゴラの首都を占拠した。こうしたなか、一六六一年、イギリスの仲介のもとハーグ講和条約が締結され、オランダは四〇〇万クルザードの賠償金と引き換えに、ポルトガルによるアンゴラの領有を認めた。またハーグ講和条約により、オランダはオランダ領ブラジルをポルトガルに割譲した。

一六五六年には、これまでポルトガルの貿易拠点であったセイロン島がオランダの支配下におかれた。一七世紀後半になると今度は、イギリスがオランダに対して猛攻撃を開始した。一六六一年にポルトガルは、モロッコのタンジールとインドのボンベイをイギリスに割譲しなければならなかった。またポルトガルが支配下においていたモロッコのセウタをスペインに割譲しなければならなかった。セウタは二一世紀を迎えた今もスペイン領として存続している。

一七九五年にはイギリスがオランダを追放してセイロン島を制圧し、ポルトガルはマラッカ、インドネシアを失い、インドのゴア、マカオ、東チモールを保持するのみとなった。さらにポルトガルはペルシャ湾から追放され、ポルトガルに代わってオランダ、フランス、イギリスが西インド諸島に進出して砂糖栽培を始めたので、ポルトガルの砂糖貿易は衰退した。

†ブラジル金の発見

スペイン・ハプスブルク家の支配下におかれたポルトガルは、海外植民地の大半を喪失した。こうしたなかで、ポルトガルの筆頭侯爵ブラガンサ家のジョアンは、ポルトガル独立を目指す戦いに決起し、一六四〇年にリスボンの王宮を襲撃してスペイン・ハプスブルク家の駐在使節を追放し、スペインからの分離独立を果たした[32]。以降ポルトガルは、新国王ジョアン四世の統治のもと、スペインの強敵イギリスとの連携に向かって走り出したのである[33]。

スペインからの分離独立を果たしたポルトガル国王は、一七世紀後半にブラジルで地金の探査を開始し、一六九三年から一六九五年に金鉱を発見した。ポルトガル帝国を再び栄光の座に持ち上げたのである。黒人奴隷によって採掘された金鉱は、砂糖に代わるポルトガルの栄光の基盤となった。金鉱山の発見についてD・バーミンガムは次のように述べている。

「一七〇〇年には、辺境地帯の各所で許可をもたない者たちが野営をし、年間で五万オンスの砂金を盗掘するまでになっていた。その五年後には、総産出量は年間六〇万オンスに達し、ポルトガル帝国は再び世界屈指の金の採掘量を誇る国家企業体となった。鉱山事業はブラジル経済全体を刺激した。牧場主は事業を拡大して鉱山に食肉と皮革を供給し、余剰分をヨーロッパに輸出した。（中略）鉱山の所有者は西アフリカに煙草を送り、それと引き替えに奴隷を買い入れて採掘作業を補充した。これによって、煙草の市場は国内ばかりでなく国外でも拡大を見せた。（中略）ブラジルの繁栄があまりにも見事であったために、ヨーロッパで最大の財力を持つ一族と見なされていたポルトガル王室は、ヨーロッパを捨ててリオデジャネイロに王宮を移転することさえ考えるようになった[34]」

†メスエン条約とポルトガルの貿易赤字

先に触れたようにブラジルでゴールド・ラッシュが始まり、大量の地金が流入したのでポルトガルは再び世界屈指の金保有国にのし上がった。当時、ポルトガルでは、イギリス、フランス両国の工業と競争ができるような産業の確立を目指してフランスから技術者が招聘され、国内産業を保護する重商主義政策[35]がとられた。だが重商主義政策に反対する勢力、すなわちワインを生産する大地主を中心とする地主層は、保護貿易と工業化政策に反対した。このためポルトガルは一七〇三年と一七一三年にイギリスとの間で関税撤廃協定、すなわちメスエン条約を締結した。この条約は、生まれたばかりの産業資本が農村貴族に屈服したことを意味する[36]。

メスエン条約は、わずか三条からなる短い通商条約であり、その内容はポルトガルがイギリスの毛織物の輸入関税を撤廃し、イギリスはポルトガル産のワインをフランス産ワインより三分の一安い関税で輸入するというものだ。これは国際分業の利点を謳ったリカードの比較生産費の理論モデルになった条約である。だが、メスエン条約は、ポルトガルの製造業に壊滅的な打撃を与えた。ウォーラーステインは、メスエン条約がもたらした帰結について以下のように述べている。

「メスエン条約は、ただちに効力を発揮した。メスエン条約締結後一〇年間で、ポルトガルのイギリスからの輸入は、二倍以上になったのに、ポルトガルからの輸出は四〇%しか増加しなかった。この条約はポルトガルの脆弱な繊維産業を一掃してしまった。これと同時に、一六七〇年から一七一〇年までのあいだに、ポルトガルのワイン生産は五倍になり、ポルトガルの利用可能な資本をおおかた吸収してしまったうえ、より重要なことに、労働力の吸収率がますます高くなっていった。(中略)ただ、幸いなことに、ポルトガルは、なお半周辺の地位にあった。つまり、ポルトガルには、ブラジルという自国領の植民地があり、しかもこの植民地は、豊かな植民地であった。一七一〇年から世紀中葉まで、ポルトガルがイギリスとの貿易収支を保つことができたのは、ブラジルの金のお蔭であった」[37]

メスエン条約締結後、ポルトガルは慢性的な貿易赤字国になったがブラジルの金のお蔭でイギリスとの貿易赤字を埋め合わせることができたのである。[38]要するに、ポルトガルに流入した金は、煌びやかな王宮や教会の装飾に惜しみなく使用されたが、ポルトガルには国内需要ばかりか植民地における需要を満たすだけの産業が不在であったので、流入した金はリスボンを素通りしてイギリスやフランドル、さらにはフランスに流出したのだ。

2 スペインと新大陸

†連合王国の樹立

ポルトガルがレコンキスタを完遂したとき、隣のカスティーリャ王国でもレコンキスタが繰り広げられていた。スペインは、ポルトガルがレコンキスタを完遂してから二世紀半遅れて独立を達成した。すなわち一四六九年にカスティーリャ王国のイサベル女王とアラゴン王国のフェルナンド国王との結婚により両王国が統合され、カスティーリャ＝アラゴン連合王国（スペイン）が誕生した。両王国は一四九二年、イベリア半島におけるイスラム国家最後の拠点グラナダを攻略し、レコンキスタを完了した。[39] 両国王は、一四七八年、ローマ教皇の大詔勅の名のもとにイベリア半島からイスラム教徒やユダヤ教徒に代表される「異端者」の追放を開始し、スペインにユダヤ教徒が居住することを固く禁じた。

ところでイタリアの都市国家は、一五世紀末にポルトガルが喜望峰を発見し、インド洋を制してアジア貿易をほぼ独占したため、またオスマン・トルコが台頭し地中海貿易圏の支配権を握ったため、衰退の一途を辿った。イスラム教徒に追われたイタリアの商人は、イスラム教徒を追放して独立を達成したばかりのシチリア島とイベリア半島に向かい、ポルトガル人と合流したのである。ポルトガルに到着したイタリア商人のなかには、多くのユダヤ人がいた。ユダヤ人の多くが大商人、金融業者として重要な役割を担っていた。[40] ポルトガル王国は隣のスペイン（カスティーリャ＝アラゴン連合王国）とは異なり、異教徒がキリスト教に改宗した場合、新キリスト教徒としてポルトガルに留まることを許したので、多くの異教徒、特にユダヤ教徒がポルトガルを拠点として活躍した。[41] またポルトガルが支配下においたブラジルには、スペインから追放された多くの隠れユダヤ教徒が流入した。

一五一五年、カルロス一世（在位一五一五〜五六年）がスペイン国王の座に就いたが、同国王は同時にハプスブルク家を代表する神聖ローマ帝国皇帝カール五世としても君臨した。[42] カルロス一世国王がスペインに留まったのはわずか一六年間のみであり、フランドルで養育されたカルロス一世はスペイン語を話すことができなかった。[43] なによりも広大な領域に跨がる神聖ローマ帝国は領邦国家の集合体であり、カール五世はオスマン帝国と対峙しなければならなかった。またヨーロッパ大陸内で勢力を増しつつあった新教徒と対決し、領土をめぐる紛争に次々と巻き込まれて行った。

†異端審問

隣国ポルトガルでは、一三世紀中葉から「異端者」に対して寛容な政策がとられていたが、ローマ教皇による異端者追放の大号令が発せられると厳格な異端審問制度が導入された。このため、ユダヤ教徒は大西洋に面した北の港町アントワープ（現在はベルギーの都市）、アムステルダム、ハンブルク、そしてロンドンに向けて脱出した。[44]

カルロス一世は、スペイン国王を退位する際、息子フェリペ二世（在位一五五六〜九八年）に王位を譲り、同国王にネーデルラント（オランダ）の統治を委ねた。一六世紀中頃まで、現在のオランダとベルギーにあたる地域はブルゴーニュ公国の領地であり、一七の州によって構成され、スペイン国王カルロス一世（神聖ローマ帝国皇帝カール五世）が相続していた。[45] フェリペ二世は王位に就くと異教徒に対する熾烈な弾圧を開始した。異端審問制度は、一五八〇年から一六四〇年までの六〇年間、スペインと同君連合にあった諸国に、さらには海の彼方のインドおよび新世界の広範な領土にも広がって行った。フリッツ・ハイマンは異端審問裁判所について以下のように述べている。

「スペインの異端審問裁判所は四四箇所を下らず、異端者はどの町でも火炙りにされました。一方、ポルトガルには、十指に余る宗教裁判所がありました。インドのゴア州にあった宗教裁判所は特に血腥いものでしたが、メキシコ、リマ、チリにおける異端審問所もそれにおとらず苛烈を極めるものでした。イタリアとネーデルラントにおけるスペインの領土だけは異端審問の嵐を免れ、宗教裁判所の兆しが見えただけで済みました[46]」

†商都アントワープ

フリッツ・ハイマンが述べているように、ネーデルラントにおけるスペインの領土は異端審問の嵐を免れていた。このため多くのユダヤ教徒はネーデルラントへ逃れた[47]。当時のアントワープについてフリッツ・ハイマンは以下のように述べている。

「アントウェルペン（アントワープ）は、近代的な特徴を備えた最初の港湾都市で、ギルドの拘束力に縛られず、自由貿易への強い傾向を持つ都市でした。当時、この都市にはすでにあらゆる分野の仕事に対する保険代理店があり、港の荷揚げ人夫に対しては賃金制度が確立しておりました[48]」

一七世紀初頭、ポルトガル領ブラジルからヨーロッパに向けて輸出された砂糖の大半はアムステルダムで陸揚げされ、そこを起点としてヨーロッパに販売されていった。また一六二一年まで、ブラジルの砂糖をヨーロッパに運搬していたのはオランダ貿易商人が所有する船舶であり、ほとんどの船舶がアムステルダム、アントワープ、ハンブルクとブラジルの間を結んでいた。これら三都市で、ブラジル産の砂糖の七五％を輸入し、ヨーロッパに張りめぐらされた通商ネットワークを通じて販売していた。[49] 要するに、アントワープは、地中海商業圏を北欧やイギリスと中欧経由で結びつけるヨーロッパ縦断国際貿易の中心市場であり、世界各国からもたらされ、また各地へ運び出される商品を自由に入手できる一大国際市場に成長したのだ。[50] だからネーデルラントはスペインのみならずポルトガルにとっても極めて重要な商業都市であり、ユダヤ教徒を追放することはできなかったのである。

†スペインのジレンマ

異端審問については、先に引用したフリッツ・ハイマンの『死か洗礼か』の中で詳しく述べられているが、フェリペ二世は、ローマ・カトリック教会の腐敗・堕落に抗議する新教徒を激しく弾圧し、強権的な支配体制を推し進めたため、ネーデルラント住民の反乱を招き、一五六八年にはネーデルラント独立戦争が勃発した。スペインと対峙していたイギリスは、ネーデルラント独立戦争を決然と支援した。独立戦争は、ネーデルラント（オランダ）が独立する一六四八年までの八〇年間もつづき、オランダの独立は一六四八年のウェストファリア条約でスイスと共に列国により承認された。

前節で触れたように、スペインのフェリペ二世がイギリスを征服するためにスペイン・ポルトガルの海軍を総結集した無敵艦隊は、ネーデルラント独立戦争が勃発してから二年後の一五八八年、アルマダの海戦でイギリスに敗れて壊滅した。無敵艦隊の敗北は、スペインの対外政策の破綻を決定的にした事件であった。[51]

なぜスペインの艦隊は敗れたのか。それはスペイン・ポルトガルが紀元前四世紀から一六世紀まで、何ら変わらない船と戦法を用いていたからだ。スペイン商船や軍艦はギャリオン船と呼ばれていたが、三層、四層の甲板からなる大帆船であり、走行速度は遅く、船が大きいだけに敵船にとっては、この上ない標的とされたのである。その戦法は、敵船に錨を投げ込んで引っかけて乗り込み、敵を倒して積荷を奪うというやり方だった。だがオランダやイギリスは無敵艦隊と戦う以前に、船を海上に浮かぶ砲台とみなし、敵船を追い抜いて遠方から砲火を浴びせ、航行不能にする戦術をあみだした。また逆風をついて航行することができる機動的な高速船を建造し、甲板だけではなく船窓にも砲を載せて砲撃することができたのだ。[52]

無敵艦隊を壊滅しアルマダの戦いで勝利したのは、プロテスタンティズムと同盟したオランダとイギリスの商人だったのだ。つまりアルマダの戦いとは、オランダ、イギリスの商人とスペイン、ポルトガル国王との戦いだった。それでも八〇年間もつづいたネーデルラント独立戦争の期間中、スペインは交戦国であるネーデルラントの貿易商人に頼らざるをえなかった。永積昭は、八〇年戦争期間中のオランダとスペインの関係について以下のように述べている。

「この独立戦争の全期間を通じ、スペインはネーデルラントの海上貿易に頼らざるをえなかった。スペインは新大陸との貿易に必要とする全ヨーロッパの工業生産物を、主としてネーデルラントやイギリスの商人によって入手していたのであり、新大陸との貿易の死活的重要性からいっても、ネーデルラントの商人との取引は国王の一片の禁令などによって禁圧できるものではなかった。したがってスペインはオランダと戦争をしながら、敵に軍資金を提供するような形になっていたのである」[53]

オランダ独立戦争最中の一五八四年、イギリスのエリザベス女王は、スペインの弱体化を狙ってオランダの反乱軍に兵士と金銭を送り側面より独立運動を支援していた。イギリスはアルマダの戦いの翌年から、スペインが建設していた西インド諸島の商館を襲撃し、貿易航路の切断を目指したのである。イギリス艦隊は、一五九六年にはスペイン本土のカディスを襲撃して莫大な損害を与えた。[54]

†オランダ（ネーデルラント）のアジア進出とスペインの破綻

オランダの貿易商人は、独立戦争を契機としてアジアへ触手を伸ばし始めた。この点について永積昭は以下のように述べている。

「（北ネーデルラント地方の―引用者）毛織物工業がスペインのそれを圧倒するにつれ、新大陸の豊富な銀はスペインを素通りしてオランダに流入するようになった。そして銀こそは、香料などを目的とする東インド貿易にとって不可欠の商品であったから、オランダの商人達がヨーロッパ各地間の航海貿易の経験を生かして東インド貿易に乗り出そうとしたのは、極めて自然であった[55]」

またこの間、ヨーロッパでは三〇年戦争（一六一八〜四八年）に見舞われ、スペインは新教徒との戦いに深く関わり膨大な財政的支出を余儀なくされた。膨大な戦費だけではない。「沈むことのない太陽」と呼ばれたスペインは、ローマ教皇への租税の支払い、国王への租税負担、植民地への軍隊派遣費用、商品輸入のための膨大な出費、さらにはイギリスやオランダの海賊による掠奪により、既にフェリペ二世在位中の一五七五年と一五九六年には破産宣言をしなければならなかった[56]。歴代のスペイン王室は、膨大な支出を賄うために、フッガー家から借りた膨大な借金を返済することができず、このためフッガー家は、三〇年戦争が終わった一六四八年に破産してしまった。

したがってカスティーリャ＝アラゴン連合王国は、多大の軍事費を賄うために財政的基盤を探し求めていたのだ。そうしたなかで行われたコロンブスの新大陸「発見」は、ポルトガルによる新大陸の「発見」同様、世界経済の流れを大きく変えたのだ。

†黄金を求めて

コロンブスは確かに近代の扉を開けたのだが、新大陸を発見したのは偶然に過ぎず、発見した大陸がどこにあるのか、見当もついていなかった。彼は、自分の欲望を満たすためなら、仲間を裏切ることなど何とも思わない人間であった。己の欲望の虜になった愚かな男に運が味方したため「新大陸」を発見できたのだ。[57]

コロンブスはポルトガル国王やイギリスやフランスの国王に冒険計画を披露して資金援助を嘆願したのだが、誰からも断られた。しかしカスティーリャ王国のフェルナンド国王の説得を受けたイサベル一世国王の資金援助を受け、三隻の小船を従えて、一四九二年にインド発見の初めての遠征（一四九二年八月～九三年三月）に旅立ったのである。

新大陸にたどり着いたコロンブスがいちばん欲しいと思ったのは、どこに黄金があるのか、という情報だった。黄金と香料をスペインに持ち帰れば、利益の一〇％と、新しく発見した土地の総督の地位、それに「海洋の総督」という新しい称号が約束されていたのである。コロンブスはバハマ諸島で何をしたのか。アメリカの歴史家ハワード・ジンは以下のように述べている。

「（コロンブスがカリブ海のバハマ諸島に近づくと——引用者）彼らを歓迎しようと泳いできたアラ

ワク族のインディアンに出迎えられた。アラワク族は村落共同体のなかで生活し、トウモロコシやヤムイモやキャッサバを栽培し、発達した農耕段階にあった。彼らは糸をつむぎ織ることができたが、馬とか役畜はいなかった。鉄もなかった。しかし耳にはちっぽけな金の飾りをつけていた。

これがとんでもない結果をもたらすことになった。コロンブスは、彼らの幾人かを捕虜にして船に乗せる気になったのだ。彼は金のあるところに案内するよう強要した[58]」

†貿易が壊した世界

二度目の遠征（一四九三年三月〜九六年一一月）に出帆し、ハイチにたどり着いたとき、コロンブスは何をしたのか。ハワード・ジンはつづけて以下のように述べている。

「コロンブスはハイチにある基地から、遠征隊を次から次に内陸に送り込んだ。遠征隊は金鉱をひとつも見つけなかったが、スペインに帰る船を、ある種類の配当で満杯にしなければならなかった。一四九五年に、彼らは大々的な奴隷狩りを行ない、一五〇〇人のアラワク族の男女子どもをかき集め、スペイン人と犬が監視する囲いのなかに押し込め、いちばんよい見本となるインディアン五〇〇人を選んで船に詰め込んだ。この五〇〇人のうち二〇〇人は途中で死んだ。残りの三〇〇人は無事スペインに到着し、町の助祭長によって競売に付された[59]」

カリブ海のバハマ諸島の先住民だけではなく、アステカやインカの先住民は、ヨーロッパ人がやってくるまで、鋼鉄製の剣、銃、軽砲はおろか、人が馬に乗る姿も見たことがなかったのである。インディオは火縄銃を天に轟く雷鳴だと思ったのだ。[60]

スペイン人によって征服される以前のペルー社会について、カルロス・マレアテグイは、集団労働と共同作業を基本とする一種の社会主義的経済であったとし、以下のように述べている。「征服にいたるまでのペルーにおいては、大地と人間からうまれた、自由で自然な経済が発展していた。定住農耕共同体（コムナ）の集合体であるインカ帝国のもっとも興味ぶかい点は、その経済である。（中略）インカ族の支配する集散主義的組織は、インディオの個人的契機を弱めた[61]」

またアステカは、人口一二〇〇万人の帝国の中心地であり、マドリードより大きな美しい都市であった。インカの人口は約六〇〇万人であり、エクアドルからボリビアまでのびるアンデスの山の高みに道路が建設され、食料貯蔵庫と灌漑施設を誇っていた。[62]

コロンブスは四度にわたって新世界に遠征したが、黄金の山を発見することができなかった。[63]だがスペインから黄金を求めてやって来た聖職者やコンキスタドールは、一五二〇年にメキシコのアステカ、マヤを絶滅させ、さらに一五三二年にはインカ帝国を征服し、一五四五年にはポトシ銀山（現在のボリビア）を、一五四八年にはメキシコのグアナフアトで銀鉱脈を発見した。トーマス・R・バジャーはスペインのコンキスタドールについて以下のように述べている。
「コンキスタドール（征服者）は国王の名において新世界にやってきたのだが、しかし、それはまたイエスの名においてでもあった。教会はしばしば彼らの手先として、進んで新しい土地の掠奪に参加した。司祭は兵士たちと一緒にインディアンの村落にあらわれ、インディアンに向かってキリスト教を受容すべし、とスペイン語で書かれた催告書（レケリミエント）を読みあげた。催告書には、イエスが宇宙の主であり、彼が聖ペテロをローマ大司教に任命し、ローマ教皇がアメリカをスペイン国王に授けた、（中略）その拒否から結果する死と損失は、汝らの落ち度である、と書いてあった」[64]

†キリスト教徒による破壊

先住民民族集団のなかにはスペイン人に帰順しキリスト教に改宗した人びともいたし、改宗しながら、その後自らの伝統的な神々の復活とスペイン支配の打倒を目指して反乱に決起した民族集団もいたが、ほとんどの先住民は殺戮されてしまった。

トーマス・R・バジャーはドミニコ教会司祭がカリブの島で目撃したコンキスタドールの非情な行いについて以下のように述べている。

「数人のキリスト教徒が乳飲み児を抱いた一人のインディアンの女と出会った。彼らは、連れていた犬が腹を空かせていたので、母親の手から子どもを奪い、生きたまま犬に投げあたえ、犬は母親の目の前でそれをがつがつ食いはじめた。（中略）出産して間もない女たちが捕虜の中にいたとき、赤ん坊が泣きだすと、スペイン人たちは子どもの足をつかんで岩に投げつけたり、密林の中に投げ込んだりして、赤ん坊を殺した[65]」

コンキスタドールにとって先住民は下等動物でしかなかった。スペイン人聖職者ラス・カサス（一四八四〜一五六六年）は、一五五二年に『インディアスの破壊についての簡潔な報告』を著し、キリスト教徒であるスペイン人コンキスタドールが、エスパニョーラ島やキューバ島、さらにペルーで行った数々の人間の業とは思えない破壊行為や先住民の殺戮を告発した。西インド諸島の中央にあるエスパニョーラ島は、現在のハイチ、ドミニカにあたるが、ここはスペインが最初に植民地化した島々であり、スペインが征服してから数年の後に、エスパニョーラ島で生活を営んでいた先住民は、スペイン人が持ち込んだウイルスによって、また殺戮によって瞬く間に絶滅した[66]。同書は、先住民の殺戮が日常化した植民地の戦慄すべき実態をわれわれに伝えてくれる貴重な報告である[67]。ラス・カサスは、スペイン人キリスト教徒の振る舞いについて以下のように述べている。

「キリスト教徒があれだけ大勢の人びとを殺め、無数の魂を破滅させるに至った原因はただひとつ、彼らが金を手に入れることを最終目的と考え、できる限り短時間で財を築き、身分不相応な高い地位に就こうとしたことにある。すなわち、キリスト教徒が世界に類をみないほど飽くなき欲望と野心を抱いていたことにある[68]」

「キリスト教徒は、一五一八年四月一八日にヌエバ・エスパニョーラへ侵入してから一五三〇年に至るまでの一二年間、メヒコ（メキシコ）の町とその周辺部で（中略）インディオを全員、老若男女を問わず、短刀や槍で突き刺したり、生きたまま火炙りにしたりして、結局、四〇〇万を超す生命を奪った。そのようにしてスペイン人は、彼らが征服（コンキスタ）と呼ぶ活動を行い続けた。（中略）四〇〇万を超える死者の数には、すでに記したような酷使、迫害や圧政を日常的に加えられて死んでいったインディオや、今なお死に追いやられているインディオの数は含まれていないのである[69]」

†ポトシ銀山

このようにしてほとんどの先住民は虐殺されたが、染田秀藤が指摘しているように、生き延びた人々、すなわち悠久の昔からその土地に住む人々は例外なくスペイン国王の支配を受け入れたことを意味しない。インカ帝国が栄えたペルーの場合、一五三二年にインカ帝国の皇帝が殺戮されたが、一五七二年までスペインは安定した支配体制を築くことができなかったのである[70]。

こうしたなか、ボリビアで発見されたポトシ銀山では、銀採掘の新たな技術、すなわち一五六五年、ペルーのワンカベリカで発見された豊富な水銀を使用して採掘した鉱石の中から銀を採取する技術が開発された。このため一五七〇年代には銀の産出量が飛躍的に急増する。[71]

ポトシで銀を採掘するために、先住民の強制労働（ミタ制度）が用いられた。ポトシ銀山の最盛期であった一六五〇年には約四万人もの先住民が鉱夫として使用されていた。湯浅赳男は『環境と文明』のなかで以下のように指摘している。

「この銀の生産に使役されたのはインディオである。銀山は標高四〇〇〇メートルから五〇〇〇メートルの高山にあったので、不慣れな白人や黒人は役に立たず、もっぱらインディオが使われた。（中略）その労働そのものが肉体を消磨させるものであったが、これに加えて彼らの死亡率を高めたのは伝染病と水銀中毒であった。

新大陸は、天然痘や結核といった病疫を知らなかったため、白人がヨーロッパから持ち込んだ病菌によってインディオはばたばたと死んでいった。また銀の製錬には水銀アマルガム法が使用された。すなわち、銀鉱石を水銀に侵し、銀が溶けた水銀を熱して水銀を飛ばして銀を得るのである。

そのため水銀は、メキシコの銀山ではスペインのアルマデン産を輸入したが、アンデスではペルーのワンカベリカ（ワンカベリカ）で採掘し、ポトシに送られて使用された。そのため銀製錬のみならず、水銀採掘に際して水銀の蒸気にあてられて多数の中毒者をだしたのである[72]」

†ポトシ銀によるインフレ

先住民の命と引き換えに採掘された大量の銀はペルー、メキシコ、チリからスペイン本国に宝船で運ばれた。宝船は航行の途中、オランダやイギリスの海賊船に度々襲撃されたが、それでも宝船に保険をかけていたドイツ人やイタリア人、フランドルの金融家たち、すなわちフッガー家やグリマルディ家はスペイン王室に巨大な利潤を提供したのである。

またスペインは一五六五年から一五七一年にかけてフィリピンを支配下においており、大量の銀はメキシコのアカプルコとマニラを結ぶ航路を通じて中国やアジアの特産物を購入する対価としてアジアにも運ばれた。アジアの特産品とは、胡椒や綿織物、絹織物、そして陶磁器や香料、宝石である。

スペインだけではなく、当時のヨーロッパは、アジアに輸出する商品を持っておらず、アジアとの貿易は片道貿易であり、アジアからの輸入品に対する支払いは金銀以外にはなかったのである。

新大陸から運ばれた銀の数量について正確な数字を把握することは困難であるが、一五〇三年から一六六〇年までの期間に、一八一トンの金と一万七〇〇〇トンの銀がスペインに流入したと言われている。A・G・フランクは、一六〇〇年から一八〇〇年の期間、少なくとも三万二〇〇〇トンの銀がヨーロッパ経由で新大陸からアジアに運ばれ、三〇〇〇トンの銀がマニラ経由でアジア、主に中国に運ばれたと述べている。[73]

イベリア半島に流れ込んだ大量の金と銀は、ヨーロッパで激しいインフレ（価格革命）をひき起こし、南ドイツで銀山を所有していたフッガー家を破産させた。

†スペインの凋落

ところでスペインの植民地事業は、スペイン国王の独占事業であり、国王は植民地のみならず国内のあらゆる通商網を独占していた。また植民地に住むスペイン人が、国王の許可を得ないで外国と商取引をした場合には、厳しい刑罰が科された。スペインの専制的絶対王政の経済的基盤は、小規模の封建貴族（イダルゴス＝hidalcos）であった。

建国当初の一五三〇〜四〇年代にかけて、国王は毛織物・絹織物工業を保護・育成したので、スペインの毛織物工業は最盛期を迎えた。当時、スペイン人口の約三〇％が毛織物工業に従事していた。

しかしスペインの絶対王政は、自己の経済的基盤である封建的秩序が崩壊することを恐れて、この毛織物マニュファクチュアーを潰してしまった。大塚久雄は以下のように指摘している。

「スペインの専制的絶対主義は、自己の経済的基礎としての毛織物マニュファクチュアーを強力に育成しておきながら、かえってこの資本主義の発展により、自己の社会的基盤たる封建的イダルゴスの経済的足場が掘り崩されることを恐れて総ての租税をブルジョアジーの上に転化し、そしてこの課税の重みで、この温室育ちの毛織物マニュファクチュアーを潰してしまったのである[74]」

そのためにスペインでは、近代産業の足掛かりとなった毛織物マニュファクチュアーが発達せず、農村の失業者は工業発展に利用されることはなかった。スペイン帝国は、時代遅れの封建的・軍事的基盤の上に留まりつづけたのである。スペインが植民地に供給したのは、僧侶、学者、貴族、そして荒くれの浮浪者のみであった。確かにスペイン人は金銀鉱山の開発と土地の耕作を行ったが、「一種の社会主義的経済の廃墟と残滓の上に、封建的経済の基礎を築いたのであり、大量の植民者を自国領土に送らず、ペルーにはニューイングランドのようにパイオニアの大群が上陸するようなことはおこらなかった。スペイン帝国の弱点は、軍事的で宗教事業的な帝国の性格と構造にあった[75]」

要するに「太陽の没することのない帝国」は、新世界で必要とされる必需品を、オランダやイギリス、さらにフランスから輸入し、新世界から奪った銀で支払ったのだ。したがって先に触れたように、新大陸の豊富な銀はスペインを素通りしてオランダやイギリスに流入するようになったし、スペインと新世界を結ぶ貿易もオランダの貿易商人に頼らざるをえなかったのである。しかも帝国を維持するためには、世界中から集めた銀・金だけでは賄いきれず、一五九六年に破産宣告をしてから三年後の一五九九年には、銀と銅の合金貨幣（ベリョン貨幣）が改鋳され、一六〇三年には、銀貨に額面価格の二倍の刻印が押され、さらに一六二八年、一六四八年にも破産宣告をした。スペイン王室は、財政の窮乏に喘ぎ、絶えず破産寸前の状態におかれていたのである。このようにして一六五一年には、新大陸の先住民を酷使して採掘した銀と金はスペインから消失したのである。[76]

スペインは、図1-2に示されるように広大な植民地を獲得していたが、植民地が必要とする奴隷を自ら運搬するのではなく、「アシエント」と呼ばれる奴隷を搬入する許可状（奴隷供給契約）をポルトガル、オランダ、フランス、イギリスの奴隷商人に与えた。この制度は一六四〇年にポルトガルがスペインから独立したのを契機に廃止された。[77]

図 1-2　スペイン領南北アメリカ

出所：エリザベス・バケダーノ他、増田義郎監修『南アメリカ大陸歴史地図』東洋書林、2001 年、61 頁。

3　商人の国オランダの勃興

†ネーデルラント北部七州の反乱

オランダは、一五世紀後半には、フランス王室の傍系のブルゴーニュ家の支配下におかれ、さらにハプスブルク家により統合され、最後にはスペイン国王の支配下におかれていた。一五六八年にはスペインの統治に反対して独立戦争が勃発し、八〇年後の一六四八年に独立を勝ちとった。

ネーデルラント北部七州は、八〇年戦争最中の一五七九年三月、ユトレヒト州の首都ユトレヒトでフランス、イギリスと対スペイン軍事同盟を結んだ。それから三〇年後の一六〇九年、スペインはフランスが準備した休戦協定に調印した。この間の一五八八年には先に触れたように、アルマダの戦いでイギリスによって無敵艦隊が撃滅されてしまった。

休戦協定から三八年後の一六四八年、スペインに反旗を翻したネーデルラント一七州のうち北部七州がウェストファリア条約によって最終的に独立を承認された。

北部七州は南から進撃してくるスペイン軍を撃退することができたが、南部一〇州はスペイン軍の砲撃を前にして敗北したのである。南部のスペイン領ネーデルラント（ベルギー、ルクセンブルク）は、オランダ共和国が成立してから一九〇年後の一八三九年にイギリスからレオポルド一世を国王として迎え、永世中立国としてようやく独立を達成した。

このようにヨーロッパは、一六世紀以降、悲惨な戦争によって彩られる戦争の世紀に突入し、野蛮極まりない殺戮旋風はヨーロッパだけではなく、アフリカや新大陸をも呑みこみ、癒すことのできない爪跡を二一世紀の現在までも残すことになる。

†アントワープの繁栄

ネーデルラント南部のアントワープは一六世紀ヨーロッパの最大の商業中心地として栄えた。エラスムスが活躍したのもアントワープであり、トマス・モアが『ユートピア』を書いたのも、ブリューゲル父子やルーベンスが活躍したのもアントワープであった。大塚久雄はアントワープ繁栄の礎石について以下のように述べている。

「イギリスのマーチャント・アドヴェンチャラーズ組合 Company of Marchant Adventurers（貿易商人）がいち早くここに本拠をおいたことが示すように、その礎石の一半は、何よりもまず南北ヨーロッパの中継商業の基地たることにおかれていた[78]」

アントワープの繁栄の基礎はポルトガルのアジア産香辛料、なかでも胡椒の取引と、新大陸との貿易そして南ドイツ産の銀と銅の取引がこの地で接合したこと、さらに一五世紀中葉以降イギリスの未加工の毛織物がこの都市に集中的に流入するようになったことである。イギリスの毛織物は未加工のまま貿易商人（マーチャント・アドヴェンチャラーズ）によってアントワープに持ち込まれ、ここで染色・加工されて最終商品に仕上げられ、ケルン、フランクフルトさらに内陸ルートを通じてヨーロッパ市場で販売されたのである。

またポルトガルの貿易商人がブラジルから持ち込んだ糖蜜もアントワープで製糖されヨーロッパ市場で販売された。アントワープ市場は世界に開かれた市場であり、ヨーロッパ各国から一獲千金を目指す商人が集まり、彼らはナシオンと呼ばれる出身地別の居留団（コロニー）を形成し、なかには壮大な商館を誇る大富豪もいた。[79] 一五三一年にアントワープに建てられた取引所には「民族と言語のいかんを問わず、あらゆる商人のために」というスローガンが掲げられていたのである。さらに、先に触れたようにイベリア半島で荒れ狂う宗教裁判から逃れてきたユダヤ教徒や新教徒のための避難場所になっていたのである。

†アントワープの衰退

だが一五六八年に開始されたネーデルラント（オランダ）独立戦争の最中、世界最大の商業都市アントワープはスペイン軍によって壊滅的打撃を受け、スペインの軍門に下ってしまった。

一五七二年には、アントワープを世界に結び付けていたシェルト河が一時閉鎖され、一五七六年には五〇〇〇人のスペイン軍がアントワープの城砦に結集し、これに対峙した二万人のアントワープの市民軍・議会軍約を打ち破って家屋を焼き払い、略奪と暴行の限りをつくした。この事件は「スペインの狂暴」と呼ばれている。その後アントワープの抵抗はつづいたが、一五八四年にスペインは再び執拗にアントワープの包囲作戦を展開し、シェルト河を閉鎖した。このためアントワープは海外との直航ルートを絶たれ、一五八五年にスペインとの間で降伏文書に調印しなければならなかったのである。[80] このようにして世界の商業都市アントワープの繁栄は終わりを告げたのだ。最盛期には一〇万人を超えた人口は、一五八九年にはその半分に落ち込み、シェルト河はスペインと敵対する北部オランダに閉鎖されてしまった。アントワープの陥落をもってスペイン軍は再びネーデルラント南部を支配下においたのである。

†アムステルダムの勃興

アントワープに代わって世界の商業都市の座を射止めたのがアムステルダムを中核とする北部ネーデルラント＝オランダである。北部ネーデルラントは、スペインと和平協定を締結した一六〇九年以降、アムステルダムを拠点として世界貿易の中心地としての地位を手にした。スペイン統治下のアムステルダムは、スペインに忠誠を誓う小さな田舎町でしかなかったが、スペインへの反逆を開始してから二〇年の間に、アントワープから商人、実業家、銀行家、職人が移り住んだので、飛躍的な経済的発展を遂げた。[81]

ウォーラーステインは、一六二五年から一六七五年までの半世紀をオランダが世界の覇権国家になった時代であると指摘しているが、オランダは生産、商業、金融の三次元全ての分野において圧倒的な優位を確立したのだ。オランダは、まず食料生産では、「オランダの金鉱」といわれたニシン漁で国家的優位を達成した。[82] オランダは、イングランドおよびスコットランド東海岸沿いの豊かな漁場を専一的に支配下におき、捕獲したニシンを塩漬け加工して樽詰にして烙印を押し、ヨーロッパ南部のカトリック圏だけではなくバルト海地方にも輸出した。C・ウィルソンによれば、一六二〇年初頭、およそ三万七〇〇〇人の漁夫が漁業に従事し、このうち二万二〇〇〇人がニシン漁に、残りの一万五〇〇〇人はタラなどの漁業に従事していた。これほどまでにイギリス商人をいら立たせるものはなかった。[83]

†オランダの増殖型産業

オランダの漁業は、増殖型産業とでも呼ぶべきものであり、船舶、帆、網、塩といった漁業に関連する産業を次々と生み出した。[84] 漁業だけではない。オランダは、日本の九州とほぼ同じ面積でしかなく、フランス人は今でも、オランダを低地の国（Pay-Bas）と呼んでいるように、その大半が海よりも低く農業には適していない。だがオランダ人は、湿地を干拓するための風車を発明して耕作地を作り出し、集約農業を展開したのだ。干拓事業は、一六二〇年から一七五〇年にかけて最盛期を迎えた。

ウォーラーステインによれば、オランダは一七世紀に、イギリス、フランス、イタリア、デンマーク、プロイセン、ポーランドなどに灌漑技術や堤防、排水路を作る技術を輸出していた。[85]

大工業の分野では造船業と繊維産業をあげることができる。オランダ造船業は高度に機械化されており、風力製材機や鋸や滑車、複合滑車の動力式材木送り機、クレーンなど労働節約的な機械を導入していた。アムステルダムにはさらにビスケット生産、船舶用蠟燭生産、航海用具の生産、海図の出版など一連の関連産業が成立していた。なによりもオランダは、船舶を建造するために必要な樹齢百年以上のオーク材の主要な供給源であるバルト海地方との貿易を独占していた。一六七〇年の段階で、オランダが所有する船舶は、イギリスの三倍であり、イギリス、フランス、スペイン、ポルトガル、ドイツの各邦を合わせたよりも多かった。[86]

†オランダ商人VS.スペイン帝国

C・ウィルソンは、独立戦争最中のオランダとスペインについて以下のように述べている。

「スペインの立場はアイロニーそのものであった。老化し衰えたスペインは、戦争のための課税と借財の重荷にあえぎ、支払い超過という、いかんともしがたい問題を抱えて、まさに危機の状況にあった。依然征服者気取りのスペイン人も、やむなく、オランダとの取引を通じて、この敵手に対して貢《みつぎ》を納めるべく強いられたのである。なにしろオランダのみが、まさに彼らスペイン人の生存のために絶対に必要な食料と工業製品とを、スペイン本国とその植民地とに供給することができたからであった。（中略）アムステルダムは、スペインが中央アメリカから引き出す銀のかなりの部分を、それがスペイン本国に到着する以前に先取りしたのである」[87]

要するにオランダの商人はスペインを経済的に支配したのである。なお繊維産業はアムステルダムよりもライデンに集中しており、イギリスは白布と呼ばれる未仕上げ、未染色の羊毛をライデンに送ってライデンで完成品を作らなければならなかった。さらに完成品は、オランダの商人に委託してヨーロッパ市場で販売しなければならなかった。イギリスのジェイムズ一世は、一六一四年、未加工の羊毛の輸出を禁じてオランダに対抗しようとしたが、イギリスの輸出が激減したため、一六一七年には解禁しなければならなかった。一七世紀前半、オランダは染料生産、染料コストで圧倒的な優位を誇っており、イギリスは漁業や造船業と同様にオランダに対抗することはできなかった。

造船業や繊維産業だけではない。オランダは、一六六〇年までは、製糖業の中心地でもあった。またスペインとの長期間にわたる戦争のため軍需産業と軍需関連産業も発達し、一六世紀末まで武器の大規模な輸出も行われた。[88]

†国際為替銀行・アムステルダム銀行

金融の分野では、スペインとの停戦協定が成立した一六〇九年に、国際的な中継貿易商人のための為替銀行がアムステルダム銀行として設立され、一六一一年にはアムステルダムの取引所が完成した。この為替銀行は、たちまちヨーロッパの預金および為替業務の一大中心銀行になった。同行には、自分の富を安全に保管するため、ヨーロッパの大富豪が現金や貴金属を預託したのである。アムステルダムの為替銀行は、イングランド銀行とは異なり、手形発行機関ではなかった。商人は自分の口座に金を預け入れ、必要な金額だけ引き出す。それだけであった。アムステルダムはヨーロッパ最大の商業の中心的市場として発展し、オランダ通貨は金貨であれ、銀貨であれ、世界貿易の優先貨幣とされたのだ。[89]

オランダでは思想、信条、表現の自由が保障され、書物やパンフレットなど出版活動の自由が保障されていたので、アムステルダムやロッテルダムは、スペインの手中に陥った南部ネーデルラントやイベリア半島のユダヤ教徒や新教徒だけではなく、ヨーロッパ各国で弾圧されていた思想家やフランスのユグノー教徒、ピューリタンと王党派、ウィッグ派の人びとを受け入れた。一七世紀ヨーロッパの巨星といわれるデカルト、スピノザ、ロックが活躍したのもアムステルダムであり、オランダはヨーロッパにおける文化の中心地としても栄えたのだ。

†繁栄とは裏腹に……

だがオランダが覇権国家の座を射止めたとはいえオランダ人全てが富の分配にあずかったわけではない。黄金の時代を迎えたときのオランダ社会について、C・R・ボクサーは以下のように述べている。

「富を蓄えた支配階級や商人とは対照的に、つつましく、日々の生活に喘ぎ、飢えた人々が生活を営んでいた。一五九七年当時、アムステルダムでは児童労働が批判されたが、労働者階級の子供たちは、慈悲深くも彼らに商取引の業を教えると言って数年もの期間連れ去られ、見習工どころか奴隷労働に従事させられた。ライデンでは、織物産業が栄えた一六三八年から一六四〇年の期間だけでもリエージュから四〇〇〇人もの児童が連れ去られて工場で働かされていた。(中略)貧しい労働者の家庭は児童だけではなく婦女子も工場で働かせており、状況はイギリス産業革命時代と同じであった[90]」

こうしたなかでオランダの貿易商人は、アジアとの貿易を独占していたポルトガルを排除して海の帝国の基礎を打ち固めたのである。一六世紀末になると、オランダだけではなくイギリスやフランスでもアジアや新大陸に眠る富の獲得を目指して数多くの貿易会社が乱立し、設立・合併を繰り返した。オランダでは、「遠国会社」（一五九四年設立）や「新アムステルダム東インド会社」（一五九七年設立）等が設立された。イギリスでは一六〇〇年に「イギリス東インド会社」が、一七一一年にはスペイン領南アメリカへ奴隷を運ぶことを目的に「南海株式会社」が設立された。フランスでは一六〇三年に「フランス東インド会社」が設立された。また「デンマーク東インド会社」（一六一六年）などヨーロッパ諸国の貿易商人は一斉にアジアとの貿易に乗り出したのだが、株式会社の先鞭をつけたのがオランダであった。

†オランダ東インド会社

イギリスでは、一六〇〇年にエリザベス女王一世により「イギリス東インド会社」が法人として認可された。これより二年遅れて一六〇二年、オランダ連邦議会は、既存の貿易会社を包括的に合併して設立された「オランダ東インド会社」の設立を認可した。同社の正式の社名は「連合東インド会社」（VOC）であり、連邦議会の「特許会社」として設立された。同社には公的な性質が与えられ、同社の船舶だけがオランダから東インドへ航行でき、同社には外国の国家と条約を結び、軍隊をおき、要塞を設立し、貨幣を鋳造し、地方長官や総督を任命できる特権が付与されたのだ。[91]「オランダ東インド会社」は一七九八年に解散が議決されるまでの一九六年間存続することになった。

またオランダ連邦議会は、一六二一年には「オランダ西インド会社」(WIC)の設立を認可し、同社にはアメリカとアフリカ西海岸との貿易独占権が認められた。オランダ西インド会社は、アフリカ西岸のギニアから金を持ち帰り、黒人奴隷をカリブ海のキュラソー島に運び、砂糖プランテーションで働かせて莫大な利益をあげた。キュラソー島はオランダ西インド会社の密輸基地でもあり、同社は黒人奴隷をキュラソー島から新大陸に入植していたスペイン人プランターに売却した。[92] なお同社は、半世紀後の一六七四年に解散し、再編成された。ウィリアム・バーンスタインは、オランダ東インド会社とオランダ西インド会社について以下のように述べている。

「(この二つの会社は―引用者)やつぎばやに軍事力を行使した。一六〇二年から一六六三年にかけて、両会社はチリ、ブラジル、東西アフリカ、ペルシャ湾、インド、スリランカ、インドネシア、中国、そしてフィリピンにおいてポルトガルとスペインの植民地を奪い取った。実際には、この二つの私的会社が行ったことは史上初の世界戦争であり、アジアのスパイス、ブラジルの砂糖、そしてアフリカの奴隷と金の略奪に他ならなかった[93]」

†株式会社の起源

「連合オランダ東インド会社」は世界初の株式会社とされているが、これに先駆けて設立された「イギリス東インド会社」とは性格が根本的に異なっていた。というのは、「イギリス東インド会社」は一航海ごとに資金を集め、船がアジアから積荷を積んで帰国した後、輸入品の販売代金と出資金を株主に配分するという方法がとられていた。[94] しかも会社は一六六五年まで出資者の無限責任であり、一航海が終われば会社は解散されていた。すなわち出資者＝株主は、会社が損失を出した場合、個人の全資産を支払って補塡しなければならなかったのだ。

しかし「連合オランダ東インド会社」はイギリスの東インド会社とは異なっており、大塚久雄によれば以下四つの特徴をもっていた。

その一は出資者全員の有限責任制、その二は会社と出資者の関係を整備し、会社を統括する取締役会を設置し、その三は株式（actie）の売買・譲渡の承認、すなわち資本の証券化であり、その四は会社の永続性の保証である。大塚久雄によれば、一六〇五年から同社の株式に対する配当が始まると、配当率が高率であり、しかも年々変動したので投機熱が煽られ多くの弊害が生じた。このため一六一〇年には法令により株式の空取引が禁止されたが効力はなく、多くの株主は投機熱に酔いしれた。[95]

なおオランダ東インド会社は、大塚久雄が「専制型株式会社」と命名しているように、定員六〇人の取締役団の上に「一七人会」と呼ばれる重役会がおかれていたが、取締役は必ずしも大株主である必要はなく、身分のようなものとして考えられていた。また一七人会も取締役会も専制主義的で、会社の経理内容を一切公開せず配当なども恣意的に決定していた。[96]

これに反してイギリス東インド会社は、設立してから半世紀後の一六五七年にクロムウェルによる改組によって近代の株式会社へと脱皮した。すなわち航海ごとの当座企業ではなく、永続的な会社組織として再出発した。またそれまでのように元本と利益を株主に配分するのではなく、利益のみを配分する方式に改められた。そして株主総会により取締役会のメンバーが選ばれる民主型株式会社として、また一六六二年から会社員の有限責任制を原則とする会社として出発した。[97] ただ民主型株式会社とはいえ、株主に配分された利益は植民地社会から略奪した富の配分に他ならない。

株式会社は、国王や富を蓄積していた奴隷商人、貿易商人の富をかき集め、巨大な事業を展開することを可能にした。また配当金だけではなく、証券を売買することによって、投資した資金の数倍の貨幣を手にすることも可能にしたのだ。

†英蘭戦争

このようにして東インド会社がそれぞれ設立されたが、そのとき西ヨーロッパは、旧勢力のスペイン、ポルトガルと新興勢力のオランダ、イギリスそしてフランスが互角の戦いを展開する時代に突入していた。オランダとイギリスの関係にだけ注目すると、一六五二〜五四年にかけて第一次英蘭戦争が、一六六五〜六七年には第二次英蘭戦争が、一六七二〜七四年には第三次英蘭戦争が、一七八〇〜八四年には第四次英蘭戦争が勃発した。制海権をめぐる英蘭戦争はいずれの海戦においてもイギリスが勝利し、闘いが終わるごとにオランダは国力を喪失していった。

つまり一七世紀初頭、オランダは世界の中心地であり、彼らにとって一七世紀は黄金の世紀だった。だが一八世紀になるとイギリスにその座を譲らなければならなかった。なお英蘭戦争は、相互に領土侵入は行わず、海戦だけに終始した。第一次、第二次英蘭戦争の結果、オランダはイギリスの保護国ポルトガルから奪ったブラジルの植民地をポルトガルに返還し、アフリカのアンゴラもポルトガル領として認めなければならなかった。だが、西方に隣接するスリナム一帯はオランダ西インド会社の植民地として確保し、西アフリカから連行した黒人奴隷を使用してサトウキビの栽培を開始した。

スリナムの面積は日本の半分であり、現在、南米で唯一オランダ語を使用する国であるが、オランダ西インド会社が一六七四年に解散した後も政府直轄の植民地として、一九七五年に独立を達成するまで植民地支配を受けなければならなかった。[98]

オランダ西インド会社は、一六二九年以降、同社が所有する北アメリカの植民地をニューネーデルラントと命名して開発に取り組んでいたが、第二次英蘭戦争の結果、これをイギリスに譲渡しなければならなかった。イギリスはこの地をニューヨークと改称した。オランダの海上支配権は第三次英蘭戦争で大きく揺らぎ、第四次英蘭戦争の結果、オランダは東インド諸島へのイギリスの自由航行を認めなければならなくなった。海の帝国オランダは、ヨーロッパを戦火に巻き込んだ三〇年戦争（一六一八〜四八年）が終結し、オランダ共和国が生まれたとき、その衰退が決定的になっていたのである。[99] さらにフランスで革命が勃発すると、革命軍がオランダを占領したため、オランダ共和国は滅亡し、フランスの衛星国バタヴィア共和国が成立した。一八〇六年には、ルイ・ボナパルトを国王とするホラント王国に模様替えし、一八一〇年にはフランスの直轄地としてフランスに併合されてしまった。

†インドネシア争奪戦

話を連合東インド会社の活動に戻そう。連合東インド会社は設立後数年間のうちに、インドネシア諸島から競争相手を全て追放し、アジアにおける植民地支配体制を確立した。当初、連合東インド会社はインドネシアの島々に集荷活動や軍隊の駐屯地として多くの商館を設立し、現地の商人が行う伝統的取引に倣ってクローブや胡椒を入手していた。

ジャカルタは元々バンテン王国の藩属国であり、連合東インド会社は、一六一〇年にバンテン王国の藩属国ジャカルタの国王と条約を結び、わずかの土地を譲り受けて商館と倉庫を建設

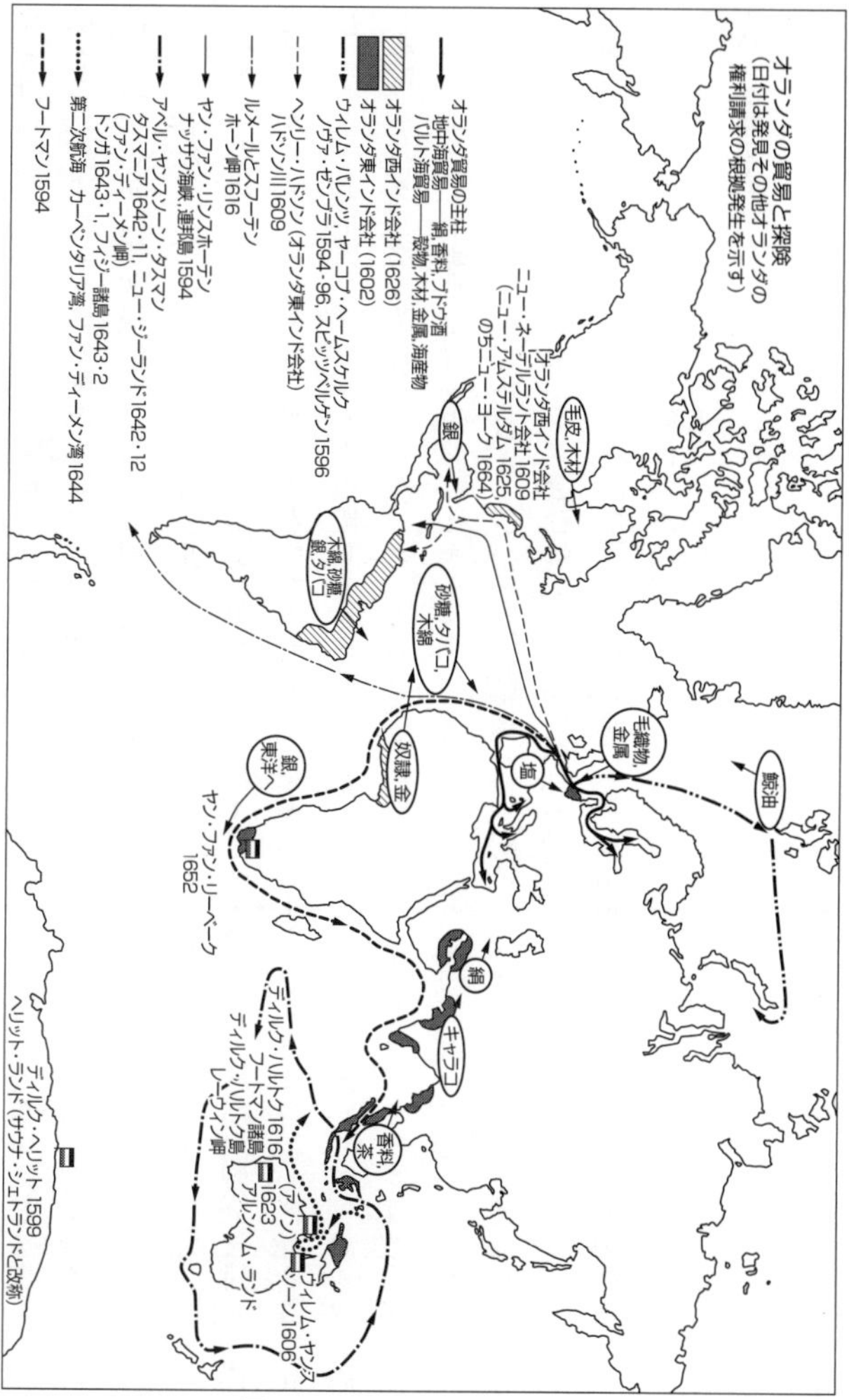

図 1-3　オランダの貿易と探検

出所：C. ウィルソン、堀越孝一訳『オランダ共和国』平凡社、1971 年、274～5 頁。

する許可を得ていた。そして胡椒、白檀、ニクズク、メース、チョウジを買い入れて関税を支払うこと、オランダが中国から買い入れた絹織物やインドで仕入れた綿織物などジャカルタに持ち込む商品は無関税にすることを取り決めていた。[100]

こうしたなか、一六一八年に連合東インド会社第四代総督に就任したJ・P・クーン（一六二九年まで在職）は、オランダの進出を阻もうとしたイギリスに対して熾烈な戦いを挑み、遂にジャカルタを武力をもって手に入れたのである。すなわちJ・P・クーンは、商館を要塞化し、一六一七年にジャカルタを占拠してイギリス軍を追放、バンテン王国からジャカルタを譲り受けてバタビアに改称したのだ。ジャカルタは良港であり、イギリス、オランダ双方がしのぎをけずって争奪戦を繰り返し、イギリス・バンテン王国連合軍は一九年間にわたってオランダの要塞を包囲したが、総督クーンはこれを撃退し、「海の帝国オランダ」の基礎を築きあげたのである。また連合東インド会社はジャワ島中西部を支配下においていたマラタム王国で王位継承戦争が勃発した際、圧倒的な軍事力を背景にして新王の側に立って闘い、その代償として西ジャワの肥沃な大地を獲得したのである。

†バンダ諸島占領

永積昭によれば、J・P・クーンは、一六二一年に、バンダ諸島の住民が香料の引渡しを拒んだのでオランダ艦隊を指揮して赴き、バンダ諸島を次々と占領し、イギリスが領有していたルン島を含めて全ての島々を占領した。J・P・クーンはもともとこの諸島の住民を他に移して、別の住民を入居させるつもりだったので、八〇〇人近い先住民捕虜をジャワに送って奴隷労働に従事させた。それを知った残りの住民が絶望的な必死の抵抗に転じると、人質にとっておいた首領四七人を虐殺した。首謀者と目された八人の処刑は酸鼻をきわめたが、彼らは刑吏に抵抗することなく死んだ。生き残った数千人のバンダ島の住民は、降伏するよりも高地に逃れて寒さと飢えによる死を選んだ。ルン島の住民は捕えられ、成人一六〇人は全員殺された。J・P・クーンは原住民のいなくなった島に連合東インド会社の使用人や自由市民を送り、一定の土地を割り当て、奴隷を使用して香料、とくにメースの生産に従事させた。[101]

†マラッカの占拠とチモール島の支配

一六四一年には、連合東インド会社は一五一一年からポルトガルの支配下におかれていたマラッカを占拠し、さらにセイロン島からポルトガル人を追放した。オランダに追われたポルトガル人は、インドネシア南端のチモール島南西部に移動し、一七〇二年にはチモール島に植民地政庁を樹立した。だがオランダはこれを執拗に追撃したので、ポルトガル人貿易商や宣教師は一七六九年に、この島の東部ディリに植民地政庁を移した。チモールの領有をめぐってオランダとポルトガルの確執がつづいたが、一八五九年、一八九三年、一九〇四年に同島の境界に関する条約が締結され、チモール島における両国の支配はほぼ二分され、東半分がポルトガル領とされた。[102]東チモールに対するポルトガルの支配は一九七五年までつづいたが、ポルトガル人に逆らったり、抵抗した島民は悉く惨殺された。当初ポルトガルは東チモールから白檀を運び出し、一九世紀後半にはプランテーションで先住民を酷使してコーヒーを栽培した。[103]

†植民地支配の傷あと

マラッカは華南のマカオとインドのゴアとを結ぶ重要な地点であり、この港をオランダの手に委ねたことは、ポルトガルの衰退を決定的にした。マラッカにはインドネシア人商人や中国人商人、ヒンズー教徒のインド人商人そして日本人商人も住みついて貿易に携わっていた。[104]

一六二三年には、アンボン島のオランダ商館員がイギリス商館員を殺害する事件が起こった。香料諸島の一角アンボン島で、イギリス人に雇われていた日本人がオランダ人による拷問を受けた末、イギリスがオランダの要塞を攻撃する計画があると偽りの自白を強要されたのだ。この自白を口実にしてイギリス商館の全員が捕えられ、イギリス人一〇名、日本人一〇名、ポルトガル人一名の全員が死刑に処せられた。「アンボン事件」または「アンボイナの虐殺」と言われる事件である。[105]この事件以降、イギリスとオランダの関係は悪化し、イギリスはインドネシアから撤退し、インドの植民地化に全力を投入するようになる。
連合東インド会社が勢力をふるった一七〜一八世紀、インドネシアでは数多くの小さな王国が割拠し相互に反目し合っていた。インドネシアを手に入れるため、オランダもイギリスもお互いに既存の王国の内紛や王国同士の対立を利用してこの島を自国の支配下におこうとした。オランダによるインドネシアの植民地支配は、第二次世界大戦が勃発するまでの三世紀間もつづいたのだが、鈴木恒之が指摘しているように、オランダは現地の伝統的な社会制度を変化させるほどの政治的支配権力を行使することはなく、商業利潤の追求のみを重視する重商主義に執着したのである。[106]
オランダは、先住民による数々の抵抗運動を軍事的に封殺し、伝統的社会制度の頂点に居座り、地場産業を壊滅させ、商業的利潤のみを追い求める社会を創出した。このようにオランダの支配階級は、スペインやポルトガルと同じく、非ヨーロッパ世界の人びとを出口のない暗闇に叩き落としたのであり、植民地支配下におかれていた国々は未だ負の遺産を背負いつづけていることを忘れてはならない。

1　七一八年から一四九二年までに行われた、キリスト教徒によるイベリア半島における国土回復運動。ウマイヤ朝によるアストゥリアス王国の建国から一四九二年のグラナダ陥落によるナスル朝滅亡で終わる。
2　ジョージ＝ネーデル、ペリー＝カーティス編　川上肇・住田圭司・柴田敬二・橋本礼一郎訳『帝国主義と植民地主義』御茶の水書房、一九八三年、九頁。
3　ジャック・アタリ　斎藤広信訳『1492――西欧文明の世界支配』ちくま学芸文庫、二〇〇九年、八九〜九九頁。
4　私市正年『サハラが結ぶ南北交流』（世界史リブレット）山川出版社、二〇〇四年参照。
5　Malyn Newitt によれば、サントメ・プリンシペは、一四七八年から一四七九年にかけて Fernando Po により発見された。詳しくは以下を参照。Malyn Newitt "A History of Portuguese Overseas Expansion. 1400-1668" Routledge, London and New York, 2004, p. 51.
6　Malyn Newitt 前掲書、五一〜五二頁。
7　J・シュレ＝カナール、野沢協訳『黒アフリカ史――その地理・文明・歴史』理論社、一九六四年、一七四頁。
8　Malyn Newitt 前掲書　pp. 152〜153.
9　松井透『世界市場の形成』岩波書店、一九九一年、七〇頁。
10　松井透、前掲書、七四頁。
11　松井透、前掲書、七〇頁。
12　A・L・モートン、鈴木亮・荒川邦彦・浜林正夫訳『イングランド人民の歴史』未來社、一九七二年、一三五〜六頁。ポルトガルは、アデンを陥落させることが出来なかったため、西アジアの商隊路、すなわち紅海ルートを遮断することができず、中近東経由の貿易ルートは一六世紀半ばまで生きつづけた。会田昌史「海洋帝国の時代」（立石博高編『スペイン・ポルトガル史』山川出版社、二〇〇〇年、三八四頁。）

13　クルザード金貨はジョアン二世（一四七七年〜九五年）とマヌエル一世の時代のポルトガル硬貨。マヌエル一世は一四九九年にインドとの交易のために、「インディオ」と呼ばれる銀貨を特別に鋳造した。National Geographic News（日本語版）http://natgeo.nikkeibp.co.jp/atcl/news/16/031600090/（二〇一六年三月一六日閲覧）

14　金七紀男『ポルトガル史』彩流社、二〇〇三年、九九頁。

15　会田昌史「海洋帝国の時代」（立石博高編『スペイン・ポルトガル史』山川出版社、二〇〇〇年、三八四頁）。

16　金七紀男、前掲書、八二頁。

17　K・ポメランツ、S・トピック、福田邦夫・吉田敦訳『グローバル経済の誕生』筑摩書房、二〇一三年、一四一頁。

18　K・ポメランツ、S・トピック、前掲書、八三〜四頁。

19　ローマ教皇は、一四九三年、スペインとポルトガルが領有する植民地の分界線をアフリカ大陸最西端のヴェルデ岬諸島の西方一〇〇レグア（一レグアは約五五㎞）の子午線とし、その東をポルトガル、西をスペインの領有を認めた。だが翌年、ポルトガルのジョアン二世は、スペインと交渉し、両国の国境線を西に一五〇〇㎞移動させるトルデシャリス条約を結んだので、ブラジルはポルトガル領として認められた。飯塚一郎『大航海時代へのイベリア』中公新書、一九八一年参照。

20　封土受贈者はドナタリオ（donatario）と呼ばれ、彼らは自己の領地（カピタニア）の長官（カピタン）として権勢を振るった。

21 ジョージ゠ネーデル他編、前掲書、一一～二頁参照。

22 K・ポメランツ、S・トピック、前掲書、四六頁。

23 K・ポメランツ、S・トピック、前掲書、四八～九頁。

24 M・W・サンドラー、日暮雅通訳『図説大西洋の歴史』悠書館、二〇一四年、一三一頁。

25 W・H・マクニール、佐々木昭夫訳『疾病と世界史（下）』中公文庫、二〇〇七年、一〇四頁。

26 会田昌史、「ポルトガルの歴史的歩み」（立石博高編『スペイン・ポルトガル史』山川出版社、二〇〇〇年、三九七～八頁）。

27 ウォーラーステイン、川北稔訳『近代世界システム　1600～1750』名古屋大学出版会、一九九三年、一二六～七頁。

28 ジョージ゠ネーデル他編、前掲書、一九八三年、一二頁。

29 K・ポメランツ、S・トピック、前掲書、一四二頁。

30 ウォーラーステイン、前掲書、二二五頁。

31 J・シュレ゠カナール、前掲書、一七七頁。

32 ポルトガル独立運動に至る過程に関しては以下を参照。デビッド・バーミンガム、高田有現・西川あゆみ訳『ポルトガルの歴史』（ケンブリッジ版世界各国史）創土社、二〇〇二年、五三～九四頁。

33 ウォーラーステイン、前掲書、二二六頁。

34 デビッド・バーミンガム、前掲書、二〇〇二年、一〇〇～一頁。なお一八〇七年にナポレオンの部下、ジュノー将軍がリスボンに侵入した際、ポルトガル王室はイギリスの艦隊に守られてブラジルに逃れ、一八〇八～二一年にかけてリオデジャネイロがポルトガルの首都とされた。この間の一八一五年にはブラジルが王国に昇格、一八二二年にはブラジル帝国が成立した。

35 絶対主義的王権が、国家の富の源泉は貨幣＝金銀の量であると考えて、特権的な大商人を保護して輸入を減らし、輸出を増やそうとする政策。

36 デビッド・バーミンガム、前掲書、一三五頁。

37 ウォーラーステイン、前掲書、二三一頁。デヴィッド・リカードは、一八一九年に『経済学および課税の原理』を著し、そのなかでポルトガルは、布の生産においてもワインの生産においてもイングランドよりも安く生産できる（絶対優位を持っている）が、ワインの生産費の方がイングランドよりも安い。だから、ポルトガルはワインを生産し、イングランドから布を輸入した方が経済的だ、という理論（比較優位の理論）を提示した。だが彼の考えは間違っていた。この条約によってポルトガルは毛織物産業に打撃を受けて、ブドウ酒とオリーブ油の供給国になったのだ。

38 デビッド・バーミンガム、前掲書、一三五頁。

39 しかし立石博高が指摘しているように、グラナダ陥落をもって統一国家の出現とみなすことはできない。というのは、両王国はそれぞれ別個の法、統治制度、議会、貨幣、租税、軍制等を維持しつづけたからであり、複合王国として誕生したのである。立石博高編、前掲書、一四一～二頁参照。

40 イベリア半島におけるユダヤ人については以下を参照。飯塚一郎『大航海時代へのイベリア』中公新書、一九八一年。

41 会田昌史、前掲書、三八九頁。

42 立石博高編、前掲書、一四八頁。

43 立石博高編、前掲書、一四八頁。
44 ユーリウス・H・シェプス編、フリッツ・ハイマン、小岸昭・梅津真訳『死か洗礼か』マラーノ文学・歴史叢書2、行路社、二〇一三年、九一頁。
45 ウィリアム・バーンスタイン、鬼澤忍訳『交易の世界史』(下)、ちくま学芸文庫、二〇一九年、四〇頁。
46 ユーリウス・H・シェプス編、前掲書、六三頁。
47 ユーリウス・H・シェプス編、前掲書、五四頁。
48 ユーリウス・H・シェプス編、前掲書、一〇〇頁。
49 Christopher Ebert, "Between Empires: Brazilian Sugar in the Early Atlantic Economy 1550-1630" LEIDEN・BOSTON 2008 P.14.
50 松井透、前掲書、六四〜五頁。
51 J・ビセンス・ビーベス、小林一宏訳『スペイン――歴史的省察』岩波書店、一九七五年、一三四頁。
52 A・L・モートン、鈴木亮・荒川邦彦・浜林正夫訳『イングランド人民の歴史』未来社、一九七二年、一七〇〜一頁。
53 永積昭『オランダ東インド会社』講談社学術文庫、二〇〇〇年、五九〜六〇頁。
54 A・L・モートン、前掲書、一七一頁。
55 永積昭、前掲書、六〇頁。
56 スペイン帝国の興亡については以下の文献が詳しい。J・H・エリオット、藤田一成訳『スペイン

帝国の興亡――一四六九―一七一六』岩波書店、二〇〇九年。
57 K・ポメランツ、S・トピック、前掲書、八二〜六頁参照。
58 ハワード・ジン、猿谷要監修、富田虎男・平野孝・油井大三郎訳『民衆のアメリカ史』(上)、明石書店、二〇〇五年、四頁。
59 ハワード・ジン、前掲書、六〜七頁。
60 ティトゥ・クシ・ユパンギ、染田秀藤訳『インカの反乱――被征服者の声』岩波文庫、一九八七年、二二〜二三頁。
61 ホセ・カルロス・マレアテギ、原田金一郎訳『ペルーの現実解釈のための七試論』柘植書房、一九八八年、六〜七頁。
62 ジークフリート・フーバー、三輪晴啓訳『謎の帝国インカ』佑学社、一九七八年参照。
63 第一回の航海は一四九二年八月〜一四九三年三月、第二回は一四九三年九月〜一四九六年一一月、第三回は一四九六年五月〜一五〇〇年一〇月、第四回は一五〇二年九月〜一五〇四年一月。
64 トーマス・R・バージャー、藤永茂訳『コロンブスが来てから』朝日選書、一九九二年、一九頁。
65 トーマス・R・バージャー、前掲書、一九頁。
66 コロンブスによる「新大陸」の発見により「新大陸」からジャガイモやトウモロコシ、カボチャなどが「旧世界」にもたらされた反面、「新大陸」にはウイルスが伝播し先住民の命を奪った。このことをルース・ドフリースは、「コロンブスの交換」と命名している。ルース・ドフリース、小川敏子訳『食糧と人類――飢餓を克服した大増産の文明史』日本経済新聞出版社、二〇一六年。
67 ラス・カサス、染田秀藤訳『インディアスの破壊についての簡潔な報告』岩波文庫、二〇一三年。

68 ラス・カサス、前掲書、三三頁。
69 ラス・カサス、前掲書、八六〜七頁。
70 ティトゥ・クシ・ユパンギ述、前掲書、一七七〜八頁。
71 K・ポメランツ、S・トピック、前掲書、二四〇頁。
72 湯浅赳男『環境と文明』新評論、一九九三年、二五四〜五頁。
73 アンドレ・グンダー・フランク、山下範久訳『リオリエント』藤原書店、二〇〇〇三年、二六五頁。
74 『大塚久雄著作集』第二巻、岩波書店、一九六九年、四〇〇頁。
75 カルロス・マリアテギ、前掲書、七頁。
76 J・H・エリオット、前掲書、三七八頁。
77 布留川正博『奴隷船の世界史』岩波新書、二〇一九年、四五頁。
78 大塚久雄「オランダ型貿易国家の生成」（大塚久雄、高橋幸八郎、松田智雄編著『西洋経済史講座Ⅳ』岩波書店、一九六〇年、三三三〜四頁）。
79 中澤勝三「アントワープの陥落とアムステルダムの興隆」（日蘭学会編、栗原福也・永積昭監修『オランダとインドネシア』山川出版社、一九八六年、三九頁）。
80 中澤勝三、前掲書、五一〜六頁。
81 C・ウィルソン、堀越孝一訳『オランダ共和国』平凡社、一九七一年、四二頁。
82 ウォーラーステイン、前掲書、六八頁。
83 C・ウィルソン、前掲書、九一頁。
84 C・ウィルソン、前掲書、九〇〜一頁。

85　ウォーラーステイン、前掲書、六八頁。
86　ウォーラーステイン、前掲書、五〇〜一頁。
87　C・ウィルソン、前掲書、四九頁。
88　ウォーラーステイン、前掲書　五〇頁。
89　ウォーラーステイン、前掲書、六二頁。
90　C. R. Boxer, "The Dutch Seaborne Empire 1600-1800" Penguin Books Hutchinson of London, 1990, p. 60. またボクサーはつづけて以下のように述べている。「一七四七年、アムステルダムの世帯四万一五六一のうち一万世帯は、粘土で固めたみすぼらしい家屋で生活しており、寒さを防ぐためにベッドや家具を燃やさなければならなかった」。同書、六〇頁。
91　連合東インド会社の資金は、イギリス東インド会社の約一〇倍であった。株式会社形態については永積昭、前掲書、六八〜七〇頁参照。また科野孝蔵『栄光から崩壊へ――オランダ東インド会社盛衰史』同文舘、一九九三年を参照。
92　C. R. Boxer, 前掲書, p. 54.
93　ウィリアム・バーンスタイン、前掲書、四七頁。
94　浅田實『東インド会社』講談社現代新書、一九八九年、二〇頁。
95　大塚久雄『株式会社発生史論』中央公論社、一九五四年、四〇三〜一〇頁。
96　大塚久雄、前掲書、四四一〜五四頁。永積昭、前掲書五一頁。
97　浅田實、前掲書、三九頁。
98　樺山紘一『ヨーロッパ近代文明の曙――描かれたオランダ黄金世紀』京都大学学術出版会、二〇一

五年　二四七〜八頁。

99　三十年戦争は、一六四八年にオランダ独立戦争の終結とオランダ共和国を承認したウェストファリア条約を以て終結した。ウェストファリア講和会議は、神聖ローマ皇帝、ドイツの諸侯、フランス、スウェーデン、スペイン、オランダなどの代表が参加した国際会議。悲惨な三〇年戦争の実像はジャック・カロの「戦争の惨禍と不幸」、ゴヤの「戦争の惨禍」、ドーミエの「革命・戦争・人民」や版画を収録した『人間の記憶のなかの戦争――カロ／ゴヤ／ドーミエ』みすず書房、一九八五年を参照。

100　永積昭、前掲書、八二頁。

101　永積昭、前掲書、九九〜一〇〇頁。

102　首藤もと子「東チモール非植民地化の過程と問題」（一般財団法人アジア政経学会『アジア研究』Vol. 37 (1990-1991) No. 3、九一頁）。

103　南風島渉『いつかロロサエの森で』コモンズ、二〇〇〇年参照。

104　Ian Burnet "East Indies — The 200 year struggle between the Portuguese Crown, the Dutch East India Company and the English East India Company for supremacy in the Eastern Seas —" ROSENBERG Publishing Pty Ltd 2013, pp. 27〜39.

105　永積昭、前掲書、一〇三〜四頁。

106　鈴木恒之「17世紀スマトラ島におけるオランダの貿易独占体制」（日蘭学会編、栗原福也・永積昭監修『オランダとインドネシア』山川出版社、一九八六年、七五頁）。

第 2 章

植民地の拡大と移民の大移動

船外へ捨てられる奴隷　1781年、リヴァプールの奴隷船ゾング号は、すし詰め状態を緩和するために奴隷122人を海に投げ捨てた。人命を何とも思わないこの行為に、英国人の多くが戦慄した。(R.G. グラント他『イギリスの歴史』東洋書林、234～5頁)

イギリスは、ポルトガルやスペインの後を追って非ヨーロッパ世界の植民地化に乗り出した。エリザベス一世女王（在位一五五八～一六〇三年）は、海賊ジョン・ホーキンス（一五三二～九五年）やフランシス・ドレーク（一五四三～九六年）の略奪行為を奨励し、貴族の称号を与えた。一六五四年の航海法は、オランダを打ち負かし、工業化に向けての一段階を画する貿易政策であった。

奴隷貿易は一七五〇年から一八五〇年代まで全盛期を迎え、西インド諸島における製糖業と奴隷貿易とはイギリスにとって富の重要な源泉となり、産業革命の原動力のひとつになった。この過程で、イギリスは覇権国家オランダとの度重なる戦争で勝利を収めた。またインド亜大陸や北米での覇権をめぐるフランスとの戦争でも勝利したのである。

イギリス東インド会社は、インドの徴税権（ザミーンダーリー）を手に入れた。そしてイギリスは、一八八〇年代までにはインドに代わって世界最大の綿布の輸出国になった。インドは綿織物の輸入国に転落したのである。

ヨーロッパ人の入植によって進められた北米植民地には、約三五〇〇万人が移住した。独立を達成したアメリカは西漸運動を展開し、先住民を殺め、かれらの土地を奪った。そして宗主国イギリスを凌ぐ経済を打ち建てていく。その間の一八六一年から一八六五年までの期間、北部二三州と南部一一州は死闘を展開し、北部の工業資本はイギリスへの綿花供給地であった南部経済を制圧し、工業化を目指して躍進する。

1　奴隷貿易と植民地の拡大

†イギリスによる奴隷貿易の独占

一五〜一六世紀にかけて新大陸で必要とされる黒人奴隷を運搬する事実上の独占権（アシエント）を所有していたのはポルトガルであったが、やがてオランダ、フランス、イギリス、デンマーク、そして北米植民地移住者がこの血なまぐさい取引に参加してきた。イギリスは、ポルトガルやスペインの後を追って非ヨーロッパ世界の植民地化に乗り出し、一八世紀初頭には世界最大の奴隷貿易国家となった。W・Z・フォスターは、イギリスが奴隷貿易を独占することになったユトレヒト条約について以下のように指摘している。

「奴隷貿易の最高の利得はスペイン語のいわゆるアシエント――アメリカのスペイン領へ奴隷を供給する契約――であった。このアシエントを、一六世紀の終わりまでポルトガルがもっていた。オランダが一六四〇年に獲得し、フランスが一七〇一年にそれを奪い去り、そして最後に一七一三年にユトレヒト条約によってイギリス人がその不潔な権利を握った」[1]。

イギリスはユトレヒト条約によって、新大陸への奴隷供給をほぼ独占する一方、ジブラルタ

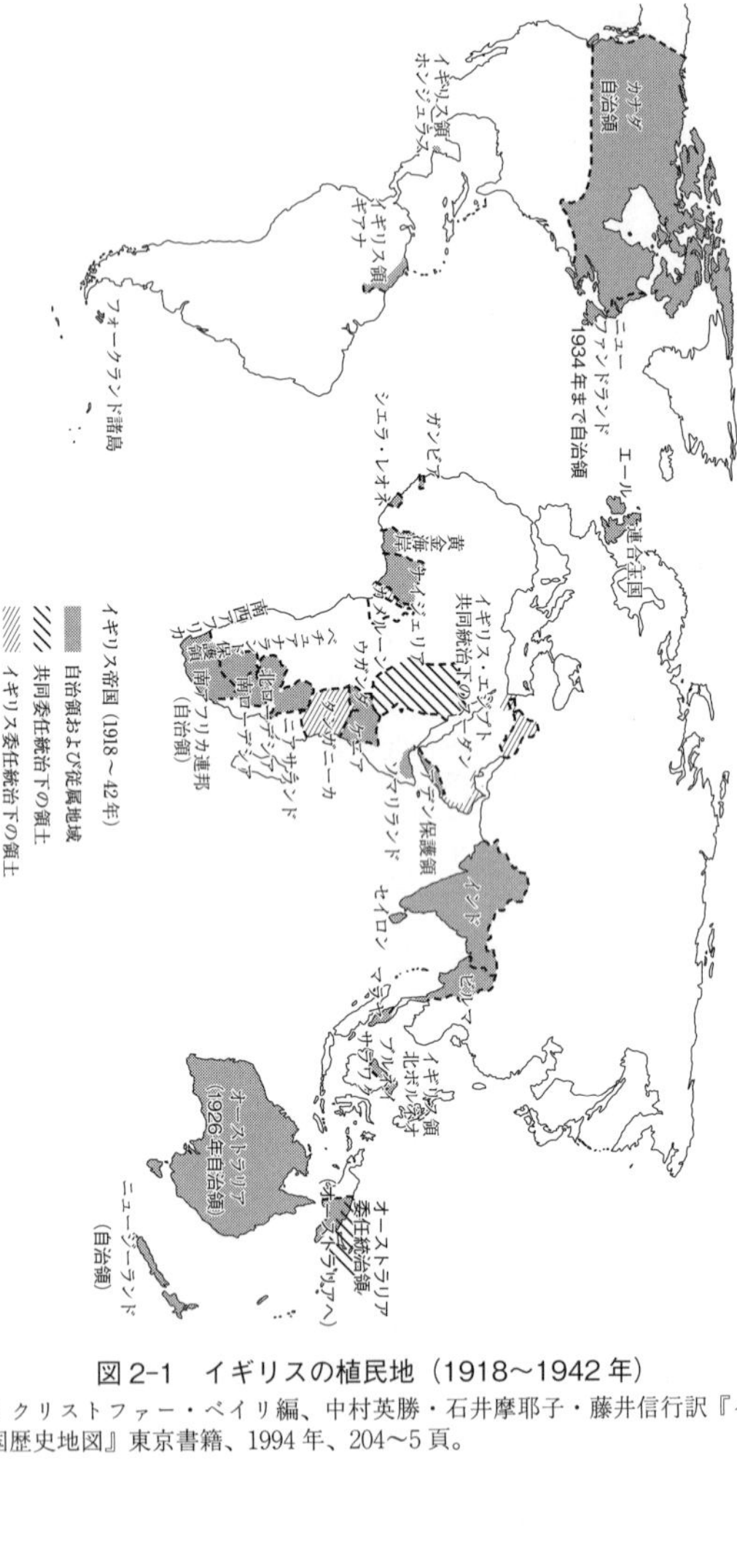

図 2-1　イギリスの植民地（1918～1942 年）

出所：クリストファー・ベイリ編、中村英勝・石井摩耶子・藤井信行訳『イギリス帝国歴史地図』東京書籍、1994 年、204～5 頁。

ルからバミューダを手始めに世界各地に海軍基地を設けた。[2] すでにイギリスは一六六一年に、西アフリカにあるガンビアのジェームズ島、シエラレオネ、ゴールド・コーストに商館を築いており、これら商館は一六七六年に王立アフリカ会社の管理下に移行されていた。西インド諸島では、スペインとの戦争で一六五五年にジャマイカを支配下におき、ジャマイカを起点として現在のニカラグアやホンジュラスを支配下において砂糖栽培を始めていた。ユトレヒト条約から半世紀後の一七九五年には、カリブ海に浮かぶフランス領グアドループとマルティニークも支配下においた。[3]

†奴隷貿易と製糖産業

イギリスは、一六六四年には第二次英蘭戦争でオランダからニューネーデルラントを奪い取ってニューヨークに改名し、さらにその隣のニュージャージーを奪った。一七九五年には、フランス領カナダを征服し、ジョージアから北極海にいたる広大な地域を支配下に収めた。さらに七年戦争の間に、フランスとスペインからドミニカ、セントヴィンセント、グレナダ、トバコを手に入れ植民地帝国の陣容を整えた。[4] なお一七六三年のパリ条約の際、イギリスはグアドループとマルティニークをフランスに返し、カナダとミシシッピ以東のルイジアナを獲得した。イギリス領西インド諸島は、砂糖、コーヒー、綿花、天然染料などを本国に供給し、本国から雑多な各種工業製品を輸入して消費した。そこでは不在地主制が発達し、有力なプランターの巨大な富はそっくりイギリス本国に移送された。[5] 砂糖プランターについてエリック・ウィリアムズは以下のように指摘している。

「プランターと商人という二大勢力の結合体は、イギリスにいる植民地の代弁者とも手を握り、一八世紀を通じ強力な西インド諸島勢力を形成していた。古典的な腐敗議会と買収選挙の時代においては、かれらの金は十分ものをいった[6]」

またエリック・ウィリアムズは、西インド諸島の砂糖プランターと奴隷貿易商がイギリスの産業の発展にいかに寄与したか、以下のように述べている。

「一八世紀の第一・第二・第三四半期を通じ、資本を即時提供する能力をもつものとしては、西インド諸島の砂糖プランターまたはリヴァプールの奴隷貿易商にまさるものがいたであろうか？（中略）不在地主層は、イギリスにおいて、農業革命と関連した巨大な経済発展のためにその富をまわすことができた。不在地主層は、新たな生産過程および新市場の要求に応え、大規模なプラント類の建設に要する巨額な資金の一部をイギリス産業界に供給した[7]」

ところでイギリスの奴隷貿易は、すでに一六六三年に勅許により設立された独占会社「王立アフリカ貿易投機会社」に一〇〇〇年間委託されていた。国王が勅許会社を設立して利益を独占するやり方は、スチュワート王朝の経済政策に基づくものであったが、一六七二年にはイギリスの貴族と大商人が共同出資して国王が認可した「王立アフリカ会社」が新設された。そして一六九八年には「王立アフリカ会社」の奴隷貿易の独占権が取り消され、その代わり利益の一〇％の税を払い、イギリスの国旗を掲げれば、すべての船舶に奴隷貿易の自由が与えられるようになった。[8]

†エリザベス女王と海賊ドレーク

一六世紀から一七世紀初めにかけて君臨したエリザベス一世女王（在位一五五八～一六〇三年）の時代はイギリスでシェークスピアが活躍した時代であり、イギリス・ルネサンスが開花した時代であった。一五六一年、女王はロンドンの八人の貿易商人に船舶と遠洋航海に必要な資材を与え、西アフリカでの奴隷狩りを勧めた。女王の支援を受けた貿易商人はセネガンビア（現在のセネガルとガンビア）から奴隷と胡椒（マラゲータペッパー）を持ち帰って献上し、女王は彼らにセネガンビアとの独占的貿易権を与えた。

翌年の一五六二年には、海賊の頭領ジョン・ホーキンス（一五三二～九五年）が、西アフリカから黒人奴隷一二五人を初荷としてサント・ドミンゴ（ドミニカの首都）に運び、スペイン人プランターに売却して莫大な利益を手にした。[9] 松井透はジョン・ホーキンスについて以下のように述べている。

「一五六二年、ジョン・ホーキンスが奴隷貿易を企てたとき、かれはまずイギリスから織物などの商品を積んで船出し、西アフリカへ寄って奴隷を買入れ、カリブ海のスペイン植民地で積荷を売り、砂糖・皮革・銀などを仕入れてイギリスへ帰ろうと考えた。一廻りで完結する見事な三角貿易であるが、初期におけるこの企てと一七、一八世紀の奴隷商人の営みとは、実質上大きな違いがない」[10]

一五六四年には、エリザベス女王はジョン・ホーキンスに七〇〇トンの船船（海賊船）を貸与して奴隷貿易を奨励した。ジョン・ホーキンスは西アフリカから西インド諸島やスペイン支配下の南米に黒人奴隷を運び、巨万の富を手にした。[11] ホーキンスはエリザベス女王配下の海軍行政官として、イングランドも自前の植民地を見つけるべきだと最初に声をあげたひとりであった。またジョン・ホーキンスの甥のフランシス・ドレーク（一五四三〜九六年）は、太平洋に船を進め、地球を一周したイングランドでは史上初めての航海者である。[12]

ドレークは、青年時代にはジョン・ホーキンスの下で奴隷貿易に従事していたが、やがて独立して奴隷貿易に従事する一方、ポルトガル船やスペイン船を襲撃して巨万の富を手にし、ジョン・ホーキンス同様、エリザベス女王の金庫番であることを忘れなかった。このためエリザベス女王は海賊ドレークに騎士の称号を授け、イングランド艦隊副司令官に任命した。このように、イギリス絶対王政は私掠を積極的に奨励していたのである。[13]

ドレークは一五八八年のアルマダの海戦でイギリス艦隊の総指揮をとりスペイン艦隊を殲滅した。[14] イギリスが海上覇権を握る上で海賊が果たした絶大な役割についてK・ポメランツとS・トピックは以下のように述べている。

「イギリス帝国の拡大期、海賊行為をおこなう私掠船への投資は、非常に大きな割合を占めていたと同時に、飛びぬけて利益率の高い投資であった。一五八三〜一六〇三年にかけて、イギリスの海賊による出資者への平均的な利益配分率は、船装費用の六割にも達したと言われている。（中略）それゆえフランシス・ドレークのような残忍な海賊でさえ、ナイトの爵位が授与されるほどの名誉が与えられたし、人々は海賊の栄誉をたたえる歌を口ずさみ、海賊の活躍が新聞の紙面をにぎわし、教会の説教にも登場した。（中略）スペインやポルトガルの植民地帝国が衰退したのは、北ヨーロッパのプロテスタント教徒の国が商業的に優位な地位を確立したからではない。イギリスやオランダの海賊による略奪行為こそが決定的な役割を果たしたのである[15]」

†奴隷貿易の全盛期

奴隷貿易は一七五〇年から一八五〇年代にかけて全盛期を迎え、数百万人の人びとがアフリカ大陸から奴隷としてアメリカ大陸の三大プランテーション、すなわちブラジル、西インド諸島、イギリス領北アメリカに運ばれた。[16] その人数を正確に把握するのは困難であるが、W・Z・フォスターは、ブラジルだけで奴隷貿易が廃止された一八五〇年までに、一二〇〇万人もの黒人が奴隷として運び込まれたと述べている。[17]

一六世紀から一七世紀前半までは海賊行為とまともな貿易を区別することが困難な時代であり、イギリス絶対王政の最盛期を飾ったエリザベス女王は、奴隷貿易を奨励し、貿易商人に独占的支配権を与え、自らの財源を確保していたのである。国王から奴隷貿易の独占権を与えられた貿易商人は、ポルトガル領ブラジルや西インド諸島の砂糖プランテーションに黒人奴隷を売り捌いて巨利を手にしたのである。[18]

しかし一六八八年に名誉革命が起こり、スチュワート朝の国王ジェームズ二世が追放され、ウィリアム三世と妃メアリーが王位についた。名誉革命で最も大きく変わったことは、自由貿易政策が促進されたことであり、先に述べたように、「王立アフリカ会社」の奴隷貿易独占に終止符が打たれたことである。エリック・ウィリアムズによれば、「一六八九年、王立アフリカ会社は、独占権を失い、奴隷貿易の自由の権利は、英国民の基本的かつ生得の権利であることが承認された[19]」のである。

ユトレヒト条約により新大陸への奴隷を供給する独占的権利を手に入れたイギリスの貿易商人は、新大陸への奴隷供給を独占し、アフリカには自国製の武器や雑貨、それにインドから輸入した綿織物を運んで奴隷と交換した。黒人奴隷を西インド諸島のプランターに売却し、西インド諸島で砂糖やコーヒーを買って本国に運んで巨大な利益をあげたのだ。これがイギリス－西アフリカ－西インド諸島を結びつけた大西洋の三角貿易である。

†奴隷貿易とブリストル

アフリカ向けの奴隷船に何が積み込まれたのか。エリック・ウィリアムズによれば、綿織物、亜麻布製品、シルクのハンカチーフ、毛織の布、きめの粗いつばのある帽子、つばのない帽子、銃、火薬、散弾、サーベル、鉛の棒、鉄の棒、たらい、銅製のやかんと浅鍋、鉄製の深鍋、金物、陶器、ガラス器、ウサギ革や豚革のトランク、ビーズ、金銀の腕輪、蒸留酒、タバコなどが積み込まれた[20]。奴隷積出港として一七世紀はロンドン、一七三〇年代はイングランド西部のブリストル、一七五〇年代以降は北西部のリヴァプールが栄えたが、奴隷積出港ブリストルについて、エリック・ウィリアムズは以下のように述べている。

「一六八五年当時のブリストルにおいては、ヴァージニアやアンティル諸島行き船舶になんらかの投機をしていない商店主は稀である、といわれていた。教区牧師でさえ口をひらけば貿易のことばかり、という有様だった。（中略）一八世紀の第三四半期のはじめにブリストルがイングランド第二の都市にのしあがったのは奴隷・砂糖貿易のおかげだった。「同市には」とある地方史家は述べている。「奴隷の血糊で接合されていないような煉瓦は、ただの一枚もない。贅を尽くした邸宅、豪華な生活、お仕着せに身をかためた召使い達、こうしたものすべて、ブリストル商人の売買した奴隷の辛苦・呻吟から生み出された富のたまものなのである……」[21]

†三つの三角貿易

ノーマン・デイヴィスは、英領北米植民地について以下のように述べている。

「一七世紀につくられた「イギリス帝国」は、ほとんどが大西洋の沿岸に限られていた。ヴァージニアは国家が後援した計画の産物だった。間もなくそのヴァージニア植民地から開拓者が近くのバミューダへ、さらにバミューダからバハマへと送られた」[22]

イギリスが最初に植民地化したのは英領北米の大西洋沿岸中部であった。これらの地域への入植は一六二〇年代に始まったものの、北部植民地は一七世紀にはイギリスに売るべきものをほとんど産出せず、イギリス製品の市場としては規模が小さすぎた。だが北米植民地は、海運業ではイギリスの競争相手として、また造船業だけではなく、中継港湾都市としても大躍進をとげたのである。英領北部植民地の三角貿易についてウォーラーステインは以下のように述べている。

「これらの商人は、いわゆる三角貿易に従事したのだが、ここでいう三角貿易には、いくつかの型があった。アフリカと西インド諸島を（北部植民地に）結ぶ三角貿易では、西インド諸島の糖蜜が北部植民地に運ばれ、そこからラム酒と小物類がアフリカに輸出された。最後にアフリカからは奴隷が西インド諸島に連れていかれたのである。イギリスと西インド諸島とを（北部植民地に）結びつける三角貿易では、食料と木材が北部植民地から西インド諸島に運ばれ、西インド諸島の砂糖と煙草がイギリスに輸出された。イギリスからは工業製品が北部植民地に輸出され、北部植民地製の船舶はイギリスで売られた。第三の三角貿易、すなわち南欧とイギリスとを（北部植民地に）結びつけたそれは、比較的小規模で、小麦と魚と木材とが北部植民地から南欧へ、南欧のワイン、塩、果物がイギリスへ送られ、この場合もイギリスの工業製品が北部植民地へ流れた[23]」

†最初の北米植民地

北米植民地とはどのような土地だったのだろうか。最初の植民地は、一六〇七年にアメリカ南部のヴァージニア州大西洋沿岸のジェームズ河口に建設されたジェームズタウンであり、そこにはスチュワート王朝に弾圧されたピューリタンによる入植活動が行われた。一六二〇年にはピルグリム・ファーザーズ（巡礼始祖）と呼ばれるピューリタンがメイフラワー号でプリマスに到着し、プリマス植民地の建設に取りかかった。一六二九年からはピューリタンの指導者に率いられた人々が信仰の自由を求めて渡来し、マサチューセッツ湾植民地を建設した。一六三〇年代を通じて約二万人ものイギリス人が信仰の自由を求めて渡来し、ニューイングランドと呼ばれる植民地が形成された。[24]

北米に渡来した初期プランターにとっての大きな問題は、イギリス本国の農作物と競合しない作物を栽培することであった。気候がイギリスと同じような北部植民地の入植者は、この問題を解決できなかったが、温暖な気候のヴァージニア、カロライナ、ジョージアを中心とする南部の入植者はこの問題を解決することができた。彼らは植民地本国と競合しない作物、すなわちタバコ、米そして藍の栽培に成功したのである。[25]

先住民の作物であったタバコは、一六一二年にジェームズタウンで初めて栽培され、米は一六九四年にマダガスカルから、藍（インディゴ）は一七四三年にインドから持ち込まれた。[26]独立戦争後の一七七六年以降は綿花が決定的に重要な作物となった。こうしたなか、広大な土地を手に入れた入植者にとって最大の問題はいかにして労働力を調達するか、ということであった。

またイギリスは、一六二七年にバルバドス島を制圧し、そこに入植したプランターは砂糖プランテーションを切り拓いた。これらの植民地経営は、地方の企業家的ジェントリー（地主）がロンドン商人と提携して進められることが多かった。[27]なお砂糖栽培は、西インド諸島やブラジルなどの熱帯地域が最適地であり、北米植民地ではルイジアナで栽培されたに過ぎない。アメリカ南部の主要な農産物はタバコと綿花であったが、綿花王国が成立するためには、一七九三年の繰綿機の発明を待たなければならなかった。[28]

†北部植民地と奴隷制

北部は、気候条件が悪く、広大で肥沃な大地に恵まれていないため、奴隷の労働力を必要とする経済的理由は余りなかった。とはいえ一六六四年にイギリスがオランダから奪ったニューヨーク（旧オランダ領ニューネーデルラント）では最初から奴隷制度が敷かれ、一七〇九年から、ウォール街には奴隷の競売場があった。北米のイギリス植民地もリヴァプールやブリストルの奴隷商人と同じようにこの巨大な利益を生む大規模な奴隷貿易に参加したのだ。アメリカ大陸で最初の奴隷船は、北部のマサチューセッツで建造されたデザイアー（欲望）号であった。まもなく何十隻もの奴隷船が建造されロードアイランドは奴隷取引の中心地となった。[29] まさにロードアイランドは奴隷貿易を核として新しい三角貿易の中心地となったのだ。奴隷貿易は北部を出発点とし、南部の奴隷所有者、すなわちプランターと北部の奴隷貿易業者との間で連携して進められたのであり、奴隷貿易がニューイングランドの最大の産業となったのである。[30]

W・Z・フォスターが指摘しているように、アメリカへ入植した多くの人々は、ヨーロッパの暴政と不正義に抗議してアメリカの荒野にたどり着いたのだが、そこでは誰かれかまわず働き手として奴隷化することをためらわなかった。最初に生贄になったのは先住民であり、先住民奴隷は戦争で捉えられた捕虜であった。一七～一八世紀には、先住民インディオが奴隷として使用されており、サウスカロライナでは、一七〇九年の総人口九五八〇人のうち、一四〇〇人が先住民奴隷であったといわれている。[31] しかし彼らは誇りの高い人々であり、先住民を奴隷化することはきわめて困難であった。そこで彼らはアフリカから供給される黒人を奴隷として使用したのである。[32]

†白人奴隷から黒人奴隷へ

とはいえ、黒人奴隷がすぐさま先住民奴隷にとって代わったわけではなかった。労働力不足に直面した南部の農園主は、何のためらいもなく自分と同じ白人を奴隷にしたのである。白人奴隷としてアメリカ南部やバルバドスやジャマイカに供給されたのは、英国国教会に抵抗した非国教徒、すなわちカトリック教徒やクエーカー教徒、そして浮浪者や囚人であり、彼らは白人奴隷として運び込まれたのだ。

白人奴隷の大部分は「年季契約奉公人」であった。すなわちアメリカへの渡航費用や移住費をプランターに立て替えてもらう代わりに、奴隷として一定期間働くことを契約して渡航した白人である。彼らは債務を返却するために四〜七年間、奴隷として労働に従事しなければならなかった。年季契約奉公人はヴァージニアだけでも、一六七〇年頃には黒人奴隷の三倍もの数に上っていた。エリック・ウィリアムズは年季契約奉公人について以下のように述べている。「一六五四年から一六八五年にいたる期間に、ブリストル一港から主として西インド諸島およびヴァージニア向けに輸送された人数だけでも一万に達する。一六八三年、ヴァージニアにおける白人奉公人は総人口の六分の一を占めていた。一八世紀のペンシルヴァニア住民の三分の二は年季奉公人だった。フィラデルフィアのみをとっても、四年間に二万五〇〇〇人の移住民を数えた。植民地全期を通じ、この階層に属する移民は二五万強を数え、イギリス移民総数の半ばを占めたと推定される。その大多数は、中部の植民地に赴いたものだろう」[33]

だが白人奴隷は、先住民と共謀して辺境に逃亡し、土地を手に入れた。また白人奴隷は年期契約期間終了後に解放され、自営開拓農民となってプランテーションを離れるので恒久的な労働力の供給源にはならなかった。

当時イギリス本国では、毛織物工業の発展に照応して牧羊業が拡大し、牧羊地を獲得するために一五世紀末から一六世紀を通じて第一次エンクロージャー（囲い込み運動）が展開された。トマス・モアが『ユートピア』で描いているように、領主が中心となって終身土地保有権を農民から奪い去って追放し、耕作地や共同放牧地を牧羊地に転換したのである。第一次エンクロージャーは、イングランド中部を中心とする地域に限られたが、一八世紀から一九世紀初めにかけて行われた第二次エンクロージャーによってイングランドから開放耕地制は消滅し、多くの農民が農村から投げ出され都市に流入し、行き場を失った元農民の多くが渡米したのである。

†アイルランドからの移民

またテューダー朝最後の君主エリザベス一世の時代からチャールズ一世（在位一六二五〜四九年）、さらにオリヴァ・クロムウェルによるアイルランド征服戦争によりアイルランドから多くの農民が追放された。このためアイルランドの人口は、一六四一年には一五〇万人であったが、一六五二年になると八五万人に減少した。なお八五万人のうち一五万人はイングランドやスコットランドから入植した移民であった。アイルランド人は戦乱や飢餓で死に、多くの人々が船に積み込まれて年期契約労働者として新大陸に運ばれ、プランテーションで事実上の奴隷として酷使されたのである。[34]

アイルランドの反乱に参加したカトリック教徒や地主の土地は没収され、ロンドンの商人やプロテスタントの地主に譲渡ないし売却され、アイルランドの植民地化が進行したのである。[35]エリザベス一世の時代に対外戦争に費やされた戦費五〇〇万ポンドの約半分がアイルランド戦争に充てられた。[36]なお一八四〇年代後半にはアイルランド農民の主食であったジャガイモがウィルス性の立ち枯れ病によって全滅したため一八四〇年代末までに南西部の貧農一〇〇万人以上が餓死し、さらに一〇〇万人以上の人々がイギリスやアメリカに渡った。アメリカ合衆国には今でも三〇〇〇万人とも五〇〇〇万人ともいわれるアイルランド系住民が住んでいる。[37]

A・L・モートンが指摘しているように、「アイルランドこそがイングランドの最初の重要な植民地であったし、彼らが諸々の隷属民を統治するこつのすべてを学んだ場所[38]」であった。なおアイルランドは、一八〇一年、ピット首相（小）によって併合され、「大ブリテンおよびアイルランド連合王国」となった。

†保護貿易とイギリスの海上覇権

ところで、共和制下の一六五二年、海上覇権をめぐってイギリスとオランダ間で第一次英蘭戦争が勃発したが、オリヴァ・クロムウェルが権力の頂点にいた一六五一年と一六五四年四月に以下七点を骨子とする航海法が成立した。[39]

・英国および英国植民地からの輸出または輸入は、英国船または産出国（植民地）の船舶に限る。
・植民地からの輸出は母国向けに限定する。
・母国の商品は植民地において特恵待遇を受ける。

・植民地の産品は母国において特恵待遇を受ける。
・植民地の産業が本国産業と競合するため工場を建設することを禁ずる。
・英国近海でとれた魚類およびその加工品の輸入は英国船に限る。
・上の規定に触れた場合、船舶および貨物は没収する。

イギリス立法府は、これまで航海法を何度も布告しているが、一六五一年の航海法は、いかなる外国船もイギリス当局の許可を得なければ海外のイギリス植民地に寄港し、貿易取引をすることを禁じた。また、商品を輸送する船主はイギリス人または植民地人でなければならず、船長はイギリス人でなければならず、しかも船員の過半数がイギリス人でない場合には、植民地商品をイングランド、アイルランドまたは植民地のいずれにも輸出することを禁じている。この条例によって、オランダ人はイギリスとの貿易を行うことができなくなった。

一六五四年の航海法は、イギリスの産業を徹底的に保護することを目的とする法であり、一六五一年の航海法を再確認し、砂糖およびタバコなどの植民地の主要産物を本国以外に輸出することを禁止し、イギリスと植民地間の貿易を直結し、貿易を閉鎖されたシステムのなかに囲い込んだのである。[40]

同時に航海法は、オランダの貿易商人に打撃を与え、イギリスの貿易商人の活動を国家が保護しようとするものであり、イギリス海運業、造船業の基礎を構築し、イギリスが海上覇権を確立するうえで重要な役割を担った。[41] 重商主義政策を象徴するこの航海法は、植民地は常に原料生産に従事すべきであり、宗主国の産業が製造業や加工業に特化して完成品を製造するという古典的植民地化理論を具現するものであった。[42]

2 非ヨーロッパ世界の構造変容

†金より綿

金や銀は、重金主義という言葉が表しているように、世界のどこでも通用する現金のような役割を果たしていた。金や銀があれば、欲しい物は何でも手に入れることができる。それゆえヨーロッパの王侯貴族や貿易商人は金銀を求めて狂奔したのだ。ヨーロッパの貿易商人が一七世紀後半に至るまで、アジアで探し求めていたのは東洋で産出される香辛料と綿布だった。香辛料や綿布をヨーロッパに持ち帰れば巨大な利益を手にすることができたからだ。

インド産綿布に対する需要が一七世紀後半に湧き起こったのはヨーロッパだけではなかった。既にヨーロッパ人は、南米大陸でとてつもない量の金を発見していたが、モルッカ諸島(インドネシア)で香料を手に入れるためには金銀は役に立たなかった。というのはモルッカ諸島の貴族や商人たちは、インド東沿岸のコロマンデル産の綿布を持ってくるよう要求したからだ。

その後、ヨーロッパの貿易商人は、アフリカで奴隷を手に入れるためにも、インド産の綿布が必要だ、ということに気がついたのである。つまりインド産綿布は、アフリカから黒人を奴隷として西インド諸島に運ぶ際、奴隷貿易商人にとって無くてはならない商品だったのだ。ヨーロッパの奴隷貿易商人がアフリカの商人と奴隷を交換する際、アフリカの奴隷商人が最も欲しがった商品はインド産綿布だったからである。ポメランツとトピックによれば、アフリカの奴隷商人は、ヨーロッパ人が生み出した人殺しの品々（銃）や人間を堕落させる商品（ラム酒）などに興味をもっておらず、むしろ、アジアの美しい織物や家具などに魅せられていた。イギリスの貿易商人がアフリカで奴隷と交換した商品のうち、銃は五％、アルコール類は四％にすぎなかった。一七七二年と一七八八年の統計によれば、フランスの奴隷貿易商人が奴隷と交換したインド産の綿布は、彼らが取り扱った貿易量全体の半分以上に達していた。[43]

†世界市場で交換できる最初の工業製品

前章で触れたように一七世紀初頭、オランダの総督J・P・クーンは、ポルトガル人をインドネシアの東端に追いやり、一六二一年には艦隊を率いてバンダ諸島に赴き、プラ・ルン島を占拠していたイギリス東インド会社を追放した。そして一六二三年二月に「アンボン（アンボイナ）虐殺事件」が発生したのである。この事件を契機としてイギリス東インド会社は、ジャワ島のバンタムにおかれていた東インド会社代表部を閉鎖して、インド東海岸のマドラス（チェンナイ）に移転し、マドラス管区を設立した。またベンガルを中心とするインド東海岸への進出を開始し、一七〇〇年には東インド会社ベンガル管区を設立した。またイギリスは、既に一六一二年にインド西岸のスーラトに商館を建設しており、一六八七年には、スーラトからボンベイ（ムンバイ）に拠点を移した。[44]

一六二三年にアンボン虐殺事件が起った頃、ヨーロッパではドイツの宗教改革に端を発した宗教戦争（三〇年戦争）が勃発していた。すでに一五六八年にはスペイン領ネーデルラント（オランダ）で独立戦争が始まっており、ネーデルラントの独立は八〇年後の一六四八年に締結されたウェストファリア条約によって認められ、三〇年戦争も同条約によって終結した。

だが前章で触れたようにイギリスはネーデルラントが独立戦争の渦中にあったときはスペインに抗してネーデルラントを支援したが、オランダが独立を達成すると、イギリスとオランダの間で海上支配権をめぐる戦いが四回にわたって展開された。このように三〇年戦争後もヨーロッパでは貿易商人と国家が結託して相互に利益を求めて延々と戦争が繰り広げられていた。[45]

アジアに進出したイギリス東インド会社の当初の目的は、香辛料に加えてインドで産出される綿織物や絹織物をヨーロッパに輸出することであり、東インド会社は、それらを大量にヨーロッパに輸出したのである。ポメランツが述べているように、インドの綿製品は、「世界市場で交換できる最初の工業製品[46]」であり、イギリスの職人たちが、インド産の綿織物をそっくりそのまま模倣できるようになる一八世紀末まで、インド産の綿織物は、金や銀とならんで世界のどこでも通用する現金のような役割を果たしていた。インド産の綿織物についてポメランツは次のように述べている。

「一八世紀の世界を見回してみて、インドの繊維産業の影響を逃れた唯一の帝国は中国ぐらいであろう。東南アジアからアメリカに至るまで、労働者の誰もが作業着として、インドの安価な綿衣を着ていたし、インド産の綿織物と交換に連れてこられた奴隷たちもそれを着ていた。ヨーロッパ市場でも貴族がまとう美しく繊細な高級衣服から一般大衆の誰もが身に着けていた普段着にいたるまで、インド製の衣服であった。(なかには、インド産繊維の市場シェアを制限しようと試みるヨーロッパの国王もいたが、効果はなかった)。インド製品のシェアは、世界の衣服市場の約二五%を占めるまでに達していた。インドの人口は、一八〇〇年時点で世界人口の約一五%を占めていたが、国民の大部分は質素な生活を送っており、年間を通じて気温が高いために、生産された衣服の三分の二が輸出に向けられていた[47]」

†キャラコ論争

インドでは、二〇〇〇年以上も昔から綿花が栽培されており、綿花栽培は一三〇〇年頃には西アフリカや日本に伝わっていた。だがヨーロッパは地理的環境に恵まれておらず綿花の栽培は不可能だった。綿製品は、一六〇〇年代になるまではアフリカやアジア圏内で広く普及していたのである。その後一七世紀前半、イギリス、オランダ両国の東インド会社は、インドで調達した綿織物をインドネシアの香料諸島に運び、そこで綿織物と香辛料を交換してヨーロッパに運んでいた。だが一七世紀後半にヨーロッパでインド産綿布に対する人気が沸騰するにおよんで、イギリス、オランダ両東インド会社はヨーロッパにインド産綿織物・綿布を輸出したので、インドからの輸出が輸入を上回るようになった[48]。

一六〇〇年代から一七〇〇年代にかけて安くて質の高いインド産の綿織物がイギリス市場に出回るようになると、毛織物職人が暴動を起こし、議会は毛織物産業を守るために様々な保護主義政策を講じるようになった。先に触れたように東インド会社の役割は、一六〇〇年代から一七〇〇年代中葉までの間、インドに金や銀を持ち込み、それで綿布や綿織物、香辛料などを買い付ける貿易商社としての機能だった。その限りにおいて、同社はインドの手工業者の輸出を伸ばし、生産を刺激した。だからこそインドの支配者たちは、東インド会社がインドに商館を設けることを容認したのである。しかしイギリスの毛織物製造業者は、当初からインドの綿織物の輸入を快く思っていなかった[49]。

一六九〇年代には、キャラコ論争と呼ばれるように、インドの綿織物を輸入すべきか、あるいは禁止すべきかをめぐる論争が繰り広げられ、一七〇〇年にはキャラコ（インド産の綿布）輸入禁止法が制定され、名目的にはインド産綿織物の輸入が禁止された。だがこの法律は期待された効果を生まなかった。[50]

†イギリスVS.フランス

アジアにおけるイギリスとオランダ両東インド会社による貿易戦争が繰り広げられたが、一七世紀末から一八世紀初頭にかけてイギリスの優位が明らかになった。太田信宏によれば資金調達力で優るイギリスの貿易が拡大した結果、オランダが相対的に後退したためである。[51]オランダに代わってインドでイギリスの競争相手として登場したのはフランスであった。ヨーロッパ大陸での覇権闘争に明け暮れていたフランスは、オランダ、イギリスよりも遅れて一七世紀半ばからアジアに進出した。一六六四年に再建された「フランス東インド会社」は、一六七三年に、南インドのポンディシェリーを支配下におき、一七世紀末からインドとの貿易を本格化させた。「フランス東インド会社」の目的もイギリスと同じくインド産綿布をヨーロッパへ輸出することであり、一七四一年にポンディシェリーに総督として着任したデュプレックスはイギリスをインドから放逐するため軍事的敵対行動を開始した。[52]

フランスは、一六三五年にはカリブ海に浮かぶグアドループを領有、一六五八年にはイギリス人が占拠していたマルティニークに上陸してイギリス人を放逐して占有、一六九七年にはサン・ドマングの西半分をスペインから獲得、またアフリカ西海岸のセネガルに商館を築いて奴隷貿易の拠点を築き、北アフリカにも商業基地を築いていた。そして一六九九年から北米のルイジアナへの植民を開始していた。フランスは、東インド会社を通じてインド洋にも進出したが、これらの植民地のなかでフランスにとって最も重要な植民地は西インド諸島だった。一七世紀後半から一八世紀にかけてフランス領西インド諸島の砂糖プランテーションへ連行された黒人の数はおよそ一〇〇万人、うちサン・ドマング島には八〇万人強と見積もられている。[53]

だがフランスは、一七一三年のユトレヒト講和条約で、アカディア、ニューファンドランド、ハドソン湾をイギリスに割譲、西インド諸島のサン・クリストフ島もイギリスに割譲した。さらに一七六三年のパリ条約ではカナダとルイジアナを失い、アフリカ西海岸の植民地もゴレを除いてイギリスに割譲した。[54]

フランスは一七五五年には北米大陸で植民地獲得を目指してイギリスと戦闘状態（フレンチ＝インディアン戦争[55]）に入ったが、イギリス軍は一七五九年にケベックを、一七六〇年にはモントリオールを占拠し、フランスは西インド諸島を除いて北米からも撤退することになった。

こうしたなかインドでは、「フランス東インド会社」が、南インドのポンディシェリーを、

「イギリス東インド会社」はマドラス（チェンナイ）を拠点として活動していたが、イギリス、フランス両軍はカーナティック（インド東岸一帯）で三度にわたる戦争を繰り広げ、最終的にイギリスが勝利した。これはカーナティック戦争と呼ばれるが——第一次カーナティック戦争は一七四四〜四八年、第二次は一七五〇〜五四年、第三次は一七五八〜六一年——第三次カーナティック戦争でフランスの拠点ポンディシェリーが陥落し、長期にわたったカーナティック戦争は終結した。フランスは一七六三年のパリ条約でインドにおける権益を喪失し、逆にイギリスはインドにおける覇権を確立したのである。[56]

第三次カーナティック戦争とほぼ同時期の一七五七年に勃発したプラッシーの戦いでは、フランス東インド会社軍が支援するベンガル太守軍に対してイギリス東インド会社軍が対峙した。だがベンガル太守軍の参謀長の寝返りにより、フランス東インド会社軍は敗北した。森本達雄はこの戦いについて以下のように指摘している。

「プラッシーの戦いの勝利は歴史的・政治的にきわめて重要な意味をもっていた。すなわちイギリスは、これによってフランスの進出を完全に封じ、ベンガル地方の事実上の支配者として君臨することになったのである。（中略）こうして念願のベンガル進出に成功した東インド会社は、ボンベイ、マドラス、カルカッタの三地点を「覇権をきずく三脚台」として、大きくインド植民地化へと一歩を踏み出したのである」[57]

† 徴税権《ザミーンダーリー》の獲得

イギリス東インド会社によるインド支配の最大の拠点はベンガルであったが、既に一七世紀末、東インド会社はベンガル地方の三つの村を支配下におくために、一六九二年にはムガル国家のベンガル総督からザミーンダーリーと称される権利を購入していた。小谷汪之によれば、「ザミーンダーリーというのはザミーンダーリーとしての「職」とそれに付随する「取り分」のことであるが、その「職域」（支配範囲）もザミーンダーリーと称された。ザミーンダーリーの「職」は自己の「職域」内に居住する農民その他の人びとから諸賦課を徴収し、そのなかから国家とのあいだで取り決めた額の租税を国家に納入するということであった。（中略）ザミーンダーリーという権利は北インド一帯からベンガル地方にかけて広く存在し、単に世襲されただけではなく、売買可能な物件、すなわち「世襲的家職・家産」として確立していた」[58]。

ザミーンダーリーという権利を購入した東インド会社は、この地域の農民や手工業者から様々な税を徴収し、その一部をムガル国のベンガル総督に租税として納入し、徴収額と納入額の莫大な差額を本国に持ち帰った。

東インド会社はインド各地の王侯を保護下におき、彼らと一連の軍事保護条約を締結した。イギリスと軍事保護条約を締結した現地王侯は外交権を放棄して自前の軍隊を大幅に縮小し、代わりにイギリス軍を駐屯させて、その経費を負担することなどが定められた。[59] 小谷汪之は東インド会社のインド統治について以下のように述べている。

「イギリス東インド会社はインド亜大陸全体を征服して、直接統治下におこうとしたわけではない。イギリス東インド会社に敵対しない、あるいは、屈従した国家・政治勢力とは条約を結び、間接的な支配下に入れることで満足した。インド亜大陸全体を直接に統治するということはほとんど不可能なことだったからである。さまざまな国家・政治勢力とのあいだに結ばれた条約は均質ではなかった。もっとも一般的なものは「軍事保護条約」と呼ばれている条約で、イギリス東インド会社が駐屯費の支払いや領土の割譲などを条件として軍事的援助を約束するものであった。軍事的援助を受け入れた国家・政治勢力は一般的に藩王国（native state, princely state）と呼ばれ、イギリス東インド会社の駐在官などがおかれた」[60]

プラッシーの戦いで東インド会社がインドにおいて揺るぎない地歩を確立し、一七六五年から新たな統治者として君臨した後、東インド会社はベンガル管区で徴税権の競売を開始した。この徴税権もザミーンダーリーと呼ばれたが、落札するためには、可能な限り高額の徴税額を提示しなければならず、高額の徴税を実現するためには農民や手工業者がもっているもの全てを奪わなければならなかった。このため東インド会社による直接統治開始から五年を経ずして全人口の三分の一が飢餓によって死滅し、広大な土地が荒蕪地に変わったといわれている。[61]

なおザミーンダーリーの競売制度は一七九三年に廃止され、ザミーンダーリーを当該地域の私的土地所有者とする永代ザミーンダーリー制度が導入された。そして東インド会社は、一八五七年五月一〇日、北インド、メーラトの東インド会社軍駐屯地で始まったインド大反乱（セポイの反乱）を契機として二世紀半にわたる歴史に終止符を打つまで、安定した収入を確保したのだ。一八五八年八月二日、ムガル帝国は名実ともに消滅し、インドはイギリスの直轄植民地となり、イギリス帝国を支える従属的補完物として世界経済の周辺へ追いやられたのである。

†インド貿易の崩壊

ところで二世紀半におよぶイギリス東インド会社によるインド支配の過程で、インドとイギリスの貿易関係は大きな質的な変容を遂げた。プラッシーの戦い（一七五七年）に勝利しベンガル地方を支配下においたイギリスは、インドとの貿易赤字を解消することができるようになったのだ。すなわち、イギリス本国議会はさまざまな貿易外の支払い請求権をインドに対して持つようになったのである。この点に関して松井透は、インドはイギリスに対する植民地収益の支払いに迫られ、つねにイギリス向け輸出超過を保つ必要があったと指摘している[62]。

すなわち東インド会社はベンガルの農民から徴収した税収の一部で輸出用のインド綿布をベンガルの織物職人たちから自分たちの言い値で、ときには実費以下の値段で買い上げたのだ[63]。

また東インド会社は原綿の販売を独占し、ベンガルの織物職人に法外な値段で原綿を売りつけた。

　こうしてインドからイギリスへ輸出された綿織物は、ロンドン本社が競りにかけて販売し、売上金は株主への配当金の支払いや本社関係の諸経費に支払われ、「綿織物の輸入があっても、銀の輸出などいっさい必要のない簡便至極な手順」[64]となった。事実、インドからの綿織物の輸出は、一七五〇〜五一年の一五〇万ポンドから、一七九五〜九八年には五八〇万ポンドにまで伸びたが、一八三一年以降、インド手工業は壊滅的な打撃を受け、インド産綿織物は、海外市場だけではなく、インド国内市場自体を失ったのだ。[65]一九世紀以降のインドとイギリスの逆転した立場について柳沢悠は以下のように指摘している。

「インド産の綿織物を輸入していたイギリスでは、一八世紀後半からの産業革命のなかで綿工業を中心に機械製の大規模工場生産が確立する。イギリスはインドからの綿織物の輸入をやめただけでなく、逆にインドに対してランカシャーなどで作った工場製の大量生産の綿布を輸出し始めた。インドからの綿織物の輸出は一八〇〇年以降急速に減少し、一八三〇年代には綿織物に関しては輸入が輸出を上回るようになった[66]」

　こうしてインド産綿織物にとって代わったイギリス産綿織物は、インドだけではなくアフリカ、西インド諸島、南米、カナダ、オーストラリア、中国の市場も手に入れたのである。というのはイギリスは世界的規模で植民地獲得戦争を繰り広げ、広大な地域を植民地支配下においていたからであり、これらの地域はイギリスの輸出産業に限りない機会を提供したのだ[67]。イギリスとインドの貿易構造の変化を、水島司は以下のように述べている。

「インドとイギリスとの貿易構造は、インド綿布の輸出とイギリスからの地金輸入がバランスをとるという従来のかたちから、宗主国イギリスの製品を植民地インドが輸入するという植民地的交易関係へと変化していくことになる。そしてインドは、イギリスへの支払い超過分を、他の地域との交易によって得られる受け取り超過によって埋めていくという多角的な経済関連に活路を見出していかなければならないことになる[68]」

†なぜアヘン貿易がはじまったのか

それではイギリスへの支払い超過分を何によって埋め合わせたのか。それがアヘンの密輸だった。一八世紀中葉以降イギリスでは中国茶がブームとなり、中国茶の輸入が激増した。このためイギリスから中国への銀の流出が大きな問題となっていた。この問題を解決するため、東インド会社はインドでアヘンを栽培して中国に密輸することにした。それにより、中国からインドへ銀が流入し、インドに流入した銀はイギリスの貿易赤字を埋め合わせることになった。

イギリスでは、アヘンを輸入することは厳禁されていたが、東インド会社は一七七三年にベン

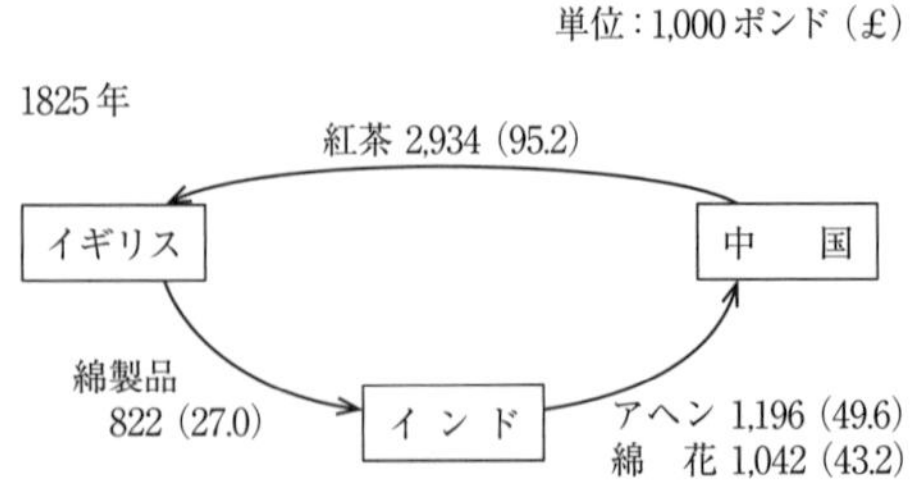

（　）内は2国間の輸出総額に占める表記商品の比率（%）
（加藤祐三，1979）

図2-2　19世紀のアジア三角貿易概念図（1）
出所：加藤祐三『イギリスとアジア』岩波新書、1993年、122頁

ガルアヘンの専売権を、一七九七年にはアヘンの製造権を獲得した。すなわち東インド会社は、インドでのアヘンの栽培と製造、輸出の独占権を獲得し、中国に対するアヘンの密輸を開始したのだ。[69]

この間のイギリス、インド、中国を中心とする貿易構造は、加藤祐三が作成した「一九世紀のアジアの三角貿易概念図」が参考になるが、すでに一八世紀初頭には、中国⇓イギリスの茶貿易が確立しており、イギリスへの茶の輸出が急速に伸びていた。またインド⇓中国のアヘン輸出も一七七三年に東インド会社の専売制となってから、一七九〇年代には急激に伸びており、イギリスにおける茶ブームの裏で夥しい数の中国人がアヘン地獄に叩き落とされたのである。[70]

†アヘンと『南京条約』

清朝政府は、イギリス東インド会社によるアヘンの輸出

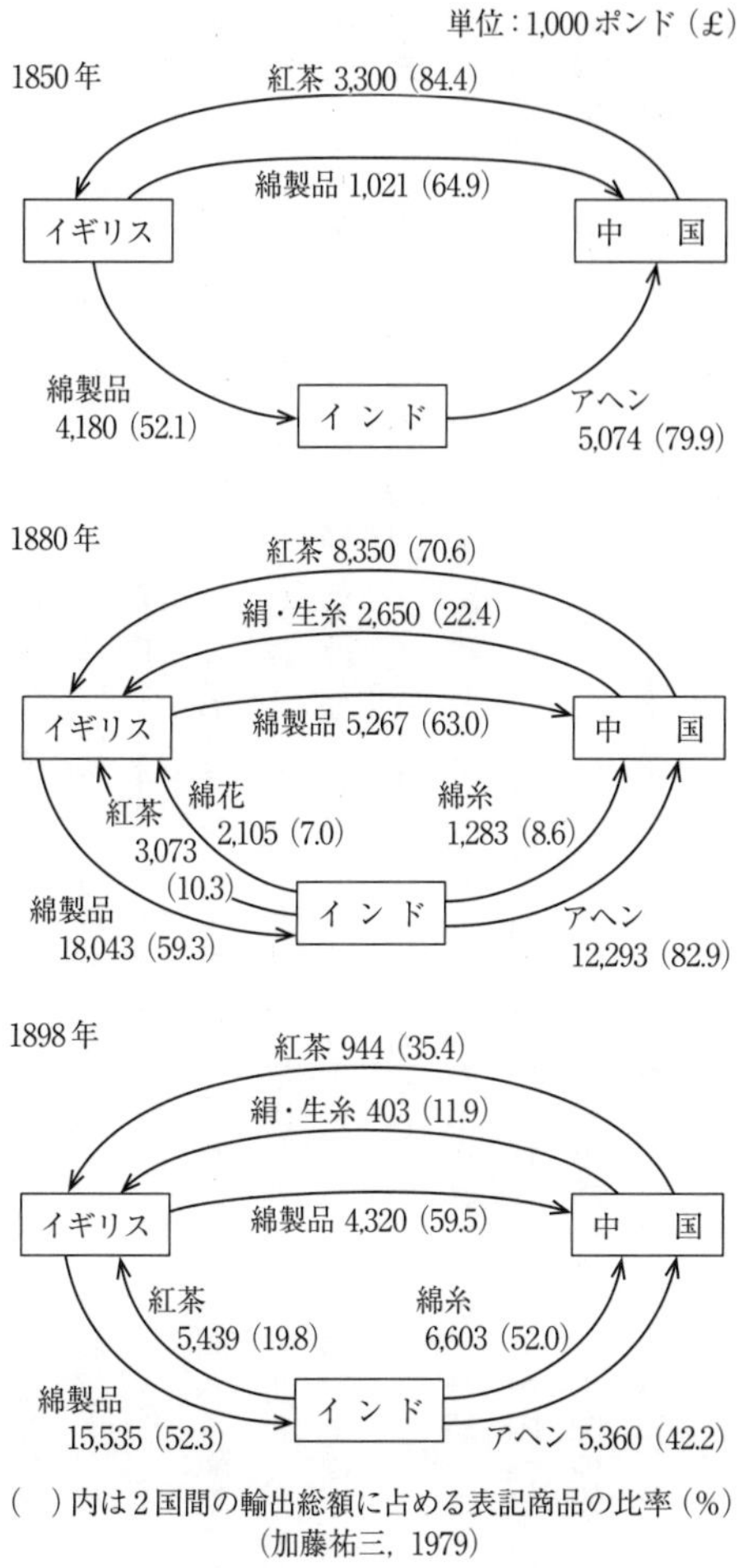

図2-3　19世紀のアジア三角貿易概念図（2）

出所：加藤祐三『イギリスとアジア』岩波新書、1993年、126頁

を黙認していたわけではなかった。清朝政府は一七二九年にアヘンの使用を禁止し、アヘンの輸入禁止令は、一七九六年及び一八〇〇年にも出された[71]。中国では、一七五七年に開港場が広東一港に制限されてから、以下で触れる『南京条約』によって五港が開港されるまで貿易は国家による厳しい制約を受けていた。この点について横井勝彦は以下のように指摘している。

「唯一の開港場広東――正確には珠江の川沿いの特別区（一三行街）――にファクトリー（「夷館」）が建設され、毎年一〇月から一月の貿易シーズンの間、すべての外国商人は隔離されたかたちでここに居住し、シーズン外はマカオに移らねばならなかった。マカオでは、一六世紀以来ポルトガル人が特別居住権を獲得していた。広東でのヨーロッパ人の交渉相手は、輸出入業務を独占する特許商人「公行《コーホン》」(hong marchants) に限られていた[72]」

このような貿易制度のもとで清朝政府のアヘン輸入禁止令が出されたので、当然のことながら「公行」もアヘン貿易から撤退した。そこで東インド会社は密貿易によって中国へアヘンを密輸した。早くも一八〇六年になると、アヘンの輸入額が茶の輸出額を超え、中国の銀ははじめて流出し始めたのだ[73]。最初にアヘン輸入禁止令が出されてから二七年後の一八二三年にはアヘンがインド綿花にかわって中国向け主力輸出品となり、一八二六年には、ついにアヘン貿易の拡大が中国の輸入額を上回るほどまでに拡大したのである[74]。

こうしたなか、一八三八年一二月、湖広総督林則徐が欽差大臣に任命されてアヘン問題の処理を命じられた。林則徐は、翌年の一八三九年三月、広東の貿易港を封鎖し、アヘン二万二八三箱、時価二四〇万ポンドを没収して焼却した。[75]

これに対してイギリス艦隊は、一八四〇年六月、広東海域に進んで珠江河口を封鎖したのでアヘン戦争が勃発した。翌年の一八四一年、イギリス軍は広東の香港島を占領し、中国東南の沿海都市を攻撃して占領した。

この侵略戦争は、一八四〇年六月から一八四二年八月までの二年間もつづき、清朝の軍隊は惨めな敗北を喫し、清朝政府は、一八四二年八月、イギリスとの間で以下四点を骨子とする『南京条約』を締結した。[76]

・香港島をイギリスに割譲する。
・二一〇〇万銀の賠償金を支払う。
・五港（北から上海、寧波、福州、厦門、広州）の開港。
・公行制度の廃止（自由貿易制度導入）。

バーンスタインは、『南京条約』によりイギリスはこれら五港においては治外法権を獲得したが、同条約はアヘンについては触れていない。アヘンの輸入の継続を両国とも暗黙のうちに了解した、と指摘している。[77] さらにイギリスは翌年の一八四三年六月、清朝政府に対して、『五港通商章程』、同年一〇月には『虎門寨条約』の締結を迫り、『南京条約』の付属文章とした。これにより、イギリスに対する片務的最恵国待遇、通商港での土地、家屋の賃借と永住権が認められた。[78] 片務的最恵国待遇とは、中国政府がイギリスに対して認めた最恵国としての様々な優遇措置は、相互に認め合うのではなく、中国政府には認められないという屈辱的な条約だ。

翌年の一八四四年、清朝政府はアメリカと『望廈《ぼうか》条約』、フランスと『黄埔《こうほ》条約』を締結し、両国は、イギリスが『南京条約』とその追加条約で獲得した分割地・賠償金以外の全ての特権を獲得した。またフランスはカトリック教を自由に布教する権利、墓地の造営も認めさせた。列国はこれらの条約を通じて、片務的最恵国待遇、土地の租借、領事裁判権などの植民地権益を拡大したのだ。[79]

†『天津条約』と『北京条約』

『南京条約』が締結され、インドからの中国へのアヘンの輸出は増えたもののイギリスからの工業製品＝綿織物の輸出は一向に増えなかった。また北京政府は外国公使との直接通信を拒んだので、イギリス政府は再び条約を改正しようとした。そこでイギリスはフランス、アメリカ、ロシアと共同で清朝政府に「条約修訂」を要求した。[80] こうしたなかで起こったのがアロー号事件だ。

すなわち一八五六年一〇月、広州の珠江に停泊中のイギリス国旗を掲げた中国の帆船に清朝政府の警察官が乗り込んで中国人船員を海賊の疑いで拉致したとされる事件である。イギリスはアロー号事件を口実に、軍艦を出動させて広州城を襲撃して占拠した。これにより第二次アヘン戦争が勃発した。フランスのナポレオン三世は、一八五三年にフランス人神父が広西西林県に潜入して官憲に逮捕・処刑された事件(「馬神甫事件」または「西林教案」ともいう)を口実にしてイギリスの呼びかけに応えて軍事行動に参加、五八年一月には広州を占領し、「英仏連合軍委員会」を設立、英仏連合軍は大沽砲台を奪い、天津を占領したので清朝の皇帝咸豊帝は和議に応じ、六月には『天津条約』を締結した。これを第一次英仏連合軍戦争という。[81] なおアメリカとロシアは戦争には加わらず、条約改正要求についてだけ英仏と共同して清朝政府に要求した。[82] 英仏連合軍が天津を占領後、イギリス、フランス、ロシア、アメリカは一八五八年、清朝政府と各々『天津条約』の批准交換と『北京協定』の調印を行った。その内容は以下の通りである。[83]

・外国公使の北京駐在。
・漢口、南京など一〇港を通商の港とする。
・外国艦隊と商船は長江沿岸の港を自由に航行できる。
・清朝政府は英仏両国に各々二〇〇万両の賠償金、イギリス商人に二〇〇万両の賠償金を支払う。

ところが翌年の一八五九年六月には第二次英仏連合軍戦争が勃発した。ことの起こりは『天津条約』の批准交換を北京で行う目的で白河（海河）をさかのぼろうとしたイギリス軍艦が、清朝の軍隊により痛撃され大敗したことに端を発する。これに対して英仏軍は北京を無血開城し、円明園の宮殿を破壊して大略奪を働いて北京を占拠した。これを第二次英仏連合軍戦争という。[84]そして一八六〇年、英仏両国は各々清朝政府と『北京条約』を締結し、第二次アヘン戦争が終結した。その内容は以下の通り。[85]

・清朝政府は『天津条約』の有効性を承認する。
・天津港を開いて貿易港とする。
・イギリスに対して九龍司地方の一角を割譲する。
・英仏に対する賠償金を白銀八〇〇万両まで増額する。
・中国人労働者の出国の承認。

さらに清朝政府は、外国人の中国国内旅行の自由を認め、外交使節団の北京常駐を承認し、キリスト教の布教活動の自由を認めた。[86]またフランスとは清仏戦争の講和条約を締結し、ベトナムに対する宗主権を放棄した。またロシアは中国と『北京条約』を締結し、黒竜江左岸と沿海州の領有など一五〇万平方キロ余の北方の土地を併合した。このようにして中国は半植民地として列強の食いものにされたのだ。[87]

†イギリス保護貿易の終了

図2－3（一二五頁）から明らかなように一九世紀初頭にはイギリスは綿花を輸入して、これを工場で糸にし、布にし、さらに加工して外国へ輸出していた。加藤祐三によれば、綿製品のうち輸出に回される比率は、一九世紀初めに六〇％台、一八四一年に五〇％台、五〇年代から六〇％台にもどり、八〇年代には七〇％台になる。綿製品の輸出依存度はきわめて高く、綿産業は内需よりも輸出向け産業であることがわかる。中国から紅茶を輸入し、インドへ綿布を輸出するという貿易を成り立たせていたのは、インドから中国向けにアヘンを輸出できたからだ。[88]

アヘンの栽培と貿易を独占していたのは東インド会社であったが、既に一八一三年の特許状法によって東インド会社によるインド貿易の独占に終止符が打たれ、インド貿易はすべてのイギリス人に開放された。一八一三年以降イギリスはインドに対して一方的な自由貿易政策を押しつけたのだ。茶と中国とのアヘン貿易だけは東インド会社の独占が認められたが、一八三三年の特許状法によって東インド会社の茶と中国貿易に対する独占権も廃止された。[89]

イギリスは一九世紀初頭までは、国内産業を保護育成するために保護貿易政策＝重商主義政

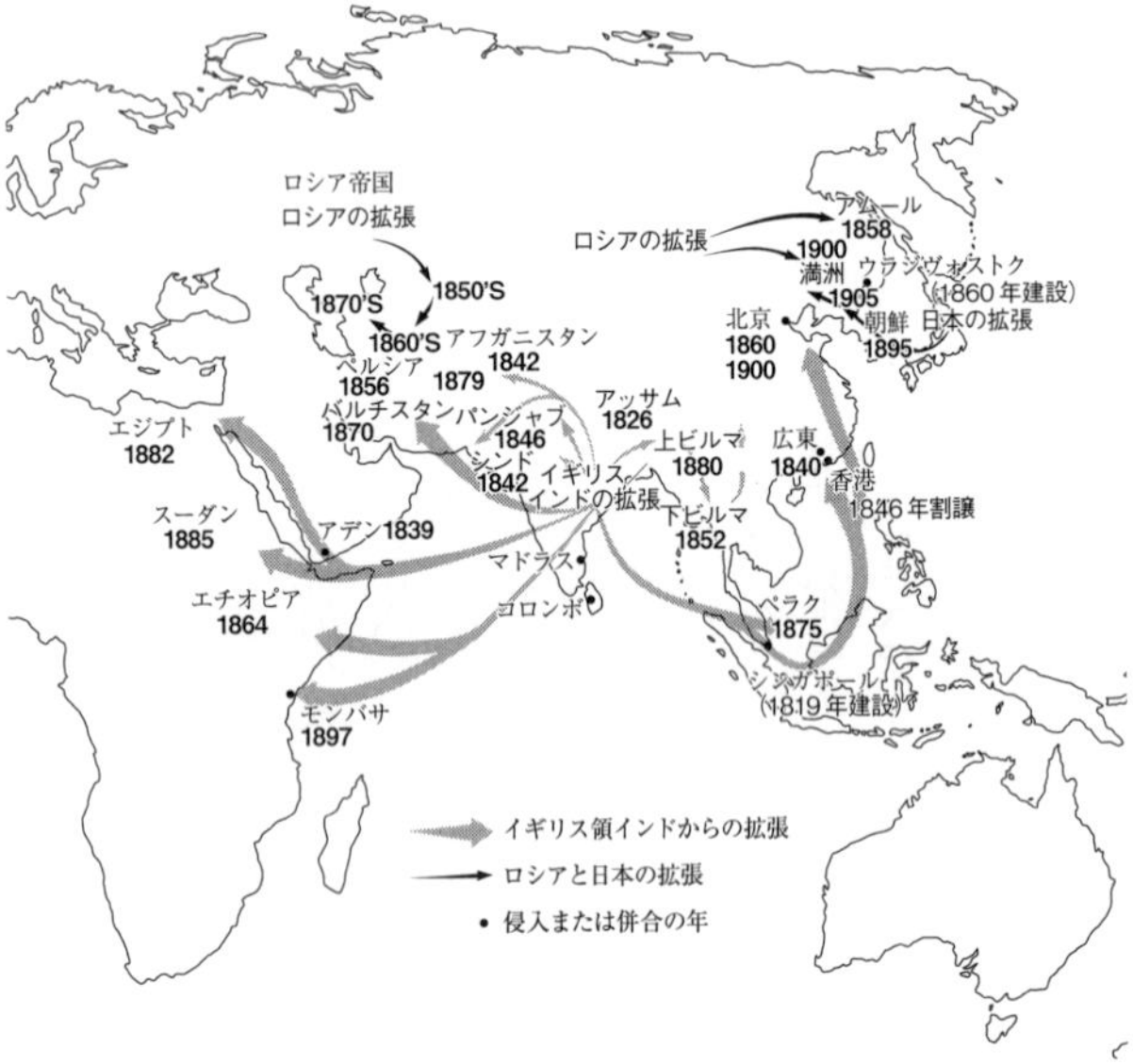

図 2-4　インドを拠点とするイギリス領の拡張（1800 ～ 1900 年）

出所：クリストファー・ベイリ編、中村英勝・石井摩耶子・藤井信行訳『イギリス帝国歴史地図』東京書籍、1994 年、96 頁

策をとった。先に触れた一六五四年の航海法や地主階級を保護するための穀物法によって貿易は厳しく制限され、植民地の工業化は阻止されていた。だが一八三〇年代には「世界の工場」といわれるようにイギリスは世界で最強の工業国になり、どこの国よりも効率的に安価な工業品＝綿織物を生産することができるようになった。もう貿易を保護する必要はなくなったのだ。だから一八四九年には航海法が最終的に廃止されて自由貿易体制に移行したのである。[90] 逆にインドでは、イギリスから輸入された安価な綿織物とインド産綿織物が競合したため、インドの綿織物産業は急速に崩壊した。

一八五八年に東インド会社によるインド支配が終焉し、一八七七年にはヴィクトリア女王がインド皇帝を兼任することになり、インド総督はインドの副王を兼任することになった。以降一九四七年までイギリスによるインド支配が継続したのである。[91] またインドは、図2－4に示されるように、イギリスがエジプトや東アフリカ、そしてアジアを植民地支配していく上で極めて重要な軍事拠点としての役割を担ったのである。

3　移民による国家の建設

†先住民の暮らし

コロンブスが初めて「新世界」に到着した頃、北米の先住民人口は二〇〇万〜五〇〇万人、中南米は八〇〇〇万人から一億人という推定値もある。富田虎男は、このような推定値の増減は、主にヨーロッパ人から感染した伝染病による死亡者の驚異的な数が加算されているからだと指摘している。[92]

これまで先住民人口の急激な減少は、自然災害、すなわち白人が持ち込んだ病気だと言われてきた。その代表がカナダの歴史学者ウィリアム・H・マクニールである。マクニールは、『疫病と世界史』のなかで、コロンブスがエスパニョーラ島に上陸した時点で、アメリカの先住民インディオの総人口は一億人とし、うち二五〇〇万から三〇〇〇万人がメキシコの文明中心地に居住、アンデスの諸文明圏にもそれに近い稠密な人口が存在したと指摘している。だが、それから一二〇年の間、すなわち人間の五〜六世代の間に人口が九〇%以上落ち込んだとして、その要因について以下のように述べている。

「人間の暴力や無頼な行動は、それがいかに荒々しいものだったとしても、インディオ人口があのように溶け去ってしまった主な要因ではあり得ない。（中略）破滅をもたらすという役割は、やはり主として疫病が果たしたのだ[93]」

マクニールは、スペイン人が持ち込んだのは天然痘、はしか、発疹チフス、インフルエンザ、それに黒人奴隷がアフリカ産の感染症であるマラリアと黄熱病を持ち込んだので、新世界の住人の九〇％以上が溶けるように死滅した、と述べている。だがダンバー・オルティズは、このような自然災害説はヨーロッパ人による先住民殲滅を隠蔽する言説以外の何ものでもないとして反駁している。彼女によれば、先住民は住み慣れた住居を焼き払われ、食料や飲み水を絶たれ、飢えに起因する病のために死んだのだ[94]。オルティズが指摘しているように、コロンブスをはじめとするヨーロッパ人が持ち込んだウイルスによって、多くの先住民が殺されたという事実は確認しておかなければならない。

ところで猿谷要が以下指摘しているように、北米と中南米とでは先住民の生活は異なっていた。

「北米には、中米メキシコのアステカ帝国や南米ペルーのインカ帝国のような強大な権力は存在していなかった。数百の主権をもつ集団に分れ、言葉の系統さえ数十のグループがあったので、インディアン同士も話が通じるのは比較的狭い範囲に限られていた[95]」

図 2-5　独立以前（1783 年）の北アメリカ

出所：マーティン・ギルバート、池田智訳『アメリカ歴史地図』明石書店、2003 年、36 頁

コロンブスが新大陸を「発見」してから九三年後の一五八五年、リチャード・グレンヴィルがヴァージニアに七隻の船を率いて上陸した。当時の北米の先住民について猿谷要は以下のように指摘している。

「先住民は白人と闘うのではなく、自分たちの土地で平和に暮せさえするならば、むしろ仲良く共存していきたい、という考えが大勢をしめていたといっていい。だからこそ、ヨーロッパ人がこの北米に植民を始めた頃、概して彼らは新来者にたいして親切だった。飢えていればトウモロコシなどの食糧を与え、暮らしに困っていればこの土地での生活方法を教えたりもした。現在アメリカは世界最大の農産物輸出国になっているが、その農産物の半分以上はインディアンから教えられたものであるという事実は、この間の事情を十分に物語っているだろう[96]」

このように北米植民地では、ヨーロッパ人が到着する遥か以前から先住民が大自然と一体になって暮らしていたのだ[97]。

†イギリスの北米植民地建設

イギリス人は首長ポーハタンの指揮下にあった先住民の領土内にジェームズタウンを建設したが、一六一〇年の冬、イギリス人が食料に欠乏したとき、何人かのイギリス人は食料を求めて先住民のところに逃げ込み、仲間入りをした。植民地総督はポーハタンに、先住民に仲間入りしたイギリス人を返すように求めたが、ポーハタンはこれに応えなかったので先住民居住地を襲撃し、一五〜一六人の先住民を殺し、家々を焼き払い、村落のまわりに栽培されていたトウモロコシを切り倒し、ポーハタンの王妃とその子どもたちをボートに押し込め、最後に船外に投げ出して水の中にいる子どもたちの頭を撃ち抜いた。王妃は連れ去られてつき殺された。[98]

これはハワード・ジンの『民衆のアメリカ史』の一節を要約したものだが、一六二〇年一一月にはピルグリムファーザーズが理想的な神の国の建設を目指してニュープリマスに上陸し、プリマス植民地を建設した。以降、渡来したイギリス人は次々と植民地を建設した。

敬虔なキリスト教信者であるピューリタンたちは、先住民が現在のコネティカット南部とロードアイランドにあたる地域を占有しており、彼らは先住民をそこから立ち退かせたいと思っていた。こうしたなか一六三七年に一人の白人の交易商人の殺傷事件が発生し、これを契機にピークォート戦争が勃発した。[99]

ピークォート戦争とは、北米の東北部に入植したイギリス人入植者が交易商人を殺害したピークォート族を絶滅し、先住民ピークォート族が暮らしていた東北部の土地を奪った凄惨な戦争である。ピューリタンを中心とする入植者は、ピークォート族のトウモロコシ畑を焼き払い、先住民を殺害した。また捕えられた先住民は西インド諸島のプランテーションに奴隷として売られた。[100]ピークォート戦争が終わってからもピューリタンと先住民との戦いは止むことはなかった。[101]

†イギリス人入植者の目的

イギリス人入植者の目的は、かつてスペイン人が行ったように先住民を酷使して根絶やしにするまで金採掘を行うことではなかった。イギリス人入植者が目指したのは、そこに住みついて、土地を開墾し、農業を営んで富を蓄積することだった。彼らは何よりも土地を必要とした。だが豊饒な土地は先住民のものだったので、白人入植者は先住民から土地を奪ったのだ。

ヨーロッパ人入植者の社会が拡大するにつれて、大西洋沿岸で生活を営んでいた先住民諸部族は、入植者との戦いに敗れて滅亡の一途を辿った。一七世紀初めには、ニューイングランド南部には二万五〇〇〇人の先住民がいたが、一六七〇年代にフィリップ王戦争が終わったときには、約一五〇〇人に減少した。

フィリップ王戦争とは、一六七五〜七六年にかけて、ウォムパノーアグ族の族長フィリップを指導者とする先住民三部族がプリマス植民地を攻撃した戦争であった。先住民三部族は彼ら先住民に安息日の尊奉を強制したり、神への不敬は死刑を科すといったピューリタンの法律の制定に対して反逆したのだ。白人側の死者は一〇〇〇人を超えたが、先住民側は敗北し、フィリップ王は捕えられて処刑され、処刑後その体は分断された。フィリップ王の首は一七〇〇年までプリマス植民地でポール上に晒されていた。[102]

有賀貞、大下尚一によれば、後発の植民地である中部植民地でも、ニューヨーク南部やニュージャージーにいた先住民は一七世紀のうちに、ほとんど姿を消した。生き残った先住民は安全な土地を求めて遠隔地に逃れた。[103] だがアメリカが独立を達成したとき、イギリスから渡来した植民者が占拠した地域の外側にいた部族は白人との接触による変化を経験しながらも、まだ彼らの生活圏を保持し、彼らの独立を維持していた。[104]

†イギリスの財政難と植民地

東部沿岸地帯に植民地を建設した入植者は先住民を殲滅して土地を奪い、やがてイギリスから独立して強力な国家を建設していく。独立以前、北部植民地（ニューイングランド）は商工業の中心地として、またニューヨークおよびニュージャージー、ヴァージニアを中心とする中部および南部植民地は食料生産地として発展を遂げた。また港湾都市では造船業が栄え、三角貿易の拠点として海運業が興隆した。

三角貿易とは、先に述べたようにアフリカと西インド諸島そして北米植民地を結ぶ三角貿易、イギリスと西インド諸島そして北米植民地を結ぶ三角貿易、さらには南欧とイギリスを北米植民地に結びつける三角貿易である。

すでに一六四二年にボストンの商人によって建造された「トライヤル号」は西インド諸島、スペインのビルバオ港、マラガ港へ、また「インクリース号」はマデイラ諸島へ航行している。[105]一六四三年には、五隻を下らないニューイングランドの船が大西洋ルートに就航している。なかでもニューイングランドで産出されるオーク材やマスト用の松は、北米植民地だけではなく、植民地本国イギリスの造船業にとってもなくてはならないものだった。

こうしたなかで一七七五年四月に勃発した独立戦争を契機として、先住民社会は劇的な変化を迎え、衰退していった。独立戦争の要因のひとつは、イギリス本国議会による北米植民地に対する経済的重圧だった。具体的にはイギリスとフランス間で戦われた七年戦争（一七五六〜六三年）や第二次百年戦争（一六八九〜一八一五年）による出費で財政難に陥ったイギリス本国政府が、一七六四年にアメリカ歳入法（砂糖法）を制定し、植民地が直接輸入する外国産品に対する関税を倍増し、外国産のラム酒などの輸入を禁止した。さらに本国議会は印紙法を制定し、植民地に印紙税を導入した。これは新聞・パンフレットなどの出版物、あらゆる証書、許可証等に印紙を貼ることを義務づけるもので、これらの法律によって植民地を警備する軍隊の経費に充てようとしたのである。[106]

†ボストン茶会事件

植民地ではアメリカ歳入法や印紙法に対して不満が鬱積し、これに反対する抗議運動や暴動が起こり、一七七三年一二月にはボストン茶会事件が発生した。ボストン茶会事件とは、マサチューセッツ植民地（現アメリカ合衆国マサチューセッツ州）のボストンで、イギリス本国議会の植民地政策、なかでも一七七三年五月に制定された茶法に憤慨した急進派が先住民に扮装して停泊中のイギリス船に侵入し、イギリス東インド会社の船荷の紅茶箱をボストン湾に投棄した事件である。

茶法とは、東インド会社にアメリカ市場での販売利益を得させるために、インドで仕入れた茶を本国を経由せずに、すなわち本国への輸入税を支払わずに、インドから直接植民地に運ぶことを許すものだった。それまでニューヨークやフィラデルフィアの商人はオランダから茶を密輸していたため、彼らはインド茶の輸入に反対し、なによりも本国議会が課税権を確立しようとする陰謀だとして反対運動を繰り広げたのである。[107]

ボストン茶会事件に対してイギリス本国議会が矢継ぎ早に植民地人の諸権利を侵害する法律を制定して対決姿勢を強めるなか、一七七五年四月、独立戦争が勃発し、翌年の一七七六年にはジェファーソンが起草した独立宣言が採択された。だが独立戦争は一七八二年一一月に講和予備条約が調印されるまで七年間もつづき、翌年の一七八三年に最終的に講和条約（パリ条約）が調印され、イギリスはアメリカ一三州植民地の独立を公式に認め、アパラチア山脈からミシシッピ川以東の広大な土地をアメリカに譲渡したのである。[108]

†先住民の苦境

イギリスはアメリカの独立を承認したとはいえ、アメリカに割譲した北西部領域に七か所の交易所を維持し、軍隊を駐留させていた。交易所が廃止されイギリス軍が撤退したのは一七九四年一一月にジョイ条約が締結されてからであるが、それまでイギリスは交易所を拠点にして先住民に働きかけて親英派に引きとどめる工作を行っていた。[109]また一八一二〜一四年の米英戦争の際も先住民は米英二陣営の狭間で敵対関係に分かれて対立・抗争を繰り広げた。なかでも七年間もつづいた独立戦争は先住民と入植者の間に癒しがたい軋轢を生んだ。というのは七年間におよんだ独立戦争の最中、多くの先住民部族はイギリスと同盟を組んで革命軍に対峙したからである。多くの先住民がイギリス側に立ったのは、イギリスが彼ら先住民の権利を尊重することを約束したからである。有賀貞はこの点について以下のように述べている。

「多くのインディアンがイギリス側についたのは、イギリスが彼らの権利を尊重することを約束し、彼ら自身も本国が植民地を支配しているほうが植民地人が彼らの土地を侵略することが

図 2-6　アメリカの領土拡大

出所：大野健太郎責任編集『アメリカ文化入門』三修社、2010 年、28 頁

少ないと考えたからである。イギリスが敗北し、五大湖以南、ミシシッピ川以東の西部地方をアメリカと認めたことによって、インディアンはアメリカ人との関係において、いちじるしく不利な立場にたった。（中略）大多数のインディアンがイギリスについたことは、アメリカ人のインディアンにたいする従来からの敵意をいっそう強め、インディアンにたいする攻撃を正当化した。辺境のアメリカ人はインディアンが実際に敵対行動をとらなくても、彼らに攻撃をくわえ、彼らの土地を奪った[110]」

†アメリカの領土拡張

独立を達成したアメリカ合衆国政府は、フロンティアを太平洋沿岸に向けて領土を拡張した。すなわち先住民を絶滅して土地を奪う戦いは、西へ西へと拡大し、西漸運動と同時並行して展開されたのだ。フロンティアとは一平方マイルの人口が二〜六人の地域とされ、フロンティアとフロンティアを結ぶ線がフロンティアラインである。[111] 一マイルは約一・六㎞だから一平方マイルは約二・五六㎢になる。

第三代大統領ジェファーソン（在任一八〇一〜〇九年）は、一八〇三年にナポレオンからフランス領のルイジアナを一五〇〇万ドル（六〇〇〇万フラン）で買収し、フランスはアメリカの独立戦争時に貸付けていた三七五万ドル（一五〇〇万フラン）を帳消しにした。[112] 地価は一㎢当たり一四セントという破格の価格であった。ミシシッピ川からロッキー山脈に至る広大なルイジアナ地方をフランスから購入したので、アメリカの国土面積は一挙に二倍になった。

フランスは、先に触れたようにインドでイギリスとの戦いに敗れてインド亜大陸をイギリスに奪われた。北米でもイギリス軍は、一七五九年にフランス支配下のケベックを占領、一七六〇年にはカナダにおけるフランスの最後の拠点モントリオールを占拠し、カナダはイギリスに制圧された。一七六三年に締結された講和条約により、フランスはカナダをイギリスに、ミシシッピ川以東のルイジアナをスペインに譲っていたので、ルイジアナ売却により、フランスは北アメリカの全ての領土を失った。

一八一九年には、アメリカはスペインからフロリダを購入（アダムス＝オニス条約）した。[113] フロリダを購入してから二六年後、アメリカは、一八四五年にスペインから独立したメキシコからテキサスを奪って併合した。テキサスの領有権を主張するメキシコとアメリカとの間で一八四六〜四八年までアメリカ＝メキシコ戦争が起きたが、勝利したアメリカは、太平洋諸州すなわちテキサス、ニューメキシコ、カリフォルニアを手に入れたのだ。

一七九〇〜一八五〇年のわずか六〇年足らずの間に、アメリカの国土面積は八二万㎡から二九八万㎡へと三・六倍も拡張したが、さらに一八六七年には、ロシアからアラスカを購入し一八九〇年には「フロンティアの消滅」が公式に宣言されるに至った。国境が拡大されるごとに、先住民の土地は奪われ、これに抵抗する先住民は殺戮され、数多くの先住民共同体が消滅したのである。こうした先住民絶滅作戦が展開されるなかで、一八一九年連邦議会は、先住民の定住化政策を打ち出したが、一八二五年には定住化政策を打ち捨て、先住民諸部族を白人が居住することが不可能だとみなした地域に移住させ、さらに保留地に閉じ込める政策を打ち出したのである。[114]

†アメリカ資本主義の形成

アメリカ資本主義の形成過程は、自己完結的市場圏の形成と言われているように、東部から西部への市場圏の拡大（西漸）を基軸として進められた。西漸とは、神がアメリカ人に与えた天命は民主主義を広めることであり、民主主義を広めるための領土拡張は正当である（Manifest Destiny ジョン・ガスト）ということだ。また西漸運動はヨーロッパから押し寄せる入植者の波に乗って進められた。ヨーロッパ人入植者と先住民からの土地収奪についてR・ダンバー・オルティズは以下のように述べている。

「新大陸に「自由な」土地があるという噂はヨーロッパ入植者を惹きつけた。多くの入植者は奴隷所有者であり、彼らは利益のあがる換金作物を栽培する広大な土地を手に入れたいと考えていた。独立戦争後に憲法が制定される以前、大陸評議会は、一七八七年に北西部条令（Northwest Ordinance）を制定した。北西部条令はアメリカの独立後に制定された初めての法律であり、何故アメリカは独立を手に入れようとしたのか、ということを如実に物語っている[115]」

北西部条例は、五大湖の南とオハイオ川の北西、ミシシッピ川の東を北西部領土と規定し、これら地域への入植のルールと新設される州の条件を定めた法令であり、アメリカの西方への領土拡大を目的とするものである。また大陸評議会は北西部条例に先立って一七八五年には公有地条例を制定している。いずれの条例も、西部の広大な土地を入植者に売却して合衆国政府の財源を確保することを目的としたものである。[116]北西部条例で注目されるのは、将軍から兵卒に至るまで全ての軍人に階級に応じて広大な土地が無条件で付与されたことである。先住民を殲滅する軍事作戦に参加した軍人には無償で広大な土地が付与されたのだ。

西漸運動の強力な尖兵となったのは、新大陸へ「自由な土地」を求めてやってきた白人入植者だった。アメリカにおける移民統計の作成が開始されたのは一八二〇年であるが、それ以前のヨーロッパ人入植者の数についてアルトマンらは、一五〇〇〜一七八三年の期間にカリブ海諸島を含む南北アメリカに移民として入植したヨーロッパ人移民は一四一万人であり、その内イギリス人は三七万五〇〇〇人で、イギリス人移民の六〇%は白人奴隷であったと述べている。[117]

公式統計によれば、一八二〇年から第一次世界大戦が勃発した一九一四年までにアメリカに流入したヨーロッパ人移民は三二〇〇万人であり、一八四〇〜七九年にはイギリス、アイルランド、ドイツを中心とするアングロサクソン系移民が約一〇〇〇万人流入、一八八〇〜九八年にはドイツ(ライン地方)、イギリス(ミッドランド)、スカンジナビア、バルチック地方、ポーランド、オーストリアなど南東ヨーロッパ出身の新移民が約一七〇〇万人流入した。そして一八九九〜一九〇九年には、イタリア、バルカン半島、中東から約八一五万人が流入している。[118]

ヨーロッパからの移民と彼らが持ち込んだ文化を基礎として、そして何よりも近代国家を形成するに至らなかった先住民を殺戮して彼らの土地を奪うことによってアメリカ合衆国は生まれたのだ。またアメリカ経済、特に綿花、タバコ、米、インディゴなどを生産する南部のプランテーションを支えたのはアフリカ大陸から連行された黒人奴隷であった。119

1　W・Z・フォスター、貫名美隆訳『黒人の歴史――アメリカ史のなかのニグロ人民』大月書店、一九七〇年、一五頁。なおユトレヒト条約とは、アン女王戦争（一七〇二年～一三年にかけて戦われたイギリスとフランスのアメリカ植民地での戦争）と、フランスのルイ一四世がスペイン国王の継承者として孫を指名したことをめぐってイギリス、オランダ、神聖ローマ帝国（オーストリア＝ハプスブルク家）が対仏大同盟を結成してフランスと戦った戦争（一七〇一～一四年）の講和条約のこと。

2　ノーマン・デイヴィス、別宮貞徳訳『アイルズ――西の島の歴史』共同通信社、二〇〇六年、八七一頁。

3　なおジャマイカは、ピューリタン革命で権力を掌握したオリヴァ・クロムウェル（在位一六五三～五八年）が派遣したイギリス海軍提督ウィリアム・ペンがスペインから奪った植民地であり、一六七〇年のマドリード条約によってイギリスの領土となった。

4　七年戦争とは、一七五六～六三年までの七年間にわたり全ヨーロッパを包み込んで戦われた戦争。発端はプロイセン国王とオーストリア大公妃の対立であったが、プロイセンはイギリスと、オーストリアはフランス、ロシアと同盟して戦った。ノーマン・デイヴィス、前掲書、八八六～七頁。

5　秋田茂『イギリス帝国の歴史』中公新書、二〇一二年、四二頁。

6　エリック・ウィリアムズ、中山毅訳『資本主義と奴隷制』ちくま学芸文庫、二〇二〇年、一五六～七頁。奴隷貿易とイギリスの工業化の歴史的関連は以下を参照。川北稔『工業化の歴史的前提――帝国とジェントルマン』岩波書店、一九八三年。

7　エリック・ウィリアムズ、前掲書、六五頁。
8　ノーマン・デイヴィス、前掲書、一五頁。
9　A・L・モートン、鈴木亮・荒川邦彦・浜林正夫訳『イングランド人民の歴史』未來社、一九七二年、一七二頁。
10　松井透『世界市場の形成』岩波書店、一九九一年、二四三頁。
11　奴隷貿易とジョン・ホーキンス、エリザベス一世女王との関係は以下に詳しい。The National Archives, Early Times, Adventurers and Slavers. http://www.nationalarchives.gov.uk/pathways/blackhistory/early_times/adventurers.htm
12　なお世界で初めて地球を一周した航海者はマゼラン（一四八〇年頃～一五二一年）であるが、マゼランはフィリピンで戦死し、生き残ったわずかな船員が出航してから三年ぶりに（一五一九～二二年）スペインに帰港した。
13　エリザベス一世女王については以下を参照。青木道彦『エリザベスI世』講談社現代新書、二〇〇〇年。
14　www.nationalarchives.gov.uk/pathways/citizenship/（二〇一七年七月三日閲覧）
15　K・ポメランツ、S・トピック『グローバル経済の誕生』筑摩書房、二〇一三年、二二四～五頁。
16　ウォーラーステインによれば、一八四〇年代から、全面的な植民地時代の開始を迎えた一八八〇年代までには、大西洋奴隷貿易が事実上消滅し、第一次産品輸出――ことに、パームオイルとピーナッツ――の輸出が着実に成長した（ウォーラーステイン、川北稔訳『近代世界システムⅢ』名古屋大学出版会、二〇一三年、一七〇頁）。

17 A・L・モートン、前掲書、一六頁。
18 A・L・モートン、前掲書、一七二頁。
19 エリック・ウィリアムズ、前掲書、五九頁。
20 エリック・ウィリアムズ、前掲書、一一一頁。
21 エリック・ウィリアムズ、前掲書、一〇四〜五頁。
22 ノーマン・デイヴィス、前掲書、八八五頁。
23 I・ウォーラーステイン、川北稔訳『近代世界システム　1600〜1750』名古屋大学出版会、一九九三年、二六四頁。
24 田村光三『ニューイングランド社会経済史研究』勁草書房、一九九五年参照。
25 W・Z・フォスター、前掲書、二二頁。
26 W・Z・フォスター、前掲書、二三頁。
27 岩井淳「革命の時代」(川北稔編『イギリス史』山川出版社、一九九八年)一八七頁。
28 W・Z・フォスター、前掲書、二三頁。
29 W・Z・フォスター、前掲書、二六〜二七頁。
30 W・Z・フォスター、前掲書、二六〜二七頁。
31 猿谷要『アメリカの黒人』弘文堂、一九六四年、一九頁。
32 W・Z・フォスター、前掲書、二四頁。
33 エリック・ウィリアムズ、前掲書、二四〜五頁。
34 A・L・モートン、前掲書、二二一頁。

35 アイルランドでの土地の略奪は一六五二年に制定された「アイルランド土地処分法」と翌年の「アイルランド土地償還法」に基づいて行われた。詳しくは以下を参照。山本正「イギリス史におけるアイルランド」（川北稔編『イギリス史』山川出版社、一九九八年）。

36 A・L・モートン、前掲書、二一八〜九頁。

37 山本正「イギリス史におけるアイルランド」（川北稔編『イギリス史』山川出版社、一九九八年）四四四頁。

38 A・L・モートン、前掲書、一七四頁。

39 航海法（The Navigation Act）の原文は以下のサイトを参照した。[Oct. 9, 1651. Scobell's Acts of Parliament, pt. ii, p.176. See *Commonwealth and Protectorate, ii.* 147.] [Cap. 22.] *Goods from Foreign parts by whom to be imported.* http://www.constitution.org/eng/conpur_ap.htm（二〇一七年二月四日閲覧）

40 ノーマン・デイヴィス、前掲書、八八五頁。

41 とはいえ、権力を掌握したクロムウェルと軍は、一六五三年四月、航海法を決議した議会を解散し、軍隊と教会の推薦による指名議会を開催した。クロムウェルの意思に反して指名議会は次々と急進的な改革に着手したので、これに驚いたクロムウェルは指名議会を同年末に閉鎖して、反対派を次々と逮捕・投獄、或いは死刑に処した。そして軍幹部が用意した「統治章典」に従って終身護国卿の地位に就いた。詳しくは以下を参照。岩井淳「革命の時代」（川北稔編『イギリス史』山川出版社、一九九八年、一九七頁）。なおピューリタン革命については以下の文献は必読。岩井淳『千年王国を夢みた革命——17世紀英米のピューリタン』講談社、一九九五年。

42　一六五一年の航海法について以下の文献を参照した。ヒュー＝E＝エジャント「植民地と重商主義」（ジョージ＝ネーデル、ペリー＝カーティス編、川上肇他訳『帝国主義と植民地主義』御茶の水書房、一九八三年、五三～六二頁）。
43　K・ポメランツ、S・トピック　前掲書、三五九～六〇頁。
44　小谷汪之「イギリス東インド会社によるインド植民地化」（小谷汪之編『世界歴史大系　南アジア史2』山川出版社、二〇〇七年、二六七頁）。
45　みすず書房編集部編『人間の記憶のなかの戦争――カロ／ゴヤ／ドーミエ』みすず書房、一九八五年。
46　K・ポメランツ、S・トピック、前掲書、三六〇頁。
47　K・ポメランツ、S・トピック　前掲書、三六〇頁。
48　太田信宏「中世国家の統一と社会変動」（辛島昇編『世界歴史大系　南アジア史3』山川出版社、二〇〇七年、一八六頁）
49　ビパン・チャンドラ、粟屋利江訳『近代インドの歴史』山川出版社、二〇〇一年、八九頁。
50　浅田實『東インド会社』講談社現代新書、一九八九年参照。
51　太田信宏、前掲書、一八九頁。
52　太田信宏、前掲書、一八九頁。
53　林田伸一「近世のフランス」（福井憲彦編『フランス史』山川出版社、二〇〇一年）二一八～九頁。
54　林田伸一、前掲書、二二一頁。
55　藤永茂『アメリカ・インディアン悲史』朝日選書、一九七四年参照。

56　太田信宏「カーナティック戦争とマイソール戦争」（辛島昇編『世界歴史大系　南アジア史3』山川出版社、二〇〇七年、一九七～二〇八頁）を参照。
57　森本達雄『インド独立史』中公新書、一九七二年、一一頁。
58　小谷汪之編、前掲書、二六八～九頁。
59　太田信宏「植民地化への政治過程」（辛島昇編『世界歴史大系　南アジア史3』山川出版社、二〇〇七年、二〇七頁）。
60　小谷汪之編、前掲書、二七四～五頁。
61　水島司「イギリス東インド会社のインド支配」（小谷汪之編『世界歴史大系　南アジア史2』山川出版社、二〇〇七年、二九九頁）。
62　松井透、前掲書、二一六頁。
63　ビパン・チャンドラ、前掲書、八九頁。
64　松井透、前掲書、二一七頁。
65　ビパン・チャンドラ、前掲書、八九～九一頁。
66　柳沢悠「植民地支配下の社会」（辛島昇編『世界歴史大系　南アジア史3』山川出版社、二〇〇七年、二六七頁）。
67　ビパン・チャンドラ、前掲書、九〇～一頁。
68　水島司、前掲書、三一五頁。
69　水島司、前掲書、三一六頁。
70　加藤祐三『イギリスとアジア』岩波新書、一九八〇年、一二二頁。

71 バーンスタインは、清朝がアヘンの使用を禁止したのは一七二九年としている（ウィリアム・バーンスタイン、鬼澤忍訳『交易の世界史』（下）、ちくま学芸文庫、二〇一九年、一六七頁）。横井勝彦は、一七九六年、一八〇〇年にアヘン輸入禁止令が出されたとしている（横井勝彦『アジアの海の大英帝国』講談社学術文庫、二〇〇四年、七三頁）。
72 横井勝彦、前掲書、七一頁。
73 ウィリアム・バーンスタイン、前掲書、一六九頁。
74 横井勝彦、前掲書、七三頁。
75 横井勝彦、前掲書、八一頁。
76 人民教育出版社歴史室編著、小島晋治他訳『中国の歴史』（中国高等学校歴史教科書）明石書店、二〇〇四年、三四七〜八頁。
77 ウィリアム・バーンスタイン、前掲書、一八二頁。同時に、「中国の全人口と経済全体がアヘンのせいで荒廃したという一般的なイメージは誤りだ」、「アヘンの重症の依存者になるのは使用者のごく一部だった」と述べ、イギリスと東インド会社の犯罪行為を免罪している（同書一六八頁）。
78 人民教育出版社歴史室編著、前掲書、三五七頁。
79 濱下武志「清末」（松丸道雄・池田温他編『世界歴史大系　中国史5』山川出版社、二〇〇二年）二〇頁。
80 人民教育出版社歴史室編著、前掲書、三五三頁。
81 濱下武志、前掲書、二三頁。
82 濱下武志、前掲書、二四頁。

83 人民教育出版社歴史室編著、前掲書、三五六頁。
84 濱下武志、前掲書、二五〜六頁。
85 人民教育出版社歴史室編著、前掲書、三五七頁。
86 濱下武志、前掲書、二四〜七頁。
87 人民教育出版社歴史室編著、前掲書、三五九頁。
88 加藤祐三、前掲書、一三一頁。
89 加藤祐三、前掲書、八八頁。
90 秋田茂『イギリス帝国の歴史』中公新書、二〇一二年参照。
91 水島司、前掲書、三二二頁参照。
92 フィリップ・ジャカン、富田虎男監修『アメリカ・インディアン』（創元社、一九九二年）に寄せた富田虎男の日本語版監修者の序文、三頁。
93 ウィリアム・H・マクニール、佐々木昭夫訳『疫病と世界史』下、中公文庫、二〇〇七年、九一頁。
94 Roxanne Dunbar-Ortiz, "An Indigenous Peoples' History of the United States" Beacon Press Boston, 2014 p. 40.
95 猿谷要『西部開拓史』岩波新書、一九八二年、三六頁。
96 猿谷要、前掲書、三九頁。
97 ハワード・ジン、猿谷要監修、富田虎男、平野孝、油井大三郎訳『民衆のアメリカ史』（上）、明石書店、二〇〇五年、三四〜四〇頁。
98 ハワード・ジン、前掲書、二二頁。

99 ハワード・ジン、前掲書、二二～三頁。

100 ピークォート戦争をテーマにした映画“MYSTIC Voice: The Story of the Pequot War”は、二〇〇四年 ロードアイランド国際映画祭で上映された。DVDでも入手可能。http://www.pequotwar.com/news.html

101 ハワード・ジン、前掲書、二九頁。

102 W・T・ヘーガン、西村頼男・野田研一・島川雅史訳『アメリカ・インディアン史』北海道大学図書刊行会、二〇〇五年、一八～九頁。

103 有賀貞・大下尚一他編『世界歴史大系 アメリカ史1』山川出版社、一九九四年、五六～七頁。

104 有賀貞・大下尚一他編、前掲書、五六～七頁。

105 田村光三『ニューイングランド社会経済史研究』勁草書房、一九九五年、二八二頁。

106 有賀貞「アメリカ革命」(有賀貞・大下尚一他編『世界歴史大系 アメリカ史1』山川出版社、一九九四年、一一四頁)。

107 有賀貞・大下尚一他編、前掲書、一一八頁。

108 杉野健太郎責任編集『アメリカ文化入門』三修社、二〇一〇年、二六～七頁。なおパリ条約と同じ日に、イギリス、フランス、スペイン間でヴェルサイユ条約が締結され、イギリスは西インド諸島のトバゴと西アフリカのセネガルをフランスに割譲し、スペインにフロリダとミノルカ島を割譲した。

109 W・T・ヘーガン、前掲書、五六頁。

110 有賀貞「アメリカ革命」前掲書、一七五～六頁。

111 杉野健太郎責任編集、前掲書、二九頁。

112　フランスとアメリカのルイジアナ売買契約書は以下参照。“A CONVENTION BETWEEN THE UNITED STATES OF AMERICA AND THE FRENCH REPUBLIC” National Archives and Records Administration.
https://www.archives.gov/exhibits/american_originals/louistxt.html

113　ワシントン駐在のスペイン大使ルイス・デ・オニスの名前を冠してこのように命名されたが、大陸横断条約ともいう。なお当時のスペインとアメリカの関係についてイリジャ・H・グールドは以下のように述べていている。「スペインの力が落ちていることを念頭に、アメリカ人たちは旧スペイン領アメリカ諸国とも講和を結び始めた。最終的にモンローは（省略）かつてのスペイン領植民地の大半の独立を承認した」（イリジャ・H・グールド、森丈夫監訳『アメリカ帝国の胎動』彩流社、二〇一六年、二一九頁）。

114　当初、先住民問題は陸軍省（一七八九年創設）管轄下におかれ、一八二四年にインディアン部が設立された。インディアン部はインディアン総務局として改組されたが、一八四九年に総務局は内務省管轄に移行された。

115　Roxanne Dunbar-Ortiz, 前掲書, P. 3.

116　北西部条例、公有地条例は以下を参照。Documents from the Continental Congress and the Constitutional Convention, 1774-1789.
https://memory.loc.gov/cgi-bin/query/r?ammem/bdsdcc: @field（DOCID+@lit（bdsdccc0801））

117　Ida Altman and James Horn “To Make AMERICA”: European Emigration in the Early Modern Period, University of California Press/Berkely/Los Angeles/Oxford, 1991, P. 3.

https://books.google.co.uk/books?id=SRWSe7s_xUIC&printsec=frontcover&dq=european+emigration&hl=en&sa=X&ved=0ahUKEwi3z7bFi53SAhWJLsAKHZRGDxEQ6AEIGjAA#v=onepage&q=european%20emigration&f=false（二〇一九年二月閲覧）

118　Historical Statistics of the United States, 1789-1957.
https://www.census.gov/library/publications/1949/compendia/hist_stats_1789-1945.html
https://www2.census.gov/library/publications/1949/compendia/hist_stats_1789-1945/hist_stats_1789-1945-chB.pdf

119　「ひろい土地がある北アメリカ植民地では、西インド諸島のように少数の白人と多数の黒人奴隷によって構成される社会にはならなかった。チェサピークなど南部の植民地でも、かなりの数の白人が流入しつづけたので、サウスカロライナをのぞく各植民地では、白人人口はつねに黒人人口を上まわった」のである（有賀貞・大下尚一他編、前掲書、五二頁）。

第 3 章

アメリカのヘゲモニー

ショーニー族のテカムセ　テカムセは、兄のテンスクワタワとともに合衆国に対する大規模な抵抗運動を組織して戦ったが敗れ、後の第９代副大統領リチャード・メンター・ジョンソンに殺された。（グレッグ・オブライエン『アメリカ・インディアンの歴史』東洋書林、149頁）

南北戦争はなぜ勃発したのか。それは北部の指導層が経済的膨張——つまり自由な土地、自由な労働、自由な市場、工業のための高い保護関税、合衆国銀行——を望んでいたからであり、南部の奴隷所有者層はこれら全てに反対したからだ。南北戦争を契機としてアメリカ経済は、木綿工業を中心とする産業から鉄鋼業を基軸とする産業構造へと脱皮し、一躍世界最強の工業国に生まれ変わった。その際鉄道建設が経済発展の原動力となり、経済の驚異的発展をもたらした。

リンカーン大統領（在任一八六一〜六五年）によって黒人奴隷は解放されるかのように見えたが、一八七五年に制定された公民権法は南部諸州では完全に反故にされた。

南北戦争を契機として、共和党、民主党いずれの政党も高関税率を維持し、国内産業を保護した。こうしたなか一九世紀末になり国内の新たなフロンティアが消滅するとアメリカは植民地を求めて海外への膨張を開始した。

第一次世界大戦はヨーロッパ諸国による世界分割競争の帰結であった。アメリカはそれまではイギリス、フランスからの借款によって経済建設を実現した債務帝国であったが、大戦を契機として債権国になり、ドイツの戦後賠償処理の過程で大きな役割を果たした。

ドイツの賠償問題が解決した矢先、アメリカで大恐慌が発生し、世界経済が逆転する。こうしたなかローズベルト大統領（在任一九三三〜四五年）はニューディール政策を展開したが落ち込んだ経済を再生することはできなかった。しかしアメリカ経済は第二次世界大戦によって蘇生する。

1　奴隷国家からの出発

†売買される広大な先住民の土地

大自然と共に暮らしていた先住民を殲滅し、彼らの土地を奪うことによって成立したアメリカ合衆国は、ヨーロッパとは異なり、高僧や王侯・貴族が君臨する封建国家ではなかった。ヨーロッパから渡来したイギリス人を中心とする白人が、言語、宗教、文化、技術を持ち込んで構築したのがアメリカ合衆国なのだ。

アメリカ合衆国がイギリスから独立してからフロンティアが消滅する一八八〇年までの一〇〇年間、先住民から奪った広大な土地は公有地とされた後、次々と不動産会社や入植者に売却され、連邦政府の財源を賄った。先に触れた一七八五年の公有地条例では、最低販売地面積一マイル平方＝六四〇エーカーが六四〇ドルで売却された。六四〇エーカーといえば東京ドーム約五六個分の広大な土地であり、移住民は最低六四〇ドルなければ、公有地を買うことはできなかった。また一区画の土地を一家族で耕作するには余りにも広大すぎた。

公有地販売価格は、一七九六年に最低販売面積六四〇エーカーは据えおいたまま、一エーカー当たり二ドルに値上げされた。そして最初に総額の半分を支払い、残りの半分は一年後に支払えば土地を取得できるようになった。[1] 一八二〇年以降公有地販売価格は値下げされ、最低販売面積も縮小された。

南北戦争最中の一八六二年には、ホームステッド法（自営農地法）が成立し、二一歳以上のアメリカ市民には、五年間その土地を耕すという条件のもとに、一六〇エーカーまで無償で土地が交付されるようになった。このため、こつこつと金をためてきた何百万人もの小作農や熟練工にとって、独立した家族農場も夢ではなくなった。だが当時、巨万の富を築くことに成功したのは政治権力と癒着し、投機と土地の売買によって一獲千金を手にした人びとだったのである。[2] 南北戦争で戦死した北軍の名将ジャクソン将軍（一八二四〜六三年）や同将軍の配下にあった軍人は、広大な公有地を不正に入手して転売することによって巨万の富を築いたのだ。[3]

†奴隷と綿花王国

アメリカはイギリスから独立したときは一三州しかなかった。だが南北戦争が始まった一八六一年には北部二三州、南部一一州の計三四州に膨張していた。

公有地条例制定を契機として州の数は幾何級数的に増大し、南部フロンティアにおける西漸運動は奴隷制と奴隷貿易に連動して推し進められた。ジョン・ホープ・フランクリンが指摘しているように、荒野であった南部のフロンティアを、繁栄する綿のプランテーションに変えたのは、奴隷商人によって連れてこられた奴隷だった。[4] アメリカは、二一世紀現在も世界で最大の木綿輸出国であるが、一八〇〇年の綿生産は七万三〇〇〇俵（bales）、輸出は四万二〇〇〇俵（五七・五％）でしかなかったが、南北戦争が始まる六年前の一八五〇年には、生産が二一三万六〇〇〇俵、輸出は一八五万四〇〇〇俵（八六・三％）に伸びていた。[5] また奴隷の数もこの間、五〇〇万人から四〇〇〇万人に増大している。[6]

アメリカ合衆国では、一八〇七年にアフリカとの奴隷貿易が連邦法により禁止されたが、国内での奴隷の売買は禁止されず、野放しにされたままだった。もっとも北部では奴隷制そのものを禁止した州もあったが、南部の州では奴隷制が公認されており、南北戦争が勃発する一八六一年まで、アメリカ国内の奴隷市場は活況を呈していたのである。

フランクリンによれば、この間「奴隷取引を扱う機関も急速に発達し、（中略）アフリカ貿易に代わるもの、あるいはそれを補助するものとして作用する制度があらわれた」[7] のだ。そして、メリーランド、ヴァージニアのほとんど全ての市町村には奴隷商人か、その代理人が滞在しており、彼らは売り物に出ている奴隷を探し、できるだけ安く買い、できるだけ高い値段で綿花王国に売り捌いた。一八三二年には、ヴァージニアから一二万人を下らない奴隷が南部の綿プランテーションに移出された。奴隷商人は毎年、何千人という奴隷を仕入れて、奴隷の需

	生産高	輸出	輸出の割合（%）
1800	73000	42000	57.5
1810	178000	124000	69.7
1850	2136000	1854000	86.3
1870	4625000	2923000	72.6
1900	10266000	6897000	66.3
1910	12006000	8206000	66.8
1911	16250000	10681000	68.1
1912	14313000	9199000	64.3
1913	14795000	9256000	62.5
1914	16992000	8931000	52.5
1915	12123000	6406000	52.8
2016	12781000	5964000	46.9
2017	12428000	4587000	36.9
2018	12870000	5664000	43.7
2019	13880000	6761000	56.2
2020	13880000	6026000	45.4
1921	8351000	6476000	※ 77.5

※輸出の割合が高いのは、同年の生産高が低いのに前年同様の輸出が行われたからである。

単位はベイル＝bale（俵）、1 bale は綿 500 ポンド＝227kg。1 ポンドは 454kg。

表 3-1　アメリカにおける綿花の生産と輸出

出所：Digitized for FRASER, FEDERAL RESERVE BULLETIN p. 567. May, 2023. Federal Reserve Bank of St. Louis.　http://fraser.stlouisfed.org/

要が切迫している南部地域に販売したのである。首都ワシントンも一八五〇年頃まで最も悪名高い奴隷市場のひとつだった。[8]

さらに奴隷源が涸れてしまうのではないかと心配した奴隷商人は「奴隷飼育」をはじめた。フランクリンは以下のように述べている。

「(奴隷供給源が枯渇するのではないかという―引用者) 万一の事態に備えて奴隷所有者たちが考えた方法のひとつは、組織的な奴隷飼育である。(中略) アメリカ奴隷制史の研究者たちの多くが否定しているにもかかわらず、無数の奴隷所有者たちが、都合のいいように奴隷たちをつがわせ、できるかぎりのあらゆる方法で多産を奨励することによって、売れる奴隷の数を増すよう計画的に企てたことは、疑いもない事実のように思われる」[9]

さらに驚くべきことは、一八〇七年の連邦法でアフリカ奴隷貿易が禁止されたにもかかわらず、奴隷の需要が増大するにつれて、奴隷商人はアフリカ奴隷貿易を継続したことだ。奴隷貿易についてフランクリンは以下のように述べている。

「(第二次米英戦争が開始された―引用者) 一八一二年以降になると、アメリカの資本、アメリカの船、そしてアメリカの水夫が、アフリカと新世界との間の大規模な奴隷貿易を行っていたことが、一般によく知られている」[10]

一八〇七年の奴隷貿易を禁止した連邦法は強制力がなく、奴隷商人の取り締まりも緩やかだったので、密貿易が公然と行われたのだ。ここで重要なことは、奴隷貿易が南部だけの利益ではなかったことである。ニューオーリンズやニューヨークの商人もこの密貿易から膨大な利益を手にしていたのである。メキシコ湾のベイ・アイランドは奴隷集積所であり、数万人の奴隷がアフリカから集められフロリダ、テキサス、ルイジアナ、その他の市場へ送られた。一八五四年から一八六〇年のあいだには、南部で奴隷貿易の公式再開が叫ばれるようになったのである。

†南北戦争と産業構造の転換

アメリカ合衆国では、一八六一〜六五年の期間、北部二三州と、南部一一州が死闘を展開した。すなわち南北戦争である。奴隷制に基づいた経済を作り上げた南部一一州は合衆国を脱退してアメリカ南部同盟政府を結成し、合衆国にとどまった北部二三州との間で戦争が勃発したのだ。この戦争は、イギリスへの食料や原綿供給地として独立後もイギリスに隷属し、奴隷労働に依拠した南部植民地資本を、北部工業資本が統合するための戦争であった。われわれは南北戦争と呼んでいるが、当時、連邦側は「反逆戦争」(War of the Rebellion)、南部連合側は「独立戦争」(War of Independence) と呼び、イギリスは南軍を、フランスのルイ一六世は北軍を支援した。

当時、北部二三州の人口は約二一〇〇万、南部連合は白人五五〇万、黒人奴隷三五〇万人であり、戦死者は北部約三六万人、南部二六万人、計六二万人であった。第一次世界大戦によるアメリカ人の死者は一一万人、第二次大戦の戦死者は三二万人であり、これと比較すれば南北戦争がいかに凄惨な戦争であったかということが分かる。[11]

南北戦争を契機として北部産業資本は産業革命を達成して資本主義的発展を遂げ、国内市場を統一した。アメリカ経済は、木綿工業を中心とする産業から鉄鋼業を基軸とする産業構造へと脱皮し、一躍世界最強の産業国家の座についたのである。連邦政府は、南北戦争が始まる直前、西漸運動を一層激しく展開し、一八六〇年には大陸間横断鉄道の敷設に着手し、一八六三年には国立銀行法を制定し、一八七五年には東西を結ぶ大陸間横断鉄道建設を完了した。

しかし南北戦争で北部二三州が勝利したとはいえ、奴隷制が廃止されたわけではない。以下に触れるように奴隷制は別の形の奴隷制に置き換えられたのだ。

六二万人もの犠牲者を出した南北戦争についてハワード・ジンは、長期間にわたる南北間の一連の政治的衝突があったことを指摘している。すなわち、南北の衝突は道徳制度としての奴隷制をめぐって発生したのではなかった。大部分の北部人は、奴隷制廃止のために犠牲を払うに十分なほど、ましてや戦争という犠牲を払うに十分なほどまでに、奴隷制を気にかけてはいなかった。要するに南北間の衝突は、民衆同士の衝突ではなかった。というのは、大部分の北部の白人は経済的に恵まれておらず、政治的な力もなかったし、大部分の南部の白人は貧しい農民であり、政策決定者ではなかったからだ。南北戦争は、南北の指導者の間での衝突だったのだ。[12]

輸入関税をめぐって共和党と民主党は激しく対立し、南部を支持基盤とする民主党は国内の産業を保護するための保護関税には強く反対した。南部諸州はイギリスに対する綿＝工業原料の供給基地であり、イギリス経済に全面的に依存することによって繁栄していたからである。南部諸州が連邦政府から離脱する直前の一八六一年四月、連邦議会は高率の輸入関税を課すモーリル関税を採択した。モーリル関税が上院で採択された直後、フォート・サムターで南北戦争が勃発したのだ。U・フォークナーはアメリカの高関税政策について以下のように述べている。

「南北戦争が始まってしまうと、モーリル関税が維持されたばかりでなく、税率を引き上げなかった議会の会期は一度もないという結果となった。戦争を遂行するための資金を調達しなければならなかった。軍需工業は保護を要求した。製造業者は、当時賦課されていた膨大な消費税を相殺するために関税率を引き上げることを要求した[13]」

なお合衆国で所得税が導入されたのは一九一三年になってからのことであり、それまでは公有地の売却と輸入関税、消費税が政府の唯一の歳入源だった。南北戦争後、ローズベルト大統領（在任一九三三～四五年）が就任するまで民主党から選出された大統領は、アンドリュー・ジョンソン大統領（在任一八六五～六九年）、グロバー・クリーヴランド大統領（在任一八八五～八九年、一八九三～九七年）、ウィルソン大統領（在任一九一三～二一年）のみであり、それ以外の大統領は全て共和党から選出された。

民主党から選出されたグロバー・クリーヴランド大統領は、一八九四年に羊毛、銅、木材の輸入を無関税とし、平均輸入税率を三九・九％に引き下げたが、その後、保護関税を主張する共和党の圧力に屈し、原毛や加工羊毛に高率関税を課し、皮革を再び課税品目とし、平均関税率を五七％に引き上げた。[14]

一八九七年に選出された共和党のマッキンリー大統領（在任一八九七～一九〇一年）は平均輸入関税率をさらに引き上げた。関税率は図3－1に示されるように共和党政権であれ民主党政権であれ、いずれの政党も高関税率を維持し、国内産業を保護したのであり、高関税により保護された国内産業は飛躍的な発展を遂げたのだ。[15]

†経済発展の原動力

すでに一七九一年には、サミュエル・スレイターがアークライト式水力紡績機の制作に成功し、第二次米英戦争（一八一二～一四年）を契機として数多くの小規模な綿織物工場がニュー

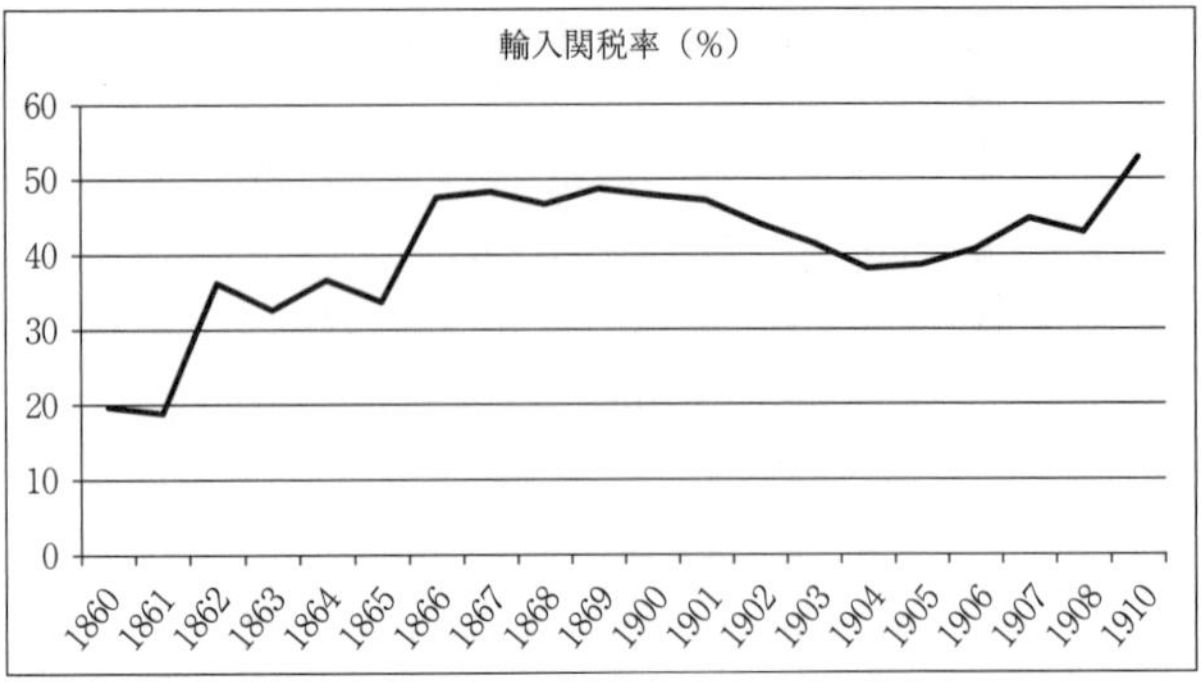

図 3-1　アメリカの輸入関税率（1860〜1910 年）

出所：Value of Merchandise Imports and Duties: 1821 to 1957. p. 539
https://www2.census.gov/library/publications/1960/compendia/hist_stats_colonial-1957/hist_stats_colonial-1957-chU.pdf

イングランド南部に設立された。一七九四年にはホイットニーが綿繰機を発明した。綿繰機を使うことにより、一人の労働者が一日で五〇ポンド（約二三kg）の綿を生産することができるようになった。綿繰機を使う前は、一日で一ポンドしか生産することができなかった。綿繰機の発明によりアメリカ合衆国は急増する国内外の綿需要に応え、さらに原綿の主要輸出国になったのである。

また一八一三年にはウォルサム型工場が操業を開始した。巨額の資本を必要とするウォルサム型工場は、紡績工程だけではなく織布工程も機械化した紡績一貫の機械制工場である。ウォルサム型工場設立には、奴隷貿易で巨万の富を蓄えた貿易商人も投資し、一八二〇年代にはアメリカで製造された無地綿布が中南米や中国に輸出され始めた。[16]

アメリカ資本主義はニューイングランドの木綿

工業を基軸として出発し、木綿工業に引きつづいて鉄鋼業も著しい発展を示した。一九世紀半ばまで、アメリカが必要とする銑鉄は、イギリスからの輸入に頼らなければならず、イギリスへの依存状態から抜け出すためにも鉄鋼産業はなくてはならない産業だった。

宮野啓二が指摘しているように、銑鉄の生産高は、一八一〇年には五万四〇〇〇トンでしかなかったが、一八五九年には七五万トンと半世紀間に約一五倍にも激増している。[17] こうしたなかで勃発した南北戦争の戦時需要は、北部の野心的な企業家に事業拡大の絶好の機会を提供した。

フィリップ・アーマーとネルソン・モリスは、南北戦争を契機に食肉産業で大富豪への道を踏み出し、チャールズ・A・ピルズバリーは製粉業で、ジョン・D・ロックフェラーは石油産業で大実業家になる基礎を築いた。[18] 戦争需要に沸く好況は戦後も継続した。その牽引車としての役割を果たしたのは鉄道建設と鉄道交通の発達であった。一九世紀は、鉄の時代とも言われているように、鉄道建設は、鉄鋼産業に未曾有の需要を生み出し、鉄鋼関連産業の駆動力となったのである。

鉄道の建設には他のどの産業よりも多くの資本と労働が投入された。鉄道建設は、大量のレールやさまざまな鉄鋼製品の需要だけでなく、木材需要を生み、さらに鉄道建設に従事する労働者の生活必需品を提供するために、食肉産業や繊維産業が発展した。[19] アメリカにおける産業革命は、イギリスが産業革命の渦中におかれていた時期に開始され、瞬く間にイギリスを凌駕したのである。一八七〇年に、世界の工業生産のなかでアメリカが占める地位はイギリスに次いで世界第二位であったが、一九世紀末には世界第一位になった。

†鉄道の役割

イギリスから独立したアメリカ合衆国が国内市場を拡大・統合していく上で、鉄道は絶大な役割を果たした。鉄道建設は一八三〇年から地域間長距離鉄道として敷設が開始されたが、一八六〇年から一八七五年までの期間には大陸横断鉄道が敷設された。また大西洋からシカゴに通じる四大幹線鉄道網の延長が行われた。敷設された鉄道の距離は、一八八〇年には九万三二六一マイル（一五万八九㎞）、一八九〇年には一六万七一九一マイル（二六万九〇六八㎞）に達した。さらに一九〇〇年には一九万八九六四マイル、一九二〇年には二六万三八二一マイル（四二万四五七九㎞）に達した。西部への移住も鉄道によって促され、西漸運動と連携して西部の農産物を東部や輸出港に輸送する鉄道網の建設が必要とされたし、南部では原綿を輸出港へ運び、内陸部の食料品を綿花プランテーションまで運ぶためにも必要とされた。[20] 敷設した鉄道の距離は、一九〇〇年段階で地球を八周するのと同じ距離に達した。鉄道が果たした役割について志邨晃佑は次のように述べている。

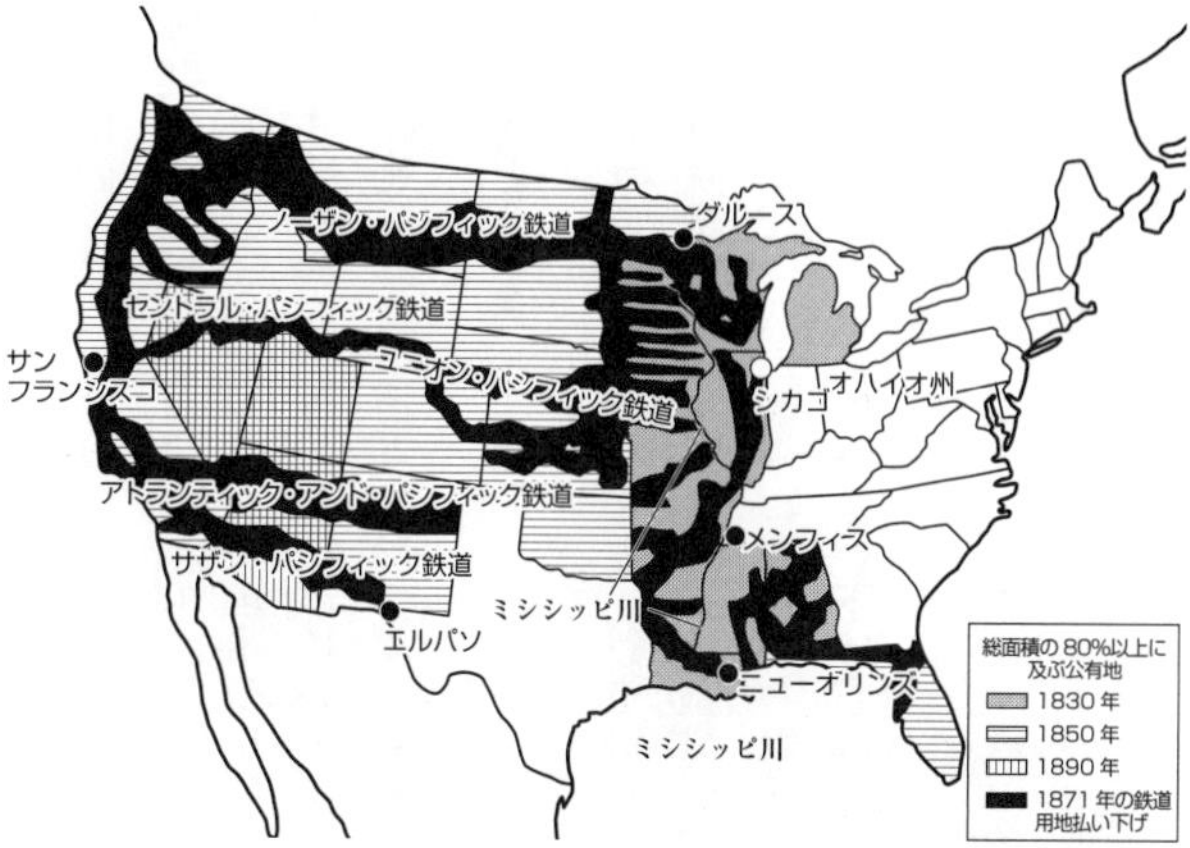

図3-2　公有地と鉄道用地払い下げ（1796〜1890年）

出所：マーティン・ギルバート、池田智訳『アメリカ歴史地図』明石書店、2003年、61頁

「広大な国土は大陸横断鉄道と電信によって統合され、この全国市場を歴代の共和党政権が保護関税で守った。鉄道建設、および並行して生じた急速な都市の成長は、重工業製品のみならず、消費物資の膨大な市場を生み出した[21]」

連邦政府は鉄道を建設するため公債を発行して資金を援助し、鉄道建設と経営は民間資本の手に委ねた。田口陽一によれば、一八六五年から一八七三年の間に鉄道建設に二〇億ドルの資金が支出されたが、このうち一〇億ドルは外国、とくにイギリスからの借入れによるものであり、鉄道建設に伴う巨額の外資の導入は外資系投資金融業者、とくにモルガン商会の大きな基盤となったのである[22]。

東西を結ぶ鉄道網を敷設するため、南北戦

争最中の一八六二年に、ユニオン・パシフィック鉄道会社とセントラル・パシフィック鉄道会社が創設された。フォークナーによれば、この二つの鉄道会社に連邦政府が与えた補助金は、平地の鉄道を敷設する場合には一マイル当たり一万六〇〇〇ドル、山岳地帯では一マイル当たり四万八〇〇〇ドル、山岳地帯の中間部では一マイル当たり三万二〇〇〇ドルであった。その他に鉄道に隣接する公有地が払い下げられた。鉄道建設はイリー運河完成以降のアメリカ史上最大の運輸計画の頂点を形づくるものであった。[23]

†鉄道債と金融業

ラクロス・ミルウォーキー鉄道会社は、鉄道敷設の許可をえるために五九人のウイスコンシン州下院議員、一三人の州上院議員、そして州知事に九〇万ドルもの株券と債権を分配した。[24]同社には、一八六四年に議会から鉄道建設の許可を与えられニューイングランドの六州を合わせたよりも広い土地が払い下げられた。だが五〇〇マイルの鉄道を敷設したときに破産し、鉄道債券は紙屑になった。

アチスン・トペカ・サンタフェ鉄道会社には、一八六三年から連邦政府より鉄道を一マイル敷設するごとに六四〇〇エーカーの土地が払い下げられた。一八七三年の恐慌により一時、敷設工事が中断されたが、一八八四年に太平洋に到達した。[25]

鉄道建設ブームに沸くなかで、資金調達に失敗した鉄道会社は、銀行に援助を求め、証券担保の短期貸付けを受けたが、返済期日がきても鉄道会社は返済ができなかったために、多くの銀行が支払い停止に陥った。合衆国最大の金融機関クック商会までもが支払い停止に陥り、一八七三年に破産した。クック商会は南北戦争の際、連邦政府が発行した公債を一手に引受け、巨利を手にしたのだが、投機と巨大な土地所有で知られたノーザン・パシフィック鉄道の資金調達を引受けて倒産したのである。[26]

†鉄道会社と政治家

金融機関を犠牲にして鉄道建設が進められたのだが、すべての鉄道会社に無償で払い下げられた土地面積は、フランスの面積とほぼ同じ面積にあたる一億三一〇〇万エーカー（五三万一三八八㎢）に匹敵する。鉄道会社は広大な土地を手に入れ、その土地を転売して巨利を手にしたのである。特典は土地だけではなかった。配当が一定の比率に達するまで税が免除される等、数多くの特典が認められた。鉄道会社は政治家の資金源であり、政治と企業が癒着していたのだ。

鉄道会社は腐敗した手段を使って鉄道建設を行った。ユニオン・パシフィック鉄道の幹部たちは、彼ら自身の金儲けのために、自ら重役を兼ねるクレディ・モビリエ会社に鉄道建設を請け負わせ、五〇〇〇万ドルの建設費に対して七五〇〇万ドルを支払い、差額を懐に入れた。同様にセントラル・パシフィック鉄道の幹部たちは、彼らの建設会社に五八〇〇万ドルの建設費に対して一億二一〇〇万ドルを支払い、差額を手にしたのだ。ユニオン・パシフィック鉄道の幹部たちは不正がばれるのを恐れて、多数の上院議員、下院議員にクレディ・モビリエ社の株を額面で提供した。[27] 鉄道会社には公的な責任感はなく、すでに鉄道が敷設されている路線に並行して鉄道を敷設し、無人の土地に鉄道を延長して、広大な土地を手に入れた。[28]

†奴隷解放宣言

ところで第一六代大統領に選出されたリンカーン（在任一八六一〜六五年）は、一八六三年一月一日、奴隷解放宣言を行い、憲法修正第一三条によって黒人奴隷制を廃止した。[29] さらに南北戦争終結後の一八六八年に施行された憲法修正第一四条では黒人の市民権が認められた。一八七〇年の憲法修正第一五条は、黒人の投票権を制限することを禁止した。[30]

連邦議会は一八六〇〜七〇年にかけて、黒人から諸権利を奪うことを犯罪だとする法律、差別待遇をせずに黒人と契約を結び、黒人が財産を購入する権利を与える法律を制定した。また一八七五年には公民権法が制定され、ホテル、劇場、鉄道、その他の公共施設からの黒人の排除が禁じられた。このような動きと連動して南部の州議会にも少数ではあったが黒人が進出し始めた。一八七〇年までに、連邦から離脱した南部諸州は憲法修正第一四条を州議会で批准することで連邦への復帰が認められた。

こうした法的措置によって南部の奴隷州の大プランテーションで家畜のように酷使されていた奴隷は解放されたかのようにみえた。

南北戦争終結後、南部の各州には北部から派遣された連邦軍が駐留し、一八六八年から七〇年にかけて共和党政権が主導して州としての地位を回復した。長田豊臣によれば、「解放にわきたつ黒人達は、南部共和党政府を神による救済（千年王国的福音）を実現する約束の党と信じて、熱狂的に支持した。どの選挙でも黒人の投票率は九〇％をこえた。それと同時に、この再建政府のもとで黒人達は、地方や州、そして少数ではあったが連邦のレベルの政府に進出していった[31]」のだ。

本田創造は南北戦争が終息してから一八七〇年までの数年間について以下のように述べている。

「こうした数年間はアメリカ黒人の歴史において、まさに画期的な一時期となった。このとき、黒人はこの国に来て、はじめて選挙権を行使することができた。州議会議員に選ばれて、黒人が自分の生活について自分の口でものをいったのも、この時がはじめてである[32]」

†ジョンソンの反動

だがリンカーン大統領が暗殺された後、事態は逆転した。副大統領から大統領に昇進したジョンソン（在任一八六五〜六八年）は、次々と黒人差別を禁止する法案に対して拒否権を行使したのだ。ジョンソン大統領就任中に、黒人に平等な権利を保障せずに連邦に復帰した南部諸州は、「黒人取締法」を制定し、憲法修正第一四条で認められた黒人の諸権利を否定した。[33] 実際、南部では南北戦争終結後、奴隷制度は名目上廃止されたものの、「奴隷制度なき奴隷制」が現実のものとなったのだ。南北戦争後の根深い黒人差別についてハワード・ジンは以下のように述べている。

「南北戦争が終わったあと、ほとんど間をおかずに暴力行為が始まった。テネシー州メンフィスでは、一八六六年五月に殺人の発作的狂暴性にとりつかれた白人たちが、四六人の黒人を殺害した。死者の大半が連邦軍の復員軍人だったが、黒人に同情した二人の白人も含まれていた。五人の黒人女性が暴行を受けた。九〇軒の家と一二の学校、四つの教会が焼き討ちにされた。ニューオーリンズでは一八六六年の夏に、黒人に対する別の暴動がおこり、三五人の黒人と三人の白人が殺された[34]」

ホープ・フランクリンによれば、黒人奴隷制を基礎にして打ち立てられた南部の社会が共和党急進派によって壊されようとしていた一八六七年から一〇年間、KKK(キュー・クラックス・クラン)、「白椿の騎士」をはじめ、数多くの狂信的反黒人秘密結社が結成された。これら秘密結社の目的は、黒人を完全に支配し、黒人や黒人の同調者を権力から追い出し、「白人優越」の社会を確立することであった。[35]

こうしたなかで一八七二年には、連邦議会で「大赦法」が成立した。「大赦法」は、南部の旧支配階級の追放を解除し、彼らの政治的諸権利を全面的に復活させた。それとともに、大プランターの土地を没収して、これを黒人や貧しい白人に無償配分することを目的に設立された解放黒人管理局も活動を停止した。そして一八七五年に制定された公民権法は南部諸州では完全に反故にされた。また南部の旧奴隷州では一般的にジム・クロウと呼ばれる数々の黒人差別法が合法化され、黒人が手にした自由は再び奪われ、かつて奴隷解放を旗印に掲げていた共和党も沈黙を守ったのだ。

ジム・クロウとは、黒人に対する差別と隔離の一切を総称する言葉であるが、黒人差別が制度的・法的にない北部諸州でも、南部の農村から黒人が北部に移住し始めると、ジム・クロウは事実上、広くゆきわたるようになったのだ。[36] 黒人が白人と同じ諸権利を法的に認められるためには、一世紀後の一九六四年七月の公民権法の成立を待たなければならなかった。

†奴隷制の復活

四年間にわたる南北戦争の戦火が止むと、南部のプランターは綿花生産を再開したが、プランターは解放奴隷に家族の自立という幻想を与えながら、プランテーションの経営そのものを奴隷制時代と同じ形態で維持する手法を発明した。この制度はシェア・クロッピング制度といわれている。[37]シェア・クロッピング制度は、一九五〇年頃までつづくのだが、この制度は、これまでの五〇〇エーカーかそれ以上のプランテーションを二〇〜五〇エーカー程度の小さな農場に区分して、解放奴隷や貧しい白人に小作させる制度である。一八六八年頃には全農地の三分の一が五〇〇エーカー以上の大プランテーションによって耕作されていたが、一八七〇年には二〇〜五〇エーカー程度の小農地が倍増している。

普通の借地農の場合には、地代が現物であれ貨幣であれ、小作人が借りるのは土地だけであり、何を栽培するかは、借地農の自由だったが、シェア・クロッピング制度のもとで借地農は生産物を自由に決めることはできなかった。作物の決定だけではなく、作物の販売や生活必需品の購入も彼らは自由ではなかった。[38]収穫はだいたいプランター二、小作人一の割合でシェアされたが、プランターが農地と種子、肥料、農機具、住居を提供し、小作人は労働だけを提供した。[39]

2 領土拡大と植民地

†植民地にかわる国内市場

アメリカが独立する以前、南部ではタバコ、米、藍が栽培されていた。だが独立後には、イギリスにおける産業革命の基軸産業である綿工業への原料供給地として飛躍的な発展を遂げた。南部は綿花王国として、南北戦争後にはイギリスだけではなく、北部で確立した綿工産業に対する原料供給地としても、また北部で生産される工業製品の販売市場として植民地的発展を遂げたのである。こうした自己完結的発展について中西弘次は以下のように述べている。

「この時期（一九世紀後半―引用者）のアメリカ資本主義にとっては、海外植民地は必要不可欠ではなかった。すでにその時点において植民地化されうる地域は、スペイン・オランダ・イギリス等々によって占取されていたという事情もあったが、基本的にはアメリカ国内にそれにかわりうるものが存在したからである。要するに、一九世紀後半におけるきわめて急速なアメリカ資本主義の発展は、基本的には国内市場を中心としたものであった」[40]

先に触れたホームステッド法は先住民から奪った「無主地」＝公有地の払い下げ制度をさら

に拡大するものであり、西漸運動を加速化した。広大な土地から生み出される農産物（綿花、小麦）がアメリカの輸出の主力であり、外貨を獲得する主要な手段であった。フロンティアラインは一八八〇年に消滅するが、ホームステッド法を契機として西部の人口は急増し、農村を基盤にして大小の都市が成長し、アメリカ経済はダイナミックな成長を遂げたのだ。[41] 実際、農場の数は一八五〇年の一五〇万農場から一九〇〇年には五七〇万農場へと約四倍も増加している。だが、フロンティアへは誰でも簡単に移住できるというわけではなく、良質な土地は鉄道会社や不動産業者が占領していた。[42] 退役軍人や商人、銀行員等は、自営農地法や鉄道会社の宣伝に鼓舞されて先を争って土地を取得したものの、十分な資金と農機具をもっていなかったので、土地を抵当に入れて金を借りて農機具や肥料を買わなければならなかった。フォークナーが指摘しているようにほとんどの農民が債務者であり、農産物価格の下落によって損害を受けた。

†西部の農民と国法銀行法

物価の下落は、連邦政府が通貨の多様性と混乱を解決するために、南北戦争最中の一八六三年に公布した「国法銀行法」に起因する。一八六二年に種類と額面の異なる銀行券は七千種あり、他にも四千種類を下らないにせ札や変造紙幣が存在していた。だから連邦政府は通貨を統一するために「国法銀行法」を制定し、連邦政府の信用に基づく緑背紙幣グリーン・バック（紙幣の裏側がグリーンのインクで印刷されていた）を回収し、紙幣を金《きん》との平価に引き上げる政策に着手したのである。だが貨幣価値が上がる半面、物価が下落したのである。[43]フォークナーは農民の生活について以下のように述べている。

「農民は、物価が下がり、通貨の価値が上がっても、昔のままの利子の支払いができなかったために、抵当が流れ、何年もの労働の成果が拭い去られるのを座視しなければならなかった。農民は工業に従事するか、借地農や農業労働者の隊列に入るか、それとももう一度フロンティアにむかって進むかどうかの選択に迫られた[44]」

西部に移住した農民を苦しめたのは農産物価格の下落だけではない。新天地に移住した農民は急激に発達する鉄道や工業との関係でも不利な立場におかれた。農民は農産物を出荷するのに鉄道に頼る以外に方法がなく、鉄道会社は運賃を必要以上に高く設定して農民を苦しめたのだ。[45]

†金メッキ時代

マーク・トウェインは、南北戦争後のアメリカ社会を「金メッキ時代」と言い表しているが、どのような時代だったのだろうか。[46]この時代について有賀貞は以下のように述べている。

「渡し船の船頭から出発したコーネリアス・ヴァンダービルト、綿工場の「糸巻きボーイ」から出発した移民少年アンドルー・カーネギー、株仲買店の手代から出発したジョン・D・ロックフェラーのように、少年時代の貧しい境遇から抜群の才覚と敢闘精神とによって実業家として成功し、莫大な富をきずいた人びとが、この時代の英雄であった[47]」

金ピカ時代に巨万の富を手にした人びとがいたが、東部資本が多くの移住者や農民を餌食として喰い漁った時代でもあった。というのは一八七三年、一八八二年、一八九三年前後を挟んで農産物の価格が暴落したからだ。農産物価格が低下した要因は、先に述べた要因に加えて、機械化、科学的輪作、肥料の多用による生産力の向上である。農民の多くは乾草、小麦、とうもろこしなどの穀物や家畜を主とする農場を営んでおり、一九世紀末にはアメリカ史上でも特に大きな農民運動が高揚した。鈴木圭介によれば、「東北部、とりわけニューイングランドでは、そのためはげしい農民層の分解をひき起こした。東部における資本主義の発達、工業都市《タウン》の成長は分解した農民を労働力として吸引した。(中略)さらには、競争による機械化・生産諸条件への追加的投資のための農業負債の抵当流れはこれに拍車をかけた[48]」のである。

†労働者の内訳

東部の工業都市が必要とする低賃金労働力は、土地を放棄した農民だけではなかった。一八九九〜一九〇九年にかけてイタリア、バルカン半島、中東から合衆国にやってきた新移民も南部から北部に流入した黒人労働者と同じように、低賃金労働力の主要な供給源となったのだ。一八〇〇年代後半から第一次世界大戦開始時までにアメリカ合衆国に流入した大量の移民は新移民といわれているが、南北戦争以前に渡来した旧移民と比較して新移民は東南ヨーロッパからの移民であり、彼らは、一般的には教育程度も低く、英語への馴染みもうすかった。中西弘次によれば、「それぞれ故国での社会変動によって押し出され、アメリカに夢を求めて流入した大量の新移民たちは、当時まさに展開し、大量の不熟練・低賃金労働力を必要としていた鉱工業をはじめとする資本制大企業、鉄道業、都市建設などに底辺労働者として吸収された[49]」のである。

要するに多くの農民は夢と農場を放棄し、工場の低賃金労働者となったのだ。アメリカの農業は一八八〇年代末から九〇年代半ばにかけて厳しい農業恐慌を切り抜けた。そして一八九七年から好転の兆しを見せ、一八九九年には上昇期を迎え、一九一〇年から第一次世界大戦にかけて繁栄の時期を迎えた。だが、この間、農地面積は飛躍的に拡大したものの、小規模自営農民に代わって大土地所有者が営む広大な農場が主力を占めるようになった。

†生産力の驚異的発展

一八六〇年以降アメリカの貿易は急速に拡大した。一八六〇年から一九二〇年までの期間に、輸出は二四倍、輸入は一六倍増えた。一八五〇年には約二〇〇四万ドルの輸出超過であったが、一九二〇年には約二八億八〇一一万ドルの輸出超過を記録している。なぜ貿易が急速に発展したのか。U・フォークナーはその理由を以下二点に求めている。

その一は、開拓地の増大、すなわち西漸運動の進展である。農地の拡大により、農産物の生産が伸び、新しい鉱物資源の開発が開始されたこと。その二は、比類のないアメリカの天然資源が、人口の急増と高率の関税に結びついてアメリカを本来の農業国から高度の工業国へと変化させたことである。[50]

一九世紀後半のアメリカの輸出主力商品は、ヨーロッパの繊維産業が必要とする綿花とヨーロッパの工業人口を養うための食料・食料品（小麦、食肉、乳製品）であったが、二〇世紀になると工業製品（ミシン、タイプライター、キャッシュ・レジスターなど）が増え始め、農産物輸出を凌ぐようになった。それでも綿花は年間生産高の半分以上が輸出されたし、小麦を生産する農民や牧畜に従事する農民は海外に販路を求めた。

一八七〇〜八〇年代には、ロックフェラーのスタンダード・オイル社は全石油生産の約三分の二を輸出し、一八九〇年代には約二分の一を輸出した。二〇世紀までにアメリカの鉄鋼の一五%、銅の五〇%、農機具の一六%が海外で売られ、多くの労働者が輸出に依存する産業で働くことになった。[51] 要するに一九世紀後半になると農産物だけではなく工業製品の生産高も国内の消費を超えるようになり、合衆国の巨大企業は海外での販売市場を探し求めるようになったのだ。外国貿易は余剰生産物を輸出することができ、経済恐慌を回避したり緩和させることができるからだ。

一八九九年にはバナナの最大の輸入会社二社が合併してユナイテッド・フルーツ社（現在のチキータブランド）が結成された。ユナイテッド・フルーツ社は中南米の腐敗した政権と癒着して広大な土地を取得し、一九〇四年にはグァテマラで権力と結びついて鉄道路線の運営権と広大な土地を取得し、グァテマラ経済を左右する隠然とした存在になっていた。[52] メキシコでは合衆国の資本家が鉄道や鉱山を所有するようになり、一九一〇年までにアメリカの資本はメキシコの資産の四三%を支配していた。[53]

この間の一八六六年には大西洋横断海底ケーブルが敷設され、アメリカとヨーロッパの電信網を繫いだ。また一八九〇年には、電信網はチリにまで到達し、市場、外交上の危機、戦争に関する情報が確実かつ迅速に伝わるようになったのである。

†フロンティアの消滅

一九世紀末に西漸運動が終わるまで、つまり国内で新しいフロンティアが消滅するまでのアメリカは、先住民から土地を奪うことに専念し、領土の拡張と国内の経済開発、そして市場統合を推し進めた。このため国家の安全のための大きな軍事力も積極的な外交も余り必要としなかった。実際、一八八三年まで、海軍の軍艦は木造船であり、その多くは腐って使いものにならなくなっていた。一八八三年になって連邦議会が最初の鉄鋼の軍艦建造を認め、これを契機としてアメリカの軍需工場は船体用の鉄鋼、蒸気機関のボイラー、装甲板、高速破裂弾、強力な大砲、そして精密器械を生産するようになった。ノートンは以下のように述べている。

「一八八〇年代に、海軍は帆船から蒸気船に、そして木造船から鉄鋼船に変わっていった。メイン号、オレオン号、ボストン号、そしてコロンビア号のような新海軍の軍艦は、合衆国を有力な海軍国にのし上げた。（中略）ちなみにこの鉄鋼艦の多くには、愛国主義や海軍の拡大に対する地方の支持をかき立てるため計画的な働き掛けが行われ、州や都市の名前が付けられていた。増強された海軍は、さらに帝国を拡大し建設していく手段を合衆国に提供することになった」[54]

すなわちアメリカ資本主義は一八八〇年代まで工業生産に必要とされる原料資源や農産物を

国内で調達することができたということ、必要とされる労働力は、没落した入植者や移民の流入、特に新移民の流入と黒人奴隷によって確保できたということ、さらに工業生産物も農産物も国内市場で販売＝消費することができたということだ。

フロンティアの消滅が近づいた一八六七年、先に触れたように連邦政府は更なるフロンティアを求めて七二〇万ドルでロシアからアラスカを購入した。当初、アラスカは行政および司法権をもつ属領であったが、一八九七〜九八年にクロンダイク川流域で広大な砂金鉱床が発見されると、アラスカは憲法上準州の地位となった。

†ハワイと砂糖プランター B・ドール

アラスカはカネで手に入れたのだが、一九世紀末になるとアメリカは、公然と暴力による対外侵略を行い、世界市場を制覇するための積極的な行動を展開し始めた。対外侵略の第一歩はハワイの併合である。

一八九一年、アメリカ人砂糖プランター、サンフォード・B・ドールは、ハワイでアメリカ人牧師の支援を受けて「公安委員会」を組織し、近くに停泊していたアメリカ海軍ボストン号の援軍を要請した。ボストン号の水兵たちは王宮を包囲し、世襲君主リリウオカラニ女王を逮捕しハワイ王朝を打倒した。そして一八九三年にドールを大統領とする暫定政府を設立した。

暫定政府は合衆国議会にハワイ併合を求めたがクリーヴランド大統領はこれを拒否した。だが一八九八年、ウィリアム・マッキンレー大統領と議会は、ハワイをアメリカ領と認めドールを初代総督とし、パールハーバーに海軍基地を建設したのだ。[55]当時、ハワイ人口の約四〇%は日本人が占めており、アメリカ人はわずか五%にしか過ぎなかった。[56]だがハワイは中国とアメリカを結ぶ大西洋上の中継地として重要な地位を占めていた。ポール・ジョンソンが「ハワイ獲得に際してアメリカ人宣教師が果たした役割は、アメリカ・キリスト教が帝国主義という仮面を身につけて行く道程そのものだった[57]」と指摘しているように、ドールの後ろには宣教師だけではなく砂糖業者も控えていたのである。

†キューバの植民地化

ハワイの植民地化と同じ時期にアメリカはキューバを植民地化した。カリブ海の要衝キューバでは一八六八年、独立を求める黒人奴隷の反乱（第一次独立戦争）が勃発し、一八七八年まで一〇年間にわたって内戦がつづいたが、独立を求める闘いはスペイン軍により圧殺された。反乱を契機として一八八〇年に奴隷制は法律上名目的に廃止されたが、独立は認められなかった。反乱が鎮圧されてから一七年後の一八九五年、ホセ・マルティンが指導する第二次独立戦争が勃発し、スペイン軍と戦闘状態に入った。スペインは約二〇万人の軍隊を投入し、要塞化された町や野営キャンプに何十万というキューバ人を集めて「反乱分子」から隔離した。野営キャンプの状況は忌まわしく、飢えや病気が蔓延しキューバ総人口一四〇万人のうち約四〇万人が命を落とした。[58]

一八九八年二月、在留アメリカ人を保護する名目でハバナ港に停泊中のアメリカの戦艦メイン号が爆発を起こして沈没し、将兵二六〇名が死亡した。この事件を契機として連邦政府は武力介入を決議した。[59]

同年六月にキューバに上陸したアメリカ陸軍はスペイン軍を撃破し、スペイン艦隊を撃沈した。アメリカ軍はまたキューバだけではなくスペインの植民地プエルトリコも占拠した。スペインは戦闘を開始してからわずか三週間で講和を求め、八月に休戦協定に調印した。

一八世紀末から奴隷制プランテーションによる砂糖生産が始まったキューバは、一九世紀になると世界的な砂糖生産地へと変貌した。このため一八八六年になってやっと最終的に奴隷制が廃止された。だが奴隷貿易廃止後もプランテーションの所有者は労働力の確保を奴隷の密貿易に頼り、スペインもアメリカも密貿易を容認しつづけた。[60] カリブ海地域での砂糖生産量は、一八三〇年代後半には三三万トン程度でしかなかったが、一八七〇年代には一〇〇万トンを超えるまでに増大しており、その三分の二をキューバが占めていた。さらに一八九〇年代になるとカリブ海地域の砂糖生産は約一一五万トンにまで達し、世界の砂糖生産の三割をキューバが占め、キューバで生産された砂糖はアメリカに輸出された。[61]

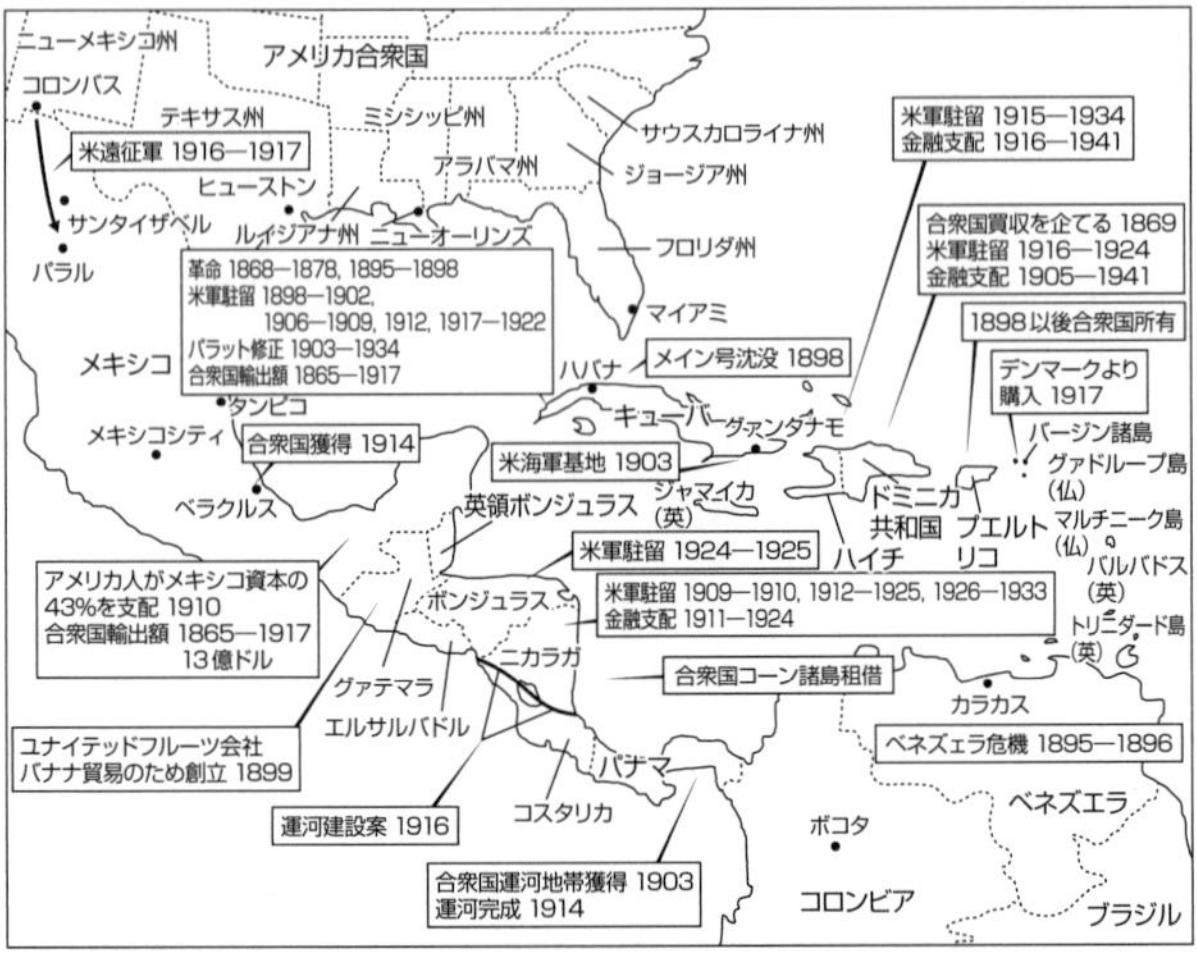

図 3-3　合衆国とラテンアメリカ

出所：メアリー・ベス・ノートン、本田創造監修、上杉忍他訳『アメリカ社会と第一次世界大戦』(アメリカの歴史 4) 三省堂、1996 年、192 頁

なおキューバではスペインが撤退した後、アメリカ軍がキューバ独立運動を繰り広げていた勢力の武装解除を行い、憲法制定会議を招集し、一九〇一年に憲法を公布した。その際、アメリカはキューバに対してヨーロッパの覇権国家が影響力を行使することを防ぐため、アメリカのキューバに対する干渉権、キューバが他国と条約を締結することを制限する権利、キューバ東部のグァンタナモにおける海軍基地租借権などを盛り込んだプラット修正条項をキューバ共和国憲法に書き込ませた。こうしてキューバはアメリカの事実上の植民地になったのだ。[62]

キューバだけではない。アメリカ合衆国は第一次世界大戦が終わるまでにカリブ海に海軍基地を建設して「アメリカの湖」とし、プエルトリコを併合し、オランダ領西インド諸島（ヴァージン群島）を買取り、キューバ、パナマ、ドミニカ共和国、ニカラグアおよびハイチを保護領にしたのだ。[63]

†フィリピンの獲得

キューバでスペインと戦闘中のアメリカは、スペイン領フィリピン獲得を目指してマニラに軍を進めた。フィリピンは、アメリカにとってアジアの通商路を防衛するための要塞のような重要な戦略的位置を占めていた。一八九八年五月、香港から急行したアメリカのアジア艦隊はマニラ沖海戦でスペイン艦隊を撃破し、同年八月にはマニラを占拠した。そして一八九八年一二月にパリ講和会議でスペインはアメリカにフィリピン、プエルトリコ、グアムを割譲し、キューバの独立を認めた。また新しい領土に対して合衆国がスペインに二〇〇〇万ドル支払うことが決まり、合衆国議会は一八九九年パリ条約を批准した。

老大国スペインは、キューバとフィリピンの双方で反乱軍やアメリカ軍と対決しなければならず、かつての植民地帝国は急速に崩壊した。パリ講和条約調印の直前、独立を求めてスペインと闘ってきたフィリピン軍は、アメリカ占領軍との戦闘に突入した。一八九九年一月、フィリピンの独立運動の指導者エミリオ・アギナルドはフィリピンの独立を宣言し、武器をとってアメリカ軍との戦闘に突入したのである。アギナルドが指導する闘いは一九〇一年に鎮圧されたが、米比戦争の規模は対スペイン戦を遥かに上まわり、三年にわたる戦闘で、アメリカは七万五〇〇〇人の軍隊を投入し、四二〇〇人の死者を出した。だが、二〇万人を超すフィリピン人が飢えと病気と残虐行為によって死亡した。ノートンは米比戦争について以下のように述べている。

「アメリカ人は村を焼討し、人びとを拷問にかけ、そしてさまざまな戦略村政策を導入した。投降を認めず殺してしまうのがアメリカの慣行だった。反帝国主義者は卑劣だと叫んだが、ローズベルト大統領は「フィリピンでは、ウーンデッドニーの大虐殺ほどひどい虐殺事件は一件たりともまだ行っていない」と述べた。このサウスダコタ州でのアメリカ・インディアンの大虐殺に言及したことは適切だった。(中略)一八九八年から一九〇二年までにフィリピンに派遣された三〇人のアメリカ陸軍の将軍のうち、二六人が以前アメリカ西部でインディアンと戦った経験があった[64]」

ちなみにキューバに派遣された米軍は一万八〇〇〇人、戦闘による死者は四六〇人にすぎなかった。[65]スペイン・アメリカ・キューバ・フィリピン戦争と呼ばれる戦争はこうして終わったのだ。

キューバを支配下においたアメリカは一九〇二年に、コロンビアから分離・独立したパナマを事実上、植民地支配下においた。独立したパナマは、パナマ運河地帯の主権を永遠にアメリカに認めたのだ。運河地帯の主権を獲得したアメリカは、太平洋と大西洋をつなぐ運河建設を進め、一九一四年に運河が完成し、大西洋から太平洋を支配下におく準備を整え、隣接する中央アメリカ、カリブ海地域に対して軍事的・政治的・経済的権力を行使するようになったのである。[66]

独立してから大陸内部で拡大をつづけてきたアメリカは、米西戦争に勝利し、ウェーク島（一八九八年）、先に触れたハワイ島（一八九八年）、さらにサモア（一八九九年）を併合し帝国主義国家としての道を歩み始めたのだ。そしてアメリカの貿易業者、宣教師、海軍の膨張主義者は中国への足掛かりを手に入れた。ポール・ジョンソンが指摘しているように、アメリカは植民地から解放された最初の国であったにもかかわらず、「アメリカ人の大半が植民地を渇望していた」のである。[67]

3　第一次世界大戦とアメリカ合衆国

†ヨーロッパ諸国による世界の分割

以上触れたようにアメリカ合衆国は、独立後ひたすら西漸運動に狂奔した。フロンティアが消滅するとメキシコに対して戦争を挑み、テキサス、ニューメキシコ、アリゾナを併合した。さらにロシアからアラスカを購入し、ハワイを武力で併合した。またスペインからキューバ、フィリピンを奪って植民地にした。それではアメリカ合衆国だけが領土拡張に狂奔したのか。そうではない。富を蓄積した欧米列強諸国の支配階級は、さらなる富を求めて未だ近代国家を樹立していない地域を支配下におこうとしたのである。

第1章、第2章で触れたように、大航海時代の開幕と同時にポルトガル、スペイン、オランダそしてイギリス、フランスは非ヨーロッパ世界の植民地化に乗りだし、非ヨーロッパ世界を隷属化して低開発という社会・経済構造を埋め込んだのだ。

一七世紀末にオランダ経済が衰退しはじめると、イギリスとフランスはオランダのヘゲモニー（覇権）を奪い、新大陸やインド亜大陸で激しい抗争を繰り返した。そしてイギリスは一八一五年から一九一四年までの期間「パクス・ブリタニカ」と呼ばれる時代、つまり「イギリスの平和」の時代を築きあげたのだ。しかし実際には、ウォーラーステインが指摘しているように、この時代は、「絶え間ない植民地戦争の時代」だった。[68] 植民地戦争には、アメリカをはじめ一八三〇年一一月にオーストリアから独立したベルギー、一八七一年七月にナポレオン三世のフランスを倒したプロイセンが主導して成立したドイツ帝国が加わった。それまでドイツは四つの王国、六つの大公国、五つの公国、二二の君主国、そして三つの自由市とひとつの帝国領からなる連合国家であった。[69] また植民地獲得競争には一八七一年に国家的統一を達成したイタリア、さらに日本が加わった。なかでも一八八四〜八五年には、西アフリカの分割をめぐりイギリス、フランスそしてドイツは激しい争奪戦を繰り広げたのだ。

†ベルギーとポルトガル

ユネスコ（国際連合教育科学文化機関）が編集した『アフリカの歴史』のなかでN・G・ウゾイグエは、一八七六年から一八八〇年にかけてアフリカで起こった三つの大きな出来事のひとつにベルギーのレオポルド二世（在位一八六五〜一九〇九年）によるアフリカ植民地化の企てがあるとして次のように指摘している。

「それは、一八七六年にレオポルド二世が招集したいわゆるブリュッセル地理学会に示された。

この会議で、アフリカ国際会議が設立され、レオポルド二世は一八七九年にスタンレーを雇ってコンゴに探検隊を派遣した。この結果、コンゴ自由国が創設され、レオポルド二世は、西アフリカをめぐるベルリン会議がその討議を終える前に、すべてのヨーロッパ諸国による同国領有の承認をとりつけたのである。

第二の重要な一連の出来事は、一八七九年以降のポルトガルの動きであった。(中略) ポルトガルはアフリカにあわただしく探検隊を送り、その結果一八八〇年までに、アフリカ系ポルトガル人の支配下で事実上独立していたモザンビークの諸領をポルトガル王領に併合した。ポルトガルおよびレオポルドに関する限り、領土争奪は一八七六年までに始まっていたのである。分割の開始にかかわった最後の要因は、一八七九年から一八八〇年にかけてのフランスの植民地政策の特徴であった拡張主義の風潮である[70]」

ポルトガルによるモザンビークの植民地支配は、一八八〇年から一九七五年までの一世紀間つづいた。モザンビークは一九六四年から一九七五年まで熾烈な独立戦争を経て独立を達成したが、ポルトガルはモザンビークが独立を達成してからも執拗に軍事干渉しつづけ、一九七七年から一九九二年までつづいた内戦に関与したのである[71]。またポルトガルは、一四九八年から一九七五年までの五世紀間、アンゴラを植民地支配下においた。一九六四年から一九七五年まで独立戦争が戦われ、アンゴラは独立を達成したが、ポルトガルは米英の後ろ盾のもとに一九七七年から一九九四年までこれもまた執拗に軍事干渉をしつづけたのだ。[72]

†レオポルド二世の陰謀

ドイツの宰相ビスマルク（プロイセン王国宰相在任一八六二〜九〇年、ドイツ帝国宰相在任一八七一〜九〇年）の呼びかけにより一四か国が参加して開催されたベルリン会議（一八八四年一一月〜八五年二月）では、レオポルド二世が設立した「コンゴ協会」の領有地である「コンゴ自由国」をレオポルド二世の私有地として認めた。このためレオポルド二世は、コンゴ自由国の君主として、コンゴの象牙を独占し、一八九一年以降は天然ゴムを独占して巨万の富を蓄積した。現地住民を酷使して生産したゴムの輸出量は一八九一年には一〇〇トンであったが、一九〇一年には六〇〇〇トンにも達した。「コンゴ自由国」（現在のコンゴ民主共和国）は一九〇八年にベルギー領となり、ベルギーは本国の八〇倍以上の領土を植民地として支配した。[73]

コンゴはアフリカ大陸のなかで最も地下天然資源が豊富な国である。コンゴでのベルギーによる蛮行は、ジョセフ・コンラッドの『闇の奥』やマーク・トゥエインの『レオポルド王の独白』に描写されているが、ヴイジャイ・プラシャドが指摘しているように、「レオポルド二世が世界有数の富豪となり、ベルギー経済を（イギリス、アメリカ、ドイツ、フランス、オランダに次いで）世界第六位にまで引き上げたのは、コンゴの存在抜きにしてはありえなかった[74]」のだ。

†ベルリン会議とアフリカ諸国

またベルリン会議は、一八八四年以前からドイツ企業の私的な通商植民地があったアフリカの四大領域を公式にドイツの保護領として承認した。すなわち一八八四年にドイツ領南西アフリカ（現在のナミビア）を、一八八五年にはタンガニカ（現在のタンザニア）、ルワンダ、ブルンジを、さらに西アフリカでは、カメルーン、トーゴランド（現在のトーゴ）、ガーナ、ヴィトゥ（現在のケニアの一部）をドイツの植民地として認めたのだ。ドイツ東アフリカ会社は、タンガニカで先住民を酷使して綿花を栽培したが、先住民の反乱に直面し、一九〇七年になってようやく反乱を武力鎮圧した。白人の犠牲者五人に対してアフリカ人の犠牲者は一〇万〜二〇万人にのぼったといわれている。[75]

遅れて資本主義国の仲間入りをしたドイツは、第一次世界大戦に敗れ、それまでに獲得した植民地を失うのだが、一八八五年にはニューギニア（現在のパプアニューギニア北部地域）やビスマルク諸島、ソロモン諸島、ミクロネシア、マーシャル諸島、パラオ、マリアナ諸島、ナウルを支配下においた。さらに、ヴィルヘルム二世（在位一八八八年六月〜一九一八年一一月）統治下の一八九〇年には中国の膠州湾（現在の青島市の一部）、天津、漢口で租借地を獲得した。そしてモロッコで一九〇五年にフランスと衝突しタンジール事件（第一次モロッコ事件）を、

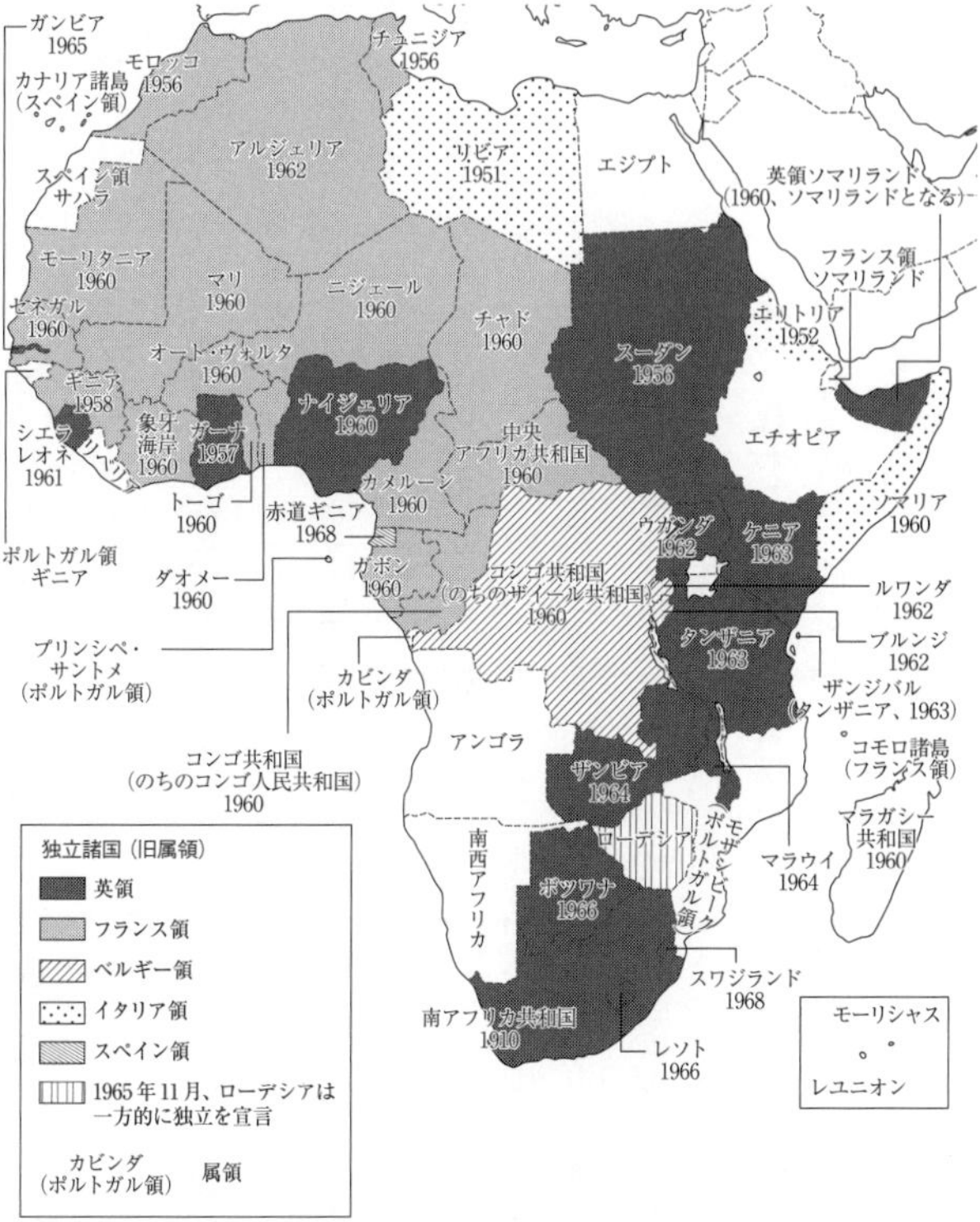

図 3-4　ヨーロッパ列強諸国によるアフリカの分割（1956〜1968）
出所：R.I.ムーア、中村英勝訳『世界歴史地図』東京書籍、1982年、139頁

一九一一年にはアガディール事件（第二次モロッコ事件）を引き起こした。[76]

†タンジール事件

タンジール事件とは、一九〇五年五月、ドイツのヴィルヘルム二世が日露戦争でフランスの同盟国ロシアの敗北を見越してモロッコのタンジールに上陸し、モロッコにおけるドイツの権益を守ることを宣言し、フランスのモロッコに対する関与を牽制したことを契機として発生した国際紛争である。またアガディール事件とはドイツが一九一一年にモロッコ南西のアガディールに戦艦を派遣したことによって発生した国際紛争である。

タンジール事件の翌年の一九〇六年四月、アルヘシラスで開かれた国際会議でフランスはイギリス、アメリカの支持を受けて、モロッコの金融網の管理と港湾都市の警察権を認める協定を成立させた。ドイツの主張は敗れ、フランスはモロッコを事実上の植民地にした。[77]というのは、フランスは一九〇四年にイギリスと英仏協商を締結し、フランスはエジプトを放棄し、イギリスのエジプト領有を認める代わりに、イギリスはフランスによるモロッコの植民地支配を認めていたからである。地中海と紅海を結ぶスエズ運河は、一八六九年に開通しており、イギリスが東洋の植民地を維持するうえで要の役割を担っていたのである。

ドイツは、一九一一年四月、フランスがモロッコで燃え上がった反仏運動を鎮圧するために軍隊をフェズに送った際、アガディール港に砲艦を送り、モロッコにおけるドイツの権益を放棄する代償としてフランス領コンゴの一部イノカメルーン（現在のカメルーン）の割譲を要求したので、フランスはこれをドイツに譲った。[78]

このように一九世紀末期から二〇世紀初頭のヨーロッパは、植民地帝国の時代だったのだ。ヨーロッパ列強諸国は、ヨーロッパを越えて国境線を拡大し、植民地建設に取りかかった。イギリス、フランスはアジアで、さらにそれ以上にアフリカで植民地獲得競争に狂奔していた。ロシアも東方へ進出した。オランダやベルギーのような小国でさえ植民地獲得に狂奔した。スペインとポルトガルは既に植民地帝国をもっていた。この時代についてS・ハフナーは以下のように述べている。

「純粋にヨーロッパ的な列強体制と勢力均衡の時代が、世界列強体制に席を譲りつつある。（中略）つまり、依然として世界での優位を主張していたヨーロッパ列強が、大植民地帝国を建設するような体制に、またヨーロッパでの勢力均衡を、ヨーロッパに中心を置いた世界での勢力均衡に移行させるような体制に席を譲りつつある」[79]

†ドイツの台頭

先に見たように一九世紀後半になるとかつてイギリスの植民地であったアメリカが世界最強

の工業国になった。アメリカと並んで後発国ドイツもイギリスに対抗して世界の覇権を巡る戦いに加わった。一八七一年には普仏戦争（一八七〇年七月〜七一年五月）でプロイセンが勝利し、フランスが降伏する直前、ヴェルサイユ宮殿でドイツ帝国の成立が宣言され、プロイセン王ヴィルヘルム一世（在位一八七一〜八八年）がドイツ帝国初代皇帝の位についた。

戦争に勝ったドイツは戦後賠償としてフランスから鉄鉱石や石炭などの産業資源が豊富なアルザスとロレーヌ二州を奪い、さらに賠償金として五〇億フランの金がドイツに流れ込んだ。賠償として入手した産業資源はドイツの鉄道事業と重工業化にとって大きな役割を果たした。そして五〇億フランの賠償金はドイツ金融市場を一挙に活性化させた。ドイツ政府は、史上例のない賠償金を基にして新しい通貨マルクを導入し、発券銀行ライヒスバンクを創設した。

プロイセンは、一八六〇年に英仏間で結ばれた自由貿易協定（コブデン条約）を踏襲し、一八六二年にフランスと通商条約を締結していた。普仏戦争後に結ばれたフランクフルト平和条約でも自由貿易が謳われており、ドイツ帝国は、銑鉄、屑鉄および造船資材に対する関税を撤廃していた。[80]

†ビスマルクの保護関税貿易

一八七一年に宰相に就いた鉄血宰相ビスマルク（在任一八七一〜九〇年）は、当初は自由貿易の信奉者であったが、一八七八年になると「ビスマルク関税」を制定し、工業原料品の輸入は自由にし、工業原料品以外の輸入品には高関税をかけて国内の製造業者、産業資本家を保護育成した。また外国から入ってくる農産物にも関税をかけて農場主である地主貴族ユンカーを保護した。

実際、アメリカで生産される小麦と小麦粉は、一八七〇年以前は、西インド諸島に輸出されていたが、一八七〇年にはヨーロッパへの輸出額が六八〇万ドル、一八八〇年になると二億二千万ドルに達し、ヨーロッパの農業はアメリカとの激しい競争に晒され、ドイツは最も深刻な影響を受けた[81]。こうしたなか一八七五年五月、ドイツ帝国議会での演説でビスマルクは次のように述べている。

「わが国は、諸外国の輸入品に対して、門戸を広く開放し、そしてこれら諸国の生産物のごみ捨て場になってきた。ドイツは諸外国の生産の余りもので水浸しにされ、価格は下落を続けてきた。その結果、わが国の全ての産業と全体的な経済的地位が痛手を被ってきた。もしも、保護主義を採用することの危険性が熱狂的な自由貿易主義者がかたるほど大きいとするならば、フランスはとっくの昔に衰退していたであろう。なぜなら、フランスはコルベールの時代から保護主義を採用してきたからである。(中略)われわれは、ドイツ労働者のために適度の保護を要求する。ドイツ工業の権益を少なくとも国内市場において保持するために、門戸を閉鎖し何らかの障壁を設定しようではないか。（中略）強壮な運動選手、巨大なイングランドは、その体力を強化した後に自由市場に躍り出て、そして「私に戦いを挑むのは誰だ？　誰とでも相手になる用意がある」といった[82]」

†なぜドイツは自由貿易をやめたのか

自由貿易政策を放棄した理由は何か。それはイギリスの鉄と鉄製品が、ドイツの重工業には到底太刀打ちできない価格でドイツの市場に氾濫することになったからだ。またドイツの繊維産業は、イギリスから流れ込んでくる安価な綿製品に対して関税障壁の保護を受けることなく対処しなければならなかった。またなによりもアメリカ、ロシア、ハンガリーの穀物が、開け放たれたドイツ市場に流れ込んだので、これまで穀物の輸出国であったドイツは、穀物輸入国になってしまったからだ。このためビスマルクは自国産業を守るために、保護関税政策を展開したのである。[83]

ヴィルヘルム二世の時代、ドイツ経済の主導権は大土地所有者と大工業資本家の同盟から大工業資本の手に移り、ドイツは大工業資本主導のもとに対外拡張路線を展開していったのだ。拡張主義的政策についてS・ハフナーは、ドイツの工業が、アメリカは別として他の諸国に見られなかったほど発展したのはヴィルヘルム二世の時代であったと述べ、以下のように指摘している。

「工業は、そのための手段を準備することによって、膨張主義的権力政策、帝国主義的政策に、まさに突き進んだのだった。ドイツの外政と世界におけるドイツの工業的、商業的膨張主義がある程度絡み合っていたことは否定できない」[84]

†戦争がアメリカ経済を潤した

一九一四年以前の世界経済は、ヨーロッパとアメリカ合衆国に支配されていた。西ヨーロッパ諸国の海外の帝国領土と帝政ロシアの広大な内陸帝国とをあわせると、これらの国々は地球の表面積の四分の三以上と、世界人口の大部分を支配下においていた。経済的には、ヨーロッパとアメリカは世界の総生産と貿易の優に半分以上を占めていた。[85]

こうしたなか一九一四年七月に勃発した第一次世界大戦は、人類殺戮の舞台を第三世界からヨーロッパ全域に移した。カナダの経済学者チョスデブスキーは、一九一八年一一月に戦争が終結するまでの四年間に約一四〇〇万人が戦場で命を落としたと指摘している。[86]だが大戦中に三度にわたって流行を繰り返したスパニッシュ・インフルエンザによって、アメリカでは五四万九〇〇〇人、ドイツでは四二万六〇〇〇人、イギリスでは一五万三〇〇〇人、インドでは一八五〇〇万人、中国では四〇〇〇万～九五〇〇万人が死亡し、世界全体では二〇〇〇万～五〇〇〇万

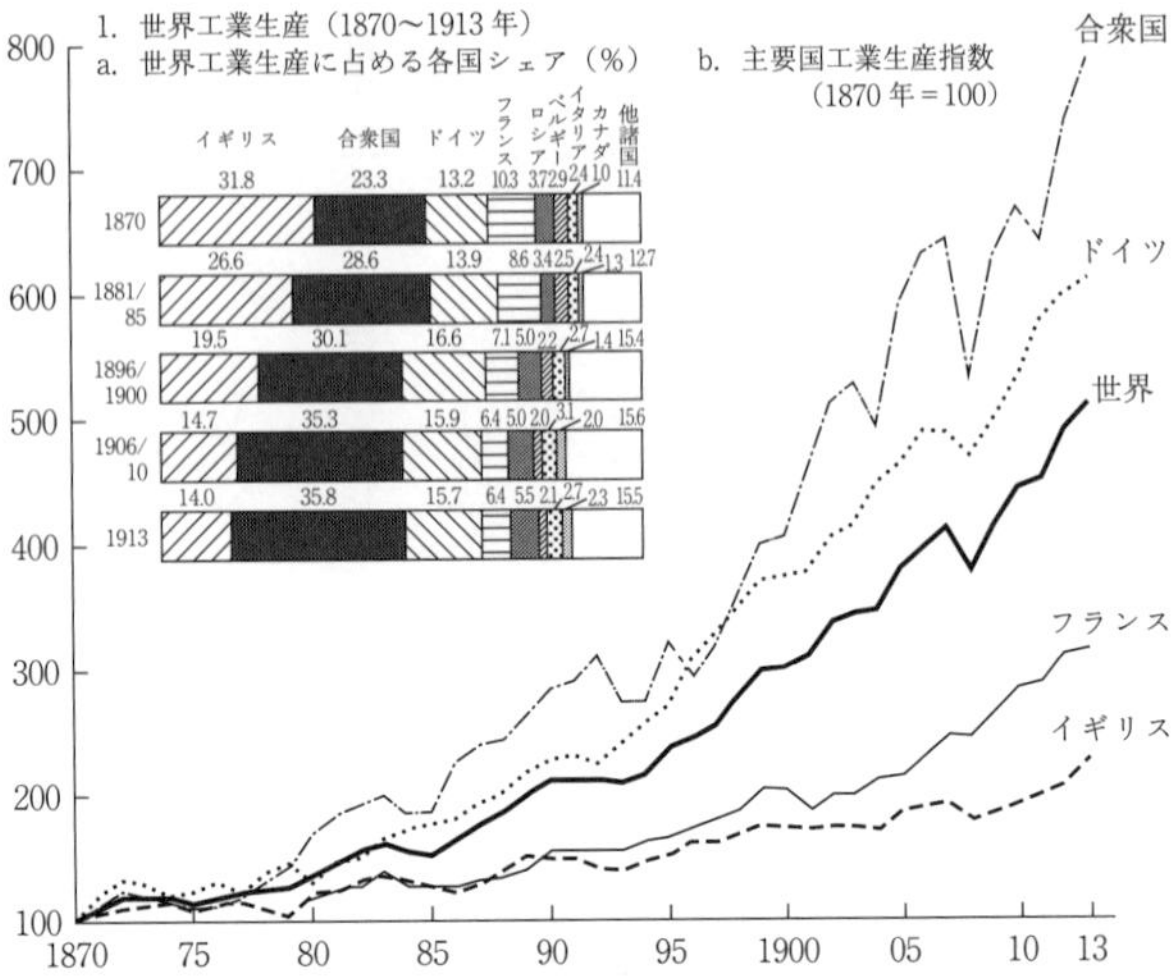

図 3-5　世界工業生産（1870～1913 年）

出所：宮崎犀一・奥村茂次・森田桐郎編『近代国際経済要覧』東京大学出版会、1987 年、88 頁

人が死亡したと見積もられている。[87] また藤原辰史は、食糧輸入国ドイツはイギリスによって食料供給網を断ち切られたので、戦死者とは別に、飢餓で七六万人近い死者が出たと指摘している。[88]

戦争の結末は悲惨だ。だが戦争が終わってから四半世紀も経過しないうちにこれら諸国は再び戦争を経験しなければならなかった。二度にわたる戦争、そして植民地を獲得するための狂気に満ちた戦争は、経済的利益を求め、市場を拡張しつづけなければ成立しえない資本主義の力学から生まれたものであり、資本主義の病理そのものなのである。

第一次世界大戦が勃発したとき、ヨ

ーロッパ諸国は植民地獲得と経済圏拡大の狂気に満ちた競争の渦中におかれ、強大な海軍力を誇示するイギリスは、フランス、ロシアと三国協商を結ぶ一方（連合国）、イギリスのライバル、ドイツはイタリア、トルコ、オーストリア＝ハンガリーと三国同盟を結んで対立・抗争を繰り広げていた。

図3－5に示されるようにイギリスは、工業生産において後発国ドイツ、アメリカに追い抜かれ、ドイツが「瀕死の病人」と言われていたオスマン帝国へ影響力を強めていくのを憂慮し、ドイツと軍拡競争を繰り広げていた。

大戦が勃発してから一九一七年までの二年間、アメリカは中立を保っていた。確かに表面上、中立を保っていたのだが、オリバー・ストーンが指摘しているように「アメリカの中立は、実質的なものというよりは、名目にすぎなかった。経済的な利害関係からいえば、アメリカは間違いなく連合国側にあった」[89]のである。

戦争が勃発したとき、アメリカは深刻な景気後退に見舞われており、企業は不振にあえいでいた。農産物の価格は下落し、失業問題は深刻化し、重工業は生産能力をはるかに下まわる操業をつづけ、銀行は手形の交換を中止していた。[90]こうしたなかで、連合国もドイツやイタリアもアメリカに食料や武器・弾薬を発注したのでアメリカ経済は思わぬ恩恵を受けた。ヨーロッパを舞台として繰り広げられた大戦により、アメリカ経済は飛躍的な発展を遂げたのである。

†アメリカの参戦

こうしたなか、ドイツはイギリスの海上封鎖を突破するため潜水艦による攻撃を開始し、一九一五年五月にはイギリスの豪華客船ルシタニア号を撃沈した。このためアメリカ人一二八名をふくむ乗客・船員一一九八名が死亡した。ウィルソン大統領はドイツに抗議したが、ルシタニア号にはイギリスへ輸出する大量の弾薬が積まれていた[91]。

結局、ウィルソン大統領は一九一七年二月、対独断交を宣言し、四月に宣戦布告を行うのだが、戦時体制のもとアメリカでは戦争への協力を強制するヒステリックな風潮が全土を支配し、「一〇〇パーセント・アメリカニズム」と呼ばれた国家主義的熱狂に見舞われた。こうしたなかで一九一七年にはスパイ法が、翌年にはスパイ法をさらに強化した治安法が制定され、社会党の指導者ユージン・デブズは反戦演説をしたため、一〇年間の投獄を宣告された[92]。大戦の戦場となったのは第二次世界大戦と同様に、ヨーロッパ大陸であり、アメリカから遠く離れたヨーロッパでの戦争はアメリカの企業にとてつもない機会を提供したのだ。オリバー・ストーンは以下のように指摘している。

「戦争が始まった一九一四年、ウォール街に「モルガン邸」と呼ばれる本部を設立したJ・P・モルガン・アンド・カンパニーは、一九一四年から一九一七年にかけてイギリス政府の輸入代理業務を一手に引き受け、とりわけ深く関与していた。この期間に連合国がアメリカで購入した軍事物資の八四％が、モルガンを介して取引されたのだった。イギリスとフランスへの販売総額三〇億ドルは、同国のドイツとオーストリア＝ハンガリーへの販売総額一〇〇万ドルを桁外れに上回っていた[93]」

†アメリカと連合国

ウィルソン大統領（在任一九一三～二一年）は、三国同盟国に対して宣戦布告する前の一九一五年九月までは資金不足に陥った交戦国双方への民間融資を認め、合衆国で英仏戦時債券の起債を承認していた。このため一九一五年から参戦する一九一七年四月までアメリカの銀行は連合国に二五億ドルを融資した。だがこの間、三国同盟諸国にはわずか二億五〇〇〇万ドルしか融資していない。また一九一五年から一九一六年までにアメリカは毎年三〇億ドルの軍需物資や食料をイギリスとフランスに輸出したが、ドイツ、オーストリア＝ハンガリーには毎年一〇億ドルしか輸出していない[94]。

メアリー・ベス・ノートンが述べているように、「イギリスは長年合衆国の最良の貿易国のひとつだった。新しい戦争で注文がアメリカの企業や工場に殺到して、経済をそれまでの景気後退から引き上げた[95]」のである。図３－６に示されるように、戦争が勃発した一九一四年の輸

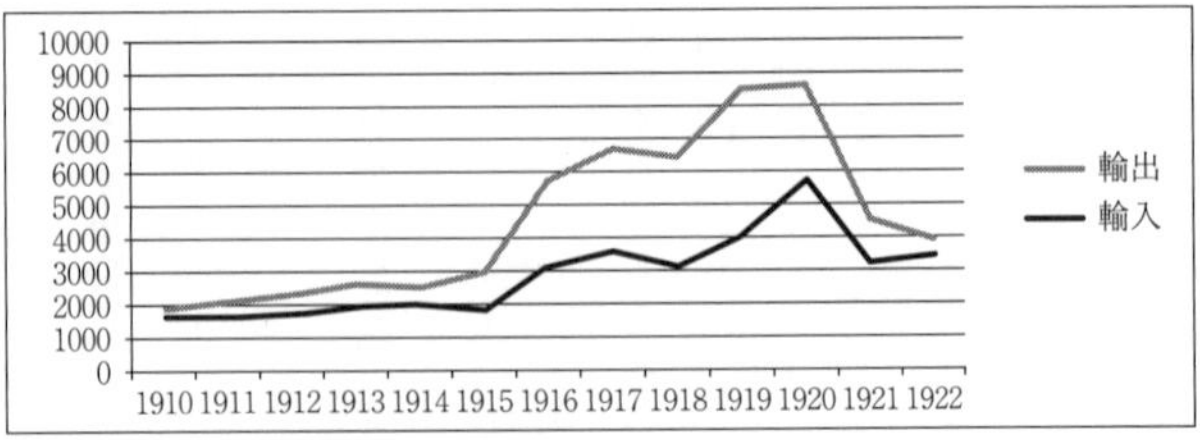

図 3-6　アメリカ合衆国の輸出と輸入（単位 100 万ドル）（1910〜21 年）

出所：U. S. Department of Commerce. Historical Statistics of the United States: Colonial Time to 1957. p. 537.
https://fraser.stlouisfed.org/files/docs/publications/histstatus/hstat_1957_cen_1957.pdf

出額は二五億三二〇〇万ドルであったが、一九一九年には八五億二八〇〇万ドル、約三・二倍にまで伸び、アメリカ経済は活性化したのである。

国家と戦争経済

先に触れたように、大戦が勃発したときアメリカ経済は不況の只中におかれていたが、一九一四年から一九一八年までの四四か月間は活況を呈した。アメリカが参戦するまでの二年間はアメリカ経済を戦時経済へと大転換するための準備期間であり、ヨーロッパの参戦国の軍事需要を満たすだけではなく、アメリカ自身の戦時需要にも応えられる経済への転換が推し進められたのである。

一九一七年になると連邦政府予算は軍需を満たすために拡大された。一九一四年から一九一八年までに約四〇〇万人が入隊し、五〇〇万人が政府機関で新たに雇用された。大戦中にヨーロッパに派兵されたアメリカ遠征軍は二〇〇万人を超え、米軍の死者は一一万人に達したが、その半数はインフルエンザ（スパニッシュ・インフルエンザ）によるものであった。[96]

大戦の勃発と同時にヨーロッパから渡来した数千人の移民はヨーロッパの出身国の軍隊に服役するために母国へ呼び戻された。また四〇〇万人以上の労働者が軍隊に加わったため労働力不足は激しくなり、失業率は七・九％から一・四％へと下がった。H・ロックオフの計算によれば、アメリカが支出した第一次世界大戦の戦費は約三二〇億ドルであり、このうち二二％が税収、五八％がリバティ・ボンド、愛国国債などの公債、残りの二〇％が信用創造（通貨増発）であった。ちなみにアメリカ合衆国の一九一六年度の歳出は約七億ドルであり、三二〇億ドルという額がいかに巨大な額であるかがわかる。[97] 一九一七年に採択された所得税法は投資収益の二〇～六〇％に設定され、五万ドル以上の所得に課せられる税率は当初は一・五％であったが、一九一八年には一八％にまで引き上げられた。[98] 何よりも戦争に向けて経済が総動員され、一九一七年七月には「戦時産業局」（WIB）が設置され、生産の統制、資材購入の調整などが行われ、経済の軍需生産への転換がはかられた。志邨晃佑は以下のように述べている。

「経済動員の成功の一因は、それが企業にもたらした大きな利潤にあった。政府は発注契約に際して十分な利益を企業に保証し、法人企業の利潤は参戦中三〇％の水準を保った。高率の累進課税にもかかわらず、四万二〇〇〇人の新たな百万長者が誕生した。さらに産業動員は大きな遺産として残った。連邦政府の権限と役割は飛躍的に拡大し、計画的な経済運営にくわえて、さまざまな行政機関、議会の諮問機関、民間の諸経済グループのあいだの密接な協力関係が進展した[99]」

参戦してからの連邦政府は、経済に対する国家の介入・統制を強め、巨大な産業機構を戦争の軌道に乗せた。また「全国戦時労働理事会」(NWLB)を設立し、労働者のストライキなどの生産妨害行為を禁止する一方、労働組合の結成を認め、八時間労働制を定め、男女同一賃金を承認する政策をとった[100]。ウィルソン政権下で展開されたこのような政策は、後にローズベルト大統領が展開したニューディール政策の原型を提示する政策であった。

†債務国から債権国へ

アメリカは建国以来、旧宗主国イギリスやフランスから借金をすることによって、経済建設に必要とされる資金を確保してきた。要するにアメリカは建国以来債務帝国だったのだ。資金を借入れたり、起債する際に、架け橋の役割を果たしたのがモルガン商会に代表されるイギリス系の金融資本だった。だがアメリカは大戦中にヨーロッパの同盟国に戦争資金を貸付けたため、戦争が終わったときには債権国となったのである。

戦争が終わったときヨーロッパ諸国はアメリカに対して総額一〇三億ドルの戦債を負ってい

た。このためイギリス、フランス、ベルギーはアメリカに対して大戦中の連合国に対する債務を全て帳消しにするよう求めた。戦争は連合国の共同防衛のために戦われたものであり、出費も連合国が共同で負担すべきものであるというのがその根拠だった。だが民主党にとって代わった共和党政権はこれを拒否した。そして連邦議会は一九二二年二月、戦債は完全な商業債務として返還されるべきものだという立場を明確にした。一九二三年七月、アメリカとイギリスの間で、総額四二億ドルの戦債に対し、年利三・二％、六二年分割で返還する協定が結ばれた。以降、フランス、ベルギーなど一三か国との間にも返還協定が結ばれた。[101]

四年半もつづいた大戦によって連合国だけではなくドイツを盟主とする同盟国も疲弊の極みに陥っていた。ドイツにとってアメリカが連合軍側に立って参戦したことは決定的だった。石田勇治によれば、敗戦までの二年間、栄養失調が原因で亡くなったドイツ人は三〇万人に達し、大戦により二〇四万人が戦死し、二七〇万人の負傷者をだした。[102]

†ドイツの敗戦と「委任統治」

敗戦色が濃厚になるなか、一九一八年八月には、ドイツ軍首脳は参謀本部の会議で戦争を続行しても望みはないことを公然と言明するようになり、同年一〇月には自由主義者マックス＝フォン＝バーデンを宰相とする新政府が誕生した。マックス宰相は、一〇月三〜四日、アメリカ大統領ウィルソンに、同大統領が提案していた「一四か条」を踏まえた和平提案を送り、休戦を請うたのである。[103] 同年一一月には、国王ヴィルヘルム二世がオランダに亡命し、ドイツ帝国は滅亡した。

翌年の一九一九年二月には、社会民主党のシャイデマンが率いるワイマール（ヴァイマル）連合内閣が成立した。連合国は、同年五月、ドイツに講和条約草案を手渡し、調印するか、それとも戦争継続かという二者択一を迫った。これに対してシャイデマン内閣は総辞職し、同年六月に同じ社会民主党のバウアーが後継内閣を組閣して、国民議会の決議をえた後、条約調印を承認した。ドイツ帝国の創立が宣言されたヴェルサイユ宮殿のその同じ鏡の間で同月二八日、ドイツ代表団は条約に署名させられたのである。[104] またバウアー内閣は、一九一九年七月、人民主権の原理に基づくワイマール（ヴァイマル）憲法を採択した。ヴェルサイユ条約により、連合国は太平洋、極東とアフリカに拡がるドイツ領植民地約一〇〇万平方マイル（ドイツ本国の五倍以上）を没収し、それを国際連盟の「委任統治」の名のもとに戦勝国に配分したのである。

†日本の領土拡張

一九一四年八月、日本は同盟国イギリスの要請に応じてドイツ帝国に対して宣戦を布告した。日本は、マーシャル諸島、カロリン諸島、マリアナ諸島などを占領する一方、青島を攻略した。

青島は中国山東省の膠州湾島南端にある港湾都市で、ドイツの租借地であり、ドイツ東洋艦隊の拠点であった。

ヴェルサイユ条約では、ドイツ領北太平洋諸島と山東省におけるドイツの権益を日本が継承することが認められたものの、山東省におけるドイツの権益は、一九二二年に締結された九か国条約で中国に返還された。日本は、すでに日清戦争（一八九四〜九五年）で列強諸国の中国分割競争に参加し、朝鮮から清国の勢力を一掃し、台湾・澎湖諸島を植民地化していた。さらに、中国の主要都市の租界地で治外法権を認めさせていた。日露戦争（一九〇四〜〇五年）を契機として朝鮮から中国大陸への軍事侵出を開始し、一九一〇年には武力によって朝鮮を植民地化したのである。以降、日本は一九三一年九月には、軍事力で満洲を支配下におき、傀儡政権を設立して満洲国と名づけた。一九三七年には「満洲事変」を捏造し、宣戦布告もないままに中国に全面戦争を仕掛け、アジア・太平洋戦争へと突入し軍事国家としての道を走りつづけたのだ。

†サイクス＝ピコ協定と中東問題

イギリスは、大戦中の一九一五年、オスマントルコを弱体化するため、オスマントルコの支配から脱却してアラブ統一国家の樹立を目指すアラブの反乱を支持（フセイン＝マクマホン協定）する一方、一九一六年には、大戦後にこの地域をフランス、ロシアの三国で分割する秘密協定（サイクス＝ピコ協定）を締結した。サイクスはイギリス、ピコはフランスの代表である。ロシアは一九一七年に革命が起こったので戦線から離脱し、秘密協定を暴露した。イギリスとフランスは、第一次世界大戦終了後、サイクス＝ピコ協定に基づいてオスマントルコ支配下におかれていた地域に国境線を引きイラク、シリア、ヨルダン、レバノンなどの傀儡国家を創り出し、今日の混迷する中東問題の原因をつくりだしたのだ。[105]

†ドイツ経済の崩壊

ドイツは、第一次世界大戦で敗北し海外の植民地を失った。ドイツと植民地の経済関係について加藤栄一は以下のように指摘している。

「ドイツの植民地は、直接的な経済的価値がそれほど高かったわけではない。植民地貿易はドイツの全輸出の〇・六％、全輸入の〇・五％程度しか占めていなかったという一事をもってしてもそのことは明らかである。しかし、ドイツの植民地はドイツ金融資本の「世界政策」の拠点であり、このことを逆にイギリスの側からみれば、ヨーロッパ市場から駆逐されつつあったイギリス帝国主義の最後の拠点にうち込まれたくさびであった[106]」

イギリス帝国主義の最後の拠点とはどこか？　それはオーストリア＝ハンガリー、ルーマニア、そしてトルコを中心とする東南ヨーロッパと小アジアであった。G・シュトルパーが指摘しているように、ルーマニアはドイツおよびオーストリアの資本で開発され、直接ドイツの権力政治の勢力範囲に引き込まれた。同じ時期にドイツ資本はオスマントルコに進出した。ドイツ銀行は、一八九九年にマケドニア線を経営していた「オリエンタル鉄道経営会社」に資本参加し、同年、「アナトリア鉄道会社」を設立、コンスタンチノープルからアンカラに至る重要な路線を建設した。そして一九〇一年、オスマントルコのスルタンは「アナトリア鉄道会社」に対し、バグダードを経由してペルシャ湾に至る鉄道建設を許可した。この利権を利用し尽くすために、「アナトリア鉄道会社」は「オスマン帝国バグダード鉄道会社」を設立したのである。[107]

ヴェルサイユ条約は、ドイツから関税自主権を奪い、ドイツ本国の一三%強にあたる領土の割譲を決定した。ライン左岸領土は一九三〇年までフランスとイギリスに占領され、アルザス・ロレーヌをフランスに返還し、ルクセンブルクはドイツの関税領域から離脱した。大戦前にルクセンブルクやロレーヌに建設されたドイツの鉄鋼工場は、最新最良の工場設備であり、ドイツ鉄鋼業はこれらの地域の鉄鋼業施設を失ったので衰退してしまった。[108]

また戦勝国はドイツに対して賠償金総額一三二〇億マルク（約三一五億ドル）の支払いを決定した。[109] この賠償金は、「イギリスやフランスにとっては、経済復興を成し遂げ、政治的危機を回避するための前提条件として不可欠なものであったとはいえ、明らかに当時のドイツの経済能力を超絶しており、その強行は、ドイツ資本主義の存続それ自体を否定する[110]」ものであった。

賠償金の支払いはドイツ経済を圧迫した。ドイツは一九二一年に賠償金の支払いを開始したものの、一九二三年になると支払うことができなくなった。これに対してフランスとベルギーはその代償を求めてルール地帯を軍事占領した。ルール地方は当時のドイツの経済生活にとって重要・不可欠な工業地帯だった。S・ハフナーによれば、フランスによりルール地方が占拠されたとき、ドイツは銀行券の印刷を開始したのである。そしてドイツの全住民はドル相場を体温計のように利用した。一九二三年はじめに、一ドルはまだ二万マルクであったが、八月には、一ドルは一〇〇万マルクに達し、三か月後には一億千万マルク、一九二三年の末には四兆二千億マルクに達したのである。[111] 一九二三年以前のインフレは貨幣価値を奪い去っただけであったが、今度は労働者を襲撃し、労働に対して支払われる賃金(現金)が無価値になったのだ。

†ドーズ案

ドイツが経済的・政治的危機に見舞われるなか、一九二四年一月、アメリカのシカゴ銀行頭取のドーズの主導のもとにパリで賠償問題に関する専門家会議が開かれた。ドーズは、賠償金支払いの前提としてフランスとベルギーに対してルール地方からの撤退を要求した。またドイツが新通貨ライヒスマルクを発行することを条件に、アメリカはドイツ政府に対して二億ドルの借款を与えることを提案した。

同年八月に開かれたロンドン会議でドーズ案が承認され、ドイツ議会もこれを承認した。ドーズ案は賠償金総額は未定としつつ、ドイツの賠償支払い能力に応じて支払う漸進的な支払方法を定めたのである。[112] 一九二四年一〇月にはアメリカでドーズ公債と呼ばれるドイツ政府公債一億一〇〇〇万ドルには予定額を超える応募が殺到したし、J・P・モルガンはアメリカ国内の金融市場でドルを調達してドイツを支援した。[113]

ドーズ案が戦勝国、敗戦国ドイツ双方に承認されることにより「経済の一種の循環交通[114]」が生まれた。すなわちアメリカがドイツにドルを貸し付け、ドイツはイギリスとフランスに賠償金を支払う。イギリスとフランスはアメリカに戦争中の負債を支払い、全体が循環するという構図が四年間にわたって実現したのである。

しかし、後に触れるように一九二九年の大恐慌の発生を契機として、アメリカによるドイツに対する資本の流入は途絶した。こうしたなかで一九二八年にはドーズに代わってジェネラル・エレクトリック会長のヤングを議長とする賠償問題に関する専門家会議が開催され、ドイツの賠償金を大幅に減額することを決定し、戦勝国の軍隊はドイツから撤退した。[115] だがドイツは、一九三一年になると賠償金を支払うことができなくなった。そこで一九三二年に開かれたローザンヌ会議でフランス、イギリスを筆頭に一七か国の債権国は、ドイツの賠償を事実上、永久に放棄した。[116]

このように戦勝国はドイツの賠償金の支払いを諦めたのだが、先に触れたようにアメリカに対する戦時債務返済も帳消しにするよう要求した。だがアメリカは戦勝国の要求を拒絶し、債務の返済を求めた。こうしたなか、一九三二年一一月、フランクリン・D・ローズベルトが大統領に選出された直後、戦勝国はフィンランドを除いて一斉にデフォルトを宣言し、アメリカに対する戦時債務の返済を拒否した。[117]

要するに一九二八年以降の経済の循環交通は瓦解したのだ。ドイツに流入していたドルが断絶したため、ドイツは戦勝国に賠償金を支払うことができなくなり、戦勝国はアメリカに戦時債務を返済することができなくなっただけではなく、ドイツや戦勝国に対するアメリカの輸出が途絶したのだ。[118]

4 大恐慌とニューディール

†国際連盟の現実

国際連盟は、一九二〇年一月一〇日、ヴェルサイユ条約が発効したのと同じ日に発足し、同年一一月一五日にはジュネーヴで第一回総会が開催された。大戦を勝利に導いたアメリカ合衆国大統領ウィルソンは、国際連盟の設立を呼びかけ、民族自決、軍備の縮小、海洋の自由、貿易の自由を軸とする「一四か条の平和原則」を公表した。ウィルソン自身が連盟規約起草委員長になり、連盟の設立に全力を投入した。国際連盟第一回総会に先立ち一九一九年一月一八日、ドイツに宣戦を布告した二七か国の代表がパリに集まり、パリ講和会議が開幕した。

このようにして国際連盟が生まれたのだが、講和会議の重要な決定は、英・仏・伊・日間の秘密会議で行われ、秘密外交の廃止を謳った平和原則は無視された[119]。ウィルソンは、戦勝国による敗戦国の植民地の併合を阻止しようとしたが、英・仏・伊・日が、一九一五年に開催したロンドン会議でアジア、アフリカのドイツ領植民地の再分割を秘密裏に約束しており、結局、ウィルソンはドイツ領植民地を委任統治の名のもとに連盟加盟国が分配するのを阻止できなかった[120]。

パリ講和会議が開かれたとき、仏領インドシナのホー・チ・ミンはパリを訪れ、ベトナム人民の独立を求める嘆願書を携えてアメリカ代表団に面会した。面会を終えたホー・チ・ミンは、ベトナムの解放は宗主国の寛大さによってではなく、武装闘争によってしか実現しないと痛感した。[121] 日本帝国主義の支配下におかれていた朝鮮半島の韓国共和独立党総裁も秘密裡に、パリ講和会議にフランス語で書かれた韓国独立の請願書を提出した。だが、完全に無視された。[122]

国際連盟とは何か。紀平英作は、連盟は連合国の帝国主義を合法化する側面を有したとして以下のように指摘している。

「現実の連盟は勝者が敗者を圧迫し、革命を封じこめ、帝国主義をも合法化する側面を有したが、ウィルソンはこの連盟が帝国主義・植民地主義を清算し、自由主義の世界をきずいていく世界改革の機関に成長することを期待した。それには、彼と同じ理想に燃える合衆国の参加が不可欠であった[123]」

合衆国の参加が不可欠であったにもかかわらず、上院で過半数を握る共和党は国際連盟への加盟を拒否した。これに対してウィルソン大統領は、世論の圧力で上院の抵抗を打砕こうと決意して、侍医の警告を無視して全国遊説に出発し、脳動脈血栓で倒れ、一九二四年二月死亡した。ウィルソン大統領が提案した「一四か条の平和原則」は、大戦後の世界の再建を合衆国が主導する積極的な意思を示していた。

なお世界の再建を目指したウィルソン大統領とそのブレーンは、国際連盟の創設と同時に、連盟の付属機関として世界の労働者の生活改善と生活水準の向上を目指して国際労働機関

(International Labour Organization：ＩＬＯ）の創設を提唱し、ＩＬＯは国際連盟の設立と同時にジュネーヴに設立された。ＩＬＯは、第二次世界大戦後の一九四六年、国際連合と協定を結び、国連の目的を達成するための最初の専門機関となり、ＩＬＯ憲章を改正してフィラデルフィア宣言を憲章の付属文書として取り込んだ。[124]

†アメリカ共和党政権の性格

油井大三郎は、ウィルソンの世界政策は、アメリカが主導し、西欧列強と連合して大戦後の世界体制の再建を構想していたと指摘している。また共和党による国際連盟加入拒否は孤立主義への復帰ではなく、西欧との連合を拒否して合衆国が単独膨張主義の道を選んだ、と述べている。一九二〇年秋の大統領選挙では共和党のウォレン・ハーディング（在任一九二一～二三年）が当選し、以降、大恐慌下の一九三二年一一月の大統領選挙で民主党のフランクリン・Ｄ・ローズベルトが当選するまでの一二年間、共和党が政権を掌握した。[125] そのため内政面では自由放任主義的政策が基調となり、先に触れたように合衆国は戦勝国の債務帳消し要求や債務減額要求を拒否し、政府借款も認めず、民間資本ベースでの解決に固執することになった。

ハーディング大統領就任によって発足した共和党政権の性格について紀平英作は、国際連盟という枠に拘束されずにアメリカの利益を独自に追求するナショナリスティックな衝動を内包していたと指摘し、以下のように述べている。

「共和党政権が意図した外交は一方でアメリカの利益を一方的に追求しながら、他方でアメリカ資本および商品の海外進出を活発にするためにも世界秩序の安定と平和をもとめるという、二つの関心の両立をめざす多面的な位相をもった[126]」

†高関税保護貿易

共和党政権が選んだ対外通商政策は、高関税保護貿易政策であり、アメリカ企業の利益を一方的に追求するものだった。しかも一貫して貿易黒字を記録しつづけているなかでの高関税政策だった。共和党のハーディングは、ウィルソンが進めていた関税を大幅に引き下げる政策を打ち捨て、法外な保護関税主義への復帰を図ったのである。小麦、とうもろこし、羊毛、砂糖などの生産に従事する西部農民は、第一次世界大戦中の需要拡大に合わせて生産を拡大したものの、大戦後にヨーロッパでの需要が縮小したため過剰生産に陥り、農産物価格の大幅な下落に直面した。このため保護関税を要求し、共和党はこれに応えたのだ。

また第一次大戦中の軍需により急成長した化学産業を中心とするデュポン等の巨大独占企業は、十分な輸出競争力を持っていたにもかかわらず、戦後の西欧諸国との競争による打撃を恐れて保護関税を求めた。これに応えて共和党は一九二一年、議会で一九〇九年の関税法の水準よりも各々二〇～五〇％引き上げる緊急関税法を採決した。[127] このような保護主義的風潮の高まりは一向に衰えを見せず、一九二二年九月にはフォードニー＝マッカンバー関税法と呼ばれる高率保護関税法が成立した。

†ブロック経済圏の形成

合衆国統計局は、輸入品を輸入関税対象品と非対象品に区分しているが、一九一一年から一九三五年までの課税対象輸入品の税率は、図３－７に示されるように一九二〇年を境に急激に上昇した。

さらに合衆国議会は、一九三〇年六月、大恐慌の発生を機に史上最高の高率保護関税法スムート＝ホーレー関税法を成立させた。これに対してイギリスは、一九三二年七月、オタワでカナダ、オーストラリアなどスターリング通貨圏諸国（ポンドを使用している国々）および植民地を含む帝国経済会議（オタワ会議）を開催し、英帝国経済圏相互間で貿易障壁を撤廃・低減し、英帝国経済圏以外の地域からの輸入品には高い関税を課す英帝国特恵関税制度を発足させた。イギリスは一八四六年の穀物法撤廃、一八四九年の航海法撤廃を起点とする、これまでの自由貿易政策を放棄し、いわゆるブロック経済の形成に向かったのである。またフランスは、輸入割当制度を導入し、ドイツは排他的な経済圏を形成する清算協定制度を形成した。[128]

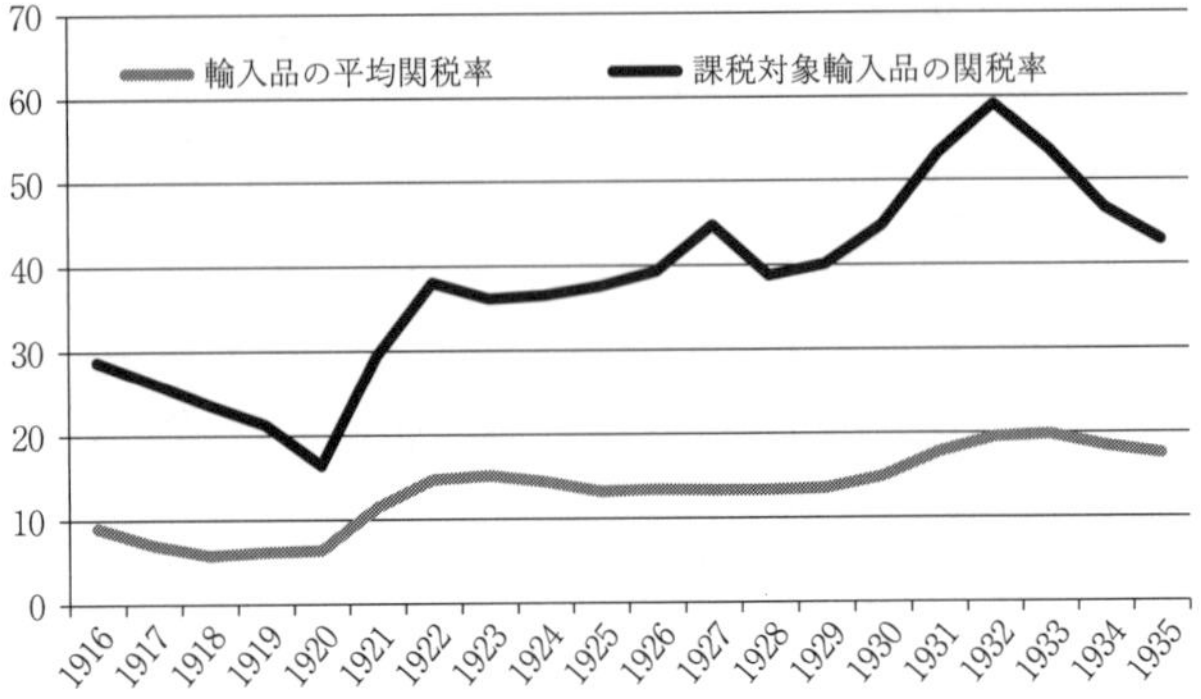

図 3-7　アメリカの輸入関税率の推移（1916〜1935 年）単位：%
出所：Value of Merchandise Imports and Duties: 1821 to 1957. p. 539. https://www2.census.gov/library/publications/1960/compendia/hist_stats_colonial-1957/hist_stats_colonial-1957-chU.pdf

†相対的安定期のアメリカ

一九二〇年代のアメリカは「繁栄の一〇年」(Prosperity decade)と言われ、繁栄と狂乱、娯楽の時代としても描かれる。アメリカ経済は、大戦終結後一時的な景気後退に見舞われたものの、一九二四年には先に触れたドーズ案が成立し、ドイツの賠償問題が解決し、世界経済はいわゆる「相対的安定期」に入った。この「相対的安定期」は、一九二九年一〇月、ニューヨーク株式市場の大暴落までつづいた。

「繁栄の一〇年」は、モータリゼーションの進行が彩る時代であり、自動車産業の興隆により、鉄鋼、セメント、ゴム、電気製品、ガラス産業、ハイウェイ建設が活況を呈した。乗用車の生産台数は一九一八年の九四万台、一九二三年には三六二万台、一九二九年には四五〇万台に達した。また自動車の登録台数は、一九二〇年の八〇〇万台から一九二九年には二三〇〇万台を突破した[129]。ハワード・ジンによれば、失業者数は、一九二一年の四二七万人から一九二七年には二〇〇万人強に減少した。労働者の賃金水準は上がった。全戸数の四〇%を占める年収二〇〇〇ドルを超す家庭では、車、ラジオ、冷蔵庫などの新式の機器の購入も可能だった[130]。

こうしたなか住宅建設や電力、電灯、電話産業も活況を呈した。何よりも労働生産性は異常な速さで伸びた。ちなみに一九一九年から一九二九年までの間に、製造業における労働者一人当たりの生産高は、通算四三%も上昇したが、賃金と物価はほぼ横這いで推移していた。その結果、生産コストが低下しても販売価格は一定だったので、企業の収益は当然のことながら拡大した[131]。

生産性の伸びとは何か。それは生産過程を機械化し、分業を推し進め、労働者を生産過程から不断に排除して、一人当たりの産出量を高めることを意味する。生産過程での分業の発展は、労働を単純化し、特別な熟練を不要にし、労働力の生産費、すなわち賃金を引下げる。資本主義社会において、資本の代理人である企業経営者は、互いに利益を獲得するために労働の生産性を高めて商品の生産費を低めようとする。資本家間の激烈な競争をとおして分業と機械化が全面的に採用され、機械はたえず改良されていく。

アメリカでは、ヨーロッパ諸国に先駆けて部品互換性に基づく大量生産方式が確立した。楠井敏朗が指摘しているように、「大量生産方式の確立は、精密であることを要する作業工程を、一層単純化し、画一化していった。それだけではなく、工場内の生産管理（労務管理、品質管理、原価管理）を計算可能なものに「合理化」したことで、これまで、熟練労働者が保有していた工場内の生産管理権を、経営者のもとに移す企業経営の「合理化」を達成した」のである。[132]

ここで重要なことは、労働者は商品を生産するために働いて賃金を得るのだが、受け取った賃金で自分たちが生産した商品すべてを購入することはできないということだ。だから企業は、製造した商品を販売するために国内、国外においてしのぎを削って消費者がもっている購買力の奪い合いを繰り広げるのだ。購買力の奪い合いだけではない。後述するように第二次世界大戦後、資本はより安価な労働力を求めて未工業化諸国へ進出する。

†アメリカ資本への依存が高まるドイツ

一九二九年までの時代を「繁栄と娯楽の時代」と命名するならば、この「繁栄と娯楽の時代」をもたらした第一の要因として、先に触れたドイツの賠償問題が解決したことを指摘できる。すなわち、アメリカがドイツに借款を与え、ドイツはアメリカから流入した資金で経済を再建し賠償金を支払うことができたのである。

相対的安定期のドイツ経済は、長期・短期の外資＝ドルの流入に全面的に依存した、他律的できわめて不安定な性格をもつものであった。すなわち相対的安定期における経常収支の赤字は流入するドルによって補塡される以外になかったし、流入するドルは、経常収支のマイナスを補ったばかりか金の輸入を支えたのである。[133] ドイツに流入した外資は短期信用に偏重しており、流入した資本の過半がアメリカの民間資本であった。アメリカ以外の国から流入した資本も直接的・間接的にアメリカ資本に支えられており、「アメリカの資本輸出が総じて相対的安定期の国際金融の支柱をなしていた[134]」のである。

†ヒトラーとアメリカ資本

一九三三年に権力を掌握したヒトラーは、一九三八年に時代の寵児として世界の脚光を浴びていたアメリカの自動車王ヘンリー・フォード（一八六三〜一九四七年）とＧＭの海外最高責任者であったジェームズ・Ｄ・ムーニー（一八八四〜一九五七年）に、ドイツ鷲大十字勲章を与え、両者のドイツに対する貢献に讃辞を贈った。フォードのドイツ子会社フォード＝ヴェルケル社は、ドイツ軍のために大型トラックや兵員輸送車を製造し、ＧＭとともにナチの非人道的な殺戮を手助けした。[135] フォードの親会社は、大戦中、ドイツの子会社に対する支配権を失ったが、フォード＝ヴェルケルは、ナチのユダヤ人虐殺と戦争に全面的に協力した。

フォードは、思想的にもナチズムに協力した。すなわちフォードは、一九二二年に『国際ユダヤ人』と題する本を出版し、世界の悪の根源はユダヤ人であり、ユダヤ人は抹殺すべきである、とする論陣を展開した。同書はドイツ語に翻訳され、ナチ党員に広く読まれた。[136]

フォード社が二〇〇一年に公表した数字によれば、戦争が始まる以前、「同社はアメリカのドイツに対する総投資額の二％しか投資しておらず、ナチにより多く協力したのは、フォード車を小型車に改造して生産したGM社である」[137]としている。だが、いずれにせよドイツに流入したアメリカ資本がドイツ経済を再建し、ドイツが支払った賠償金により、債務国は経済を立て直し、アメリカへ債務を返済しつづけることができたのである。このような関係をメアリー・ベス・ノートンは「三角関係」と呼んでいるが、こうした関係はドイツが合衆国から絶えず借款を受けることで成り立っていた。だが一九二八〜二九年になると、アメリカの投資家はより大きな利益を得る機会を株式市場に求めるようになり、海外への投資や借款が大幅に減少した。さらにニューヨーク株式市場の瓦解によりドイツ経済はたちまち麻痺状態に陥った。世界恐慌についてジョン・A・ギャラティは次にように述べている。[138]

「ニューヨーク株式市場の瓦解は、他のどこよりもドイツにたいして直接的な影響を及ぼした。それはお膝元のアメリカを凌ぐほどであった。それは、多くのドイツ人がアメリカの有価証券を保有していたために起きたのではない。株式相場の瓦解により、アメリカの銀行が多数のドイツ向け短期融資の更新を拒絶したために起きたのである。信用の収縮はドイツ経済を著しく圧迫した[139]」

アメリカで始まった大恐慌は世界に伝播し、ドイツ経済の土台を揺さぶり、さらに資本主義諸国の経済をも揺るがせ、世界は遂に第二次世界大戦に突入していったのだ。

†大恐慌とローズベルト

一九二九年一〇月二四日、ニューヨーク証券取引所の株価が大暴落したときの大統領はハーバート・フーヴァー（在任一九二九〜三三年）であり、同大統領はきわめて楽観的な見通しを表明するばかりで、何ら積極的な対策を打ち出そうとはしなかった[140]。株価大暴落から三年を経過しても事態は悪化するばかりであり、アメリカ社会は深刻な事態に直面していた。このためフーヴァー大統領は、災厄のシンボル、飢餓のシンボルと呼ばれ、三二年一一月の大統領選では、忘れられた人びとの救済を訴えて立候補した民主党のフランクリン・D・ローズベルト（第三二代、在任一九三三〜四五年）が得票差七〇〇万票で圧勝した。当時のアメリカ社会についてW・Z・フォスターは以下のように述べている。

「労働者の賃金は平均少なくとも四五％切り下げられ、また合衆国における失業者総数は一九三三年三月までに一七〇〇万人という恐るべき数字に達した。飢餓が国内を横行し、数百万人の人びとが空腹を抱え、職をなくして全国をさまよい歩き、どの町でも、失業した労働者の大群が「フーヴァーの町」(Hoovervill　町はずれなどに発生した失業者の集落)といわれた小屋がけの町に住んだ。(中略)ニグロ人大衆——労働者と借地小作人——はこの恐るべき恐慌の最大の犠牲者であった。産業中心地では、彼らの失業は白人の二倍にのぼった」[141]

一九二九年一〇月二四日に株価が大暴落した後、夥しい数の銀行が倒産した。農村地帯で始まった銀行恐慌は都市部に波及し、全国的な銀行恐慌を呼び起こした。[142]ローズベルト大統領の最初の仕事は、危機に瀕した銀行を一時営業停止させる「銀行休日」の宣告であったが、すでに五五〇四もの銀行が「銀行休日」を宣告し、営業を停止していた。銀行の倒産だけではない。企業も次つぎと倒産した。ノートンは以下のように述べている。

「一九二九年から一九三三年までに一〇万の企業が倒産し、全国の会社の利潤は一〇〇億ドルから一〇億ドルに転落した。そして国民総生産は半分になった。(中略)不安に駆られた国民が危なくなった自分の預金を引き出すために銀行に殺到すると、猛烈な弾みがついてパニックとなった。一九二九年、六五九の銀行が店を閉じ、一九三〇年には倒産件数は一三五〇に達した。一九三一年にはさらに事態は悪くなって二二九三の銀行が閉鎖され、一九三二年にはさらに一四五三件の倒産があった。一九三三年までに九〇〇〇万口座が消滅し二五億ドルが失われた[143]」

大恐慌は都市部の工業だけではなく、農業をも襲撃した。同じくノートンは以下のように述べている。

「大恐慌のはるか以前から困難に陥っていた農村経済は、いっそう厳しくなった。農場の収入は一九二九年から一九三三年までに半減した。農場での引き渡し価格が六〇％下落したのに生産は六％しか減らなかった。それぞれの農場では、より多く生産して低価格をカバーしようとしたから、ますます過剰生産が拡大した。過剰農産物が価格を引き下げていたが、これを輸出することはできなかった。それは国外の農産物需要が委縮していたからだ[144]」

†緊急銀行法

先に触れたように、ローズベルト大統領は一九三三年三月五日、就任早々、四日間の全国銀行休日を宣言し、四日後の三月九日には緊急銀行法を制定した。緊急銀行法とは財務省管轄下の復興金融公庫（ＲＦＣ）が銀行に対して支援融資を行い、支払能力のある銀行には業務再開を認め、支払能力のない銀行には再編を命じる法律である。楠井敏朗によれば、緊急銀行法は予期された以上の効果を発揮した。緊急銀行法が制定されてから一か月以内に、全国の銀行の七〇％が、そして一九三三年末までに九〇％が営業を再開した。また一九三三年に設置された連邦預金保険制度（ＦＤＩＣ）には一万四四〇〇以上の銀行が加入し、銀行倒産を著しく減少させた。倒産した銀行は、一九三四年に六一行、一九三五年には三二行に過ぎなかった。[145]

またアメリカは一九三三年四月には金本位制から離脱し、翌年の一九三四年一月には金準備法を制定した。金準備法により、これまでのように金《きん》を貨幣尺度とせず、政策当局が妥当と考える水準に通貨を安定的に供給し、通貨の供給量を政府が管理・運営する通貨管理制度を採用したのである。

金準備法の制定と同時に、連邦準備券（ドル）と金貨との兌換が停止され、金の輸出が禁止された。さらに金貨の自由鋳造や自由溶解も禁止、金貨の民間保蔵も禁止された。そして米ドルが五九・〇六％（一トロイオンス＝三五米ドル）切り下げられた。[146]

このようにしてローズベルト大統領は先ず銀行制度、通貨システムを整備し、その後、土地所有農民、ブルーカラー労働者、破産の危機に瀕しているビジネスや地方自治体、失業者、老人、さらに貧しい著述家や芸術家などの援助を目的とする一連の法律を提案した。この包括的な法律は何十億ドルもの連邦資金を経済に注ぎ込むことによって消費者の購買力、事業活動、そして最終的には雇用を刺激するという非正統的「呼び水政策」、あるいは赤字財政政策の概念に基づいていた。[147] いわゆるニューディール政策である。

†農業調整法（AAA）

一九三三年五月、ローズベルト大統領は過剰農産物と莫大な債務を抱えた農家を救済するために農業調整法を制定した。また同年、企業を国家が統制することを目的とする全国産業復興法（NIRA）を制定した。だが連邦最高裁判所は三年後の一九三六年一月、農業調整法、全国産業復興法に対して違憲判決を下した。つまり最高裁判所はニューディールを解体しようとしたのである。だが一九三五年の大統領選挙で再選を果たしたローズベルト大統領は、一九三八年に第二農業調整法を制定して農家の救済を続行した。

ローズベルト政権の農業・農民対策は、農産物の国内生産割当計画を通じて農家を救済することであり、政府主導のもとで生産調整政策が進められた。生産調整の対象とされたのは、とうもろこし、綿花、タバコ、小麦、米、豚、酪農品であり、これら商品作物と畜産の農民による自発的な生産削減、作付地の縮小が奨励され、政府は、これに協力した農家に対して助成金を給付した[148]。またローズベルト大統領は一九三三年に農家信用法を制定し、これまで民間銀行によって進められてきた農場抵当貸付が公的資金の低利融資に借り換えられるようにしたので、農民が抱いていた、抵当農場の差し押さえや強制処分の恐怖が軽減した。ノートンは農業調整法に基づく生産削減政策について次のように述べている。

「一九三三年、人々が着るものにも不自由し、食糧不足に悩んでいたときに、農民たちは一〇四〇万エーカーの綿畑を掘り返し、二二万頭の雌豚と六〇〇万頭の雄豚を屠殺した。土地所有農民にとってはこの計画は成功だったが、一般の人たちにとってはこのような破棄はショッキングだった[149]」

当時、貧農がおかれていた状況は、スタインベックが『怒りの葡萄』で描いたように小作人「シェアクロッパー」の場合、事態はさらに悲惨だった。というのは、白人地主は白人小作人やシェアクロッパーを追い出したからである。シェアクロッパーの数は、一九三〇年には七七万六二七八人だったが、一九四〇年には五四万一二九一人にまで減った[150]。

要するに農業調整法の受益者は土地を持っている農民であり、土地を持っていない黒人や貧しい白人にとっては無縁な法律だったのだ。国内割当計画と呼ばれる政策の下で農産物はアメリカ農業の黄金時代といわれた一九〇九年から一九一四年の好況期と同じ水準の購買力を農民に保証するように価格が設定され、「政府は農産物の現実の市場価格と、農民が利益を上げるのに必要な収入との格差の差額を補塡することになった。補助金は農産物加工業者にたいする課税からの収入でまかなわれた[151]」のである。

†全国産業復興法（NIRA）と緊急救済予算法

先に述べたようにフーヴァー大統領は、株価大暴落から三年を経過しても何ら積極的な対策を打ち出そうとはしなかった。こうしたなか、膨大な失業者間での競合圧力によって労働条件は極端に悪化し、賃金は止めどもなく下がった。就業労働時間が大幅に短縮されたので受取る賃金も減少した。[152] 要するに需要が極端に低迷し、製造した商品が売れなくなったのだ。

こうした事態に対してローズベルト大統領は、国家が経済に介入することによって事態を解決しようとしたのである。経済に対する国家の介入を認める全国産業復興法（NIRA）は、二年間の時限立法であったが、企業間の自由競争を放置するのではなく、第一次世界大戦中の戦時産業局（WIB）のように、国家が企業を一定の統制下におこうとしたのである。

全国産業復興法の成立により、企業は反トラスト法が免除されたので産業別にカルテルを形成して、生産および価格協定を締結することができるようになった。と同時に全国産業復興法は、労働者の団結権と団体交渉権を認め、産業ごとに最低賃金と最長労働時間を規定し、失業の緩和と賃金の引上げにより購買力の増進をはかる政策を講じたのである。[153] 要するにニューディールは、財界（資本）と労働者の協調によって産業を復興させようとしたのである。

先に触れたように連邦最高裁判所は、一九三六年に全国産業復興法に対して違法判決を下したが、ローズベルト大統領は、再選直後の一九三四年四月、緊急救済予算法を連邦議会で成立させていた。この法律は、大統領に失業救済大規模公共事業を始める行政命令を出すことを認めるものであり、ローズベルト大統領は、一四〇万件もの公共事業に着手する行政命令を出し、八五〇万人以上の雇用を創出したのである。

†ワグナー法

さらにロバート・ワグナー上院議員が提案した労使関係法、社会保障法、銀行法、公益事業持株会社規制法、富裕税法の五つの法案（ワグナー法）が立法化された。労使関係法は、労働者の団結権と経営者との団体交渉権を認めた。同法は、労使関係委員会が、労働者が労働組合に加盟したことを理由に解雇した場合、企業に対して解雇停止命令を出すことを認めている。また社会保障法に基づいて設立された老齢年金制度とは、満六五歳以上になって仕事を引退した労働者には連邦政府が年金を支給し、老後の生活を保障する公的年金制度である。[154]富裕税法は、富裕層の所得税を引上げ、相続や高額贈与に対する課税を増額した。

二期目に入ったローズベルト大統領がとった福祉国家的政策は、連邦最高裁判所により違法判決を受けることはなかった。鉱山で働く労働者や自動車産業で働く労働者は、同法を盾にして経営陣と闘い、企業の経営陣に労働組合の設立を認めさせた。だが農業部門やサービス部門で働く労働者の多くはこの法律の適応対象から除外されていた。それではニューディールの目的は何だったのだろうか。W・Z・フォスターは以下のように指摘している。

「ローズベルトの主要目的のひとつは、資本主義を補修することのほかに、労働者にある一定の譲歩を与えることによって、この大きな大衆運動が手におえなくなることを予防すること――すなわち銀行や主要産業の国有化のような極端な改革政策を迫ったり、また広範な農民・労働者党を結成したりするのを防ぐこと――であった」[155]

†大幅な景気後退

ローズベルト大統領は、再選された一九三五年から第二のニューディールに着手したが、一九三七〜三九年にかけてアメリカ経済は再度、大幅な景気後退に見舞われた。生産指数は、一九二九年を一〇〇とした場合、一九三七年の一一七から一九三八年には七六に低落し、失業者は一九三七年の一四・三%から翌年には一九・一%へと増え、およそ五〇〇万人に達した。政府は事態を解決するため、一九三八年六月に五〇億ドルの緊急予算を組んで失業者の救済に乗り出したが事態は解決されなかった。ガルブレイスが指摘しているように一九三〇年から四〇年までの一〇年を通じて、失業者が八〇〇万人を下回ったのは一九三七年のみであり、一九三三年の時点では、一三〇〇万人が失業しており、一九三八年になってもなお、五人に一人は失業者だった。[156]またW・Z・フォスターは以下のように指摘している。

「政府出費が四〇〇億ドルに達したにもかかわらず、諸産業は一九三九年になっても一〇〇〇万人の失業者をかかえてびっこをひいていた。第二次世界大戦が勃発し、巨額の軍需品注文があってはじめて、諸産業が、その腕の一本の注射がきいて、完全操業にもどりはじめた。しかしながら、ローズベルト体制下で、独占資本はいっそう政府に結びついた――すなわち国家独占資本主義のとてつもない膨張が起こった[157]」

またノートンは、「ニューディールは、人びとを職場に帰すという基本的な目的の達成に失敗した。（中略）一九三〇年代に国民を悩ませたのは過少消費だった」と指摘し、以下のように述べている。

「結局、人びとが職場に帰れるようになったのは、ニューディールによってではなく、第二次世界大戦期の政府の大量支出によってだった。一九四一年、戦時動員政策の結果、失業率は九・九％まで減少し、戦争が全面展開された一九四四年には、失業していたのは労働力の一・二％のみだった[158]」

1　猿谷要『西部開拓史』岩波新書、一九八二年、一〇八頁。
2　ポール・ジョンソン、別宮貞徳訳『アメリカ人の歴史』共同通信社、二〇〇一年、二一五頁。

3 ポール・ジョンソン、前掲書、二六頁。
4 ジョン・ホープ・フランクリン、井出義光・木内信敬他訳『アメリカ黒人の歴史――奴隷から自由へ』研究社出版、一九七八年、一三五〜七頁。
5 一俵（bales）は四五四kgなので、一八五〇年の生産二一三万六〇〇〇俵は、九六万九七四四トンになる。綿の生産高と輸出に関する統計は以下を参照した。Federal Reserve Bulletin, May 1923 pp. 567.
https://fraser.stlouisfed.org/files/docs/publications/FRB/pages/1920-1924/26396_1920-1924.pdf#search=%27USA+cotton+production+1820%EF%BC%8D1870%27
6 ハワード・ジン、猿谷要監修、富田虎男・平野孝・油井大三郎訳『民衆のアメリカ史』（上）、明石書店、二〇〇五年、三〇五頁。
7 ジョン・ホープ・フランクリン、前掲書、一二九頁。
8 ジョン・ホープ・フランクリン、前掲書、一三三頁。
9 ジョン・ホープ・フランクリン、前掲書、一三一頁。
10 ジョン・ホープ・フランクリン、前掲書、一三五頁。
11 悲惨な南北戦争については以下を参照。ポール・ジョンソン、別宮貞徳訳『アメリカ人の歴史』Ⅱ共同通信社、二〇〇二年、三二七〜五七頁。
12 ハワード・ジン、前掲書、三三九〜四〇頁。一八六一年、南部諸州（サウスカロナイナ、ミシシッピ、フロリダ、アラバマ、ジョージア、ルイジアナ等一一州は連邦から脱退してアメリカ南部同盟政府（Confiderate States of America）を結成し、デイビス（J. Daivis）が大統領に就任、奴隷制度継続憲法を採択した。イギリスは南部同盟政府を承認した。連邦側は反逆戦争（War of the Rebellion）、南部連合側は独立戦争（War of Independence）と呼ぶ。

13 ハロルド・U・フォークナー、小原敬士訳『アメリカ経済史』（下）、至誠堂、一九七一年、七一四頁。

14 ハロルド・U・フォークナー、前掲書、七一七頁。

15 須戸和男は以下のように指摘している。「独立後のアメリカは、徹底した保護貿易主義政策を採り、高関税政策によって国内産業を保護した。関税水準から見ると、一九世紀においては，ロシアと並ぶ高関税率を維持する保護主義大国であった。関税は法律の形態で定められ、対外交渉の対象にならない自国独自の関税率が存在した」（須戸和男「アメリカの通商政策と対外租税政策の相互関係」『北海道大学経済学研究』56―1、二〇〇六年6月）。
https://eprints.lib.hokudai.ac.jp/dspace/bitstream/2115/13172/1/ES_56(1)_77.pdf（二〇一七年一一月閲覧）
以下の論文はアメリカの貿易関税を詳細に分析している。中西弘次「アメリカ独占資本主義と対外経済関係」（鈴木圭介編『アメリカ経済史　Ⅱ』東京大学出版会、一九八八年）。

16 宮野啓二「アメリカ資本主義の成立と展開」（鈴木圭介編『アメリカ経済史』東京大学出版会、一九七二年、二二八〜三六頁）。

17 宮野啓二、前掲書、二三六頁。

18 有賀貞「産業社会発展期のアメリカ」（有賀貞・大下尚一・志邨晃佑・平野孝編『アメリカ史2　1877〜1992年』山川出版社、一九九三年、一九〜二〇頁）。

19　有賀貞・大下尚一・志邨晃佑・平野孝編、前掲書、二〇頁。
20　ハロルド・U・フォークナー、前掲書、四八一頁。
21　志邨晃佑「革新主義改革と対外進出」（有賀貞・志邨晃佑・大下尚一・平野孝編、前掲書、一〇一頁）。
22　田口陽一「アメリカ資本主義の確立と独占への移行期」（鈴木圭介編『アメリカ経済』Ⅱ、東京大学出版会、一九八八年、一四五頁。
23　ハロルド・U・フォークナー、前掲書、六二六〜九二七頁。
24　ハワード・ジン、前掲書、四〇〇頁。
25　ハロルド・U・フォークナー、前掲書、六二七頁。
26　田口陽一、前掲書、一三七〜八頁。
27　有賀貞「産業社会発展期のアメリカ」（有賀貞・大下尚一・志邨晃佑・平野孝編、前掲書、九四頁）。
28　ハロルド・U・フォークナー、前掲書、六二八頁。
29　Emancipation Proclamation 1863. http://www.ourdocuments.gov/doc.php?doc=34
アメリカ合衆国憲法を修正するためには、全州の四分の三による批准が必要とされていた。リンカーン大統領が暗殺された後の一八六五年一二月一八日に全州の四分の三により批准される。
30　初宿正典、辻村みよ子『新解説世界憲法集　第2版』三省堂、二〇一〇年。
31　長田豊臣「南北戦争と再建」（有賀貞・大下尚一他編、前掲書、四五二頁）。
32　本田創造『アメリカ黒人の歴史』岩波新書、一九八四年、一三六頁。
33　ハワード・ジン、前掲書、三五八〜六一頁。

34 ハワード・ジン、前掲書、三六七頁。
35 ジョン・ホープ・フランクリン、前掲書、二六二頁。
36 本田創造、前掲書、一五〇頁参照。
37 長田豊臣はシェア・クロッピング制度について以下のように指摘している。「このシェア・クロッピング制度はプランターと旧奴隷側のあいだの試行錯誤のなかから妥協点として形成されてきたものであった」。長田豊臣、前掲書、四五五頁。
38 中西弘次「南北戦争後の資本主義の発展と鉄道業」(鈴木圭介編『アメリカ経済史』東京大学出版会、一九七二年、四〇二頁)。
39 中西弘次、前掲書、四〇頁。
40 中西弘次、前掲書、三九二頁。
41 柿崎繁『現代グローバリゼーションとアメリカ資本主義』大月書店、二〇一六年、五三頁。
42 鈴木圭介編、前掲書、一六頁。
43 南北戦争終結後の信用制度の推移については以下に詳しい。楠井敏朗「アメリカ資本主義の確立と独占への移行期」(鈴木圭介編『アメリカ経済史』東京大学出版会、一九七二年、一一五〜九頁)。
44 ハロルド・U・フォークナー、前掲書、四八一頁。
45 ハロルド・U・フォークナー、前掲書、四八三頁。詳しくは以下を参照。中西弘次「アメリカ資本主義の確立と独占への道」(鈴木圭介編『アメリカ経済史』東京大学出版会、一九七二年、四三五〜七頁)。
46 マーク・トウェイン、C・D・ウォーナー著、柿沼孝子訳『金メッキ時代』(上)(下)、彩流社、二〇〇一年。
47 有賀貞、前掲書、二九頁。
48 鈴木圭介「アメリカ資本主義の確立と独占への移行期」(鈴木圭介編『アメリカ経済史』Ⅱ、東京大学出版会、一九八三年、二六〜七ページ。
49 中西弘次「アメリカ独占主義の確立」(鈴木圭介編『アメリカ経済史』Ⅱ、東京大学出版会、一九八八年、二二六頁)。
50 ハロルド・U・フォークナー、前掲書、六九八頁。
51 メアリー・ベス・ノートン、本田創造監修・上杉忍他訳『アメリカの歴史4 アメリカ社会と第一次世界大戦』(アメリカの歴史4)、三省堂、一九九六年、一六一頁。
52 志柿光浩「中央アメリカ」(増田義郎、山田睦男編『ラテン・アメリカ史』Ⅰ、山川出版社、一九九九年) 二九五頁。
53 メアリー・ベス・ノートン、前掲書、一六二〜三頁。
54 メアリー・ベス・ノートン、前掲書、一七〇頁。
55 猿谷要『ハワイ王朝最後の女王』文春新書、二〇〇三年を参照。ポール・ジョンソン、別宮貞徳訳『アメリカ人の歴史』2、共同通信社、二〇〇二年、五〇九〜一〇頁。
56 メアリー・ベス・ノートン、前掲書、一七二頁。
57 ポール・ジョンソン、前掲書、五一〇頁。
58 メアリー・ベス・ノートン、前掲書、一七四頁。
59 この決議はテラー修正と呼ばれる。詳しくは志邨晃佑「革新主義改革と対外進出」(『アメリカ史2

1877～1992年』前掲書　一五六～七頁を参照)。

60　志柿光浩「中央アメリカ・カリブ海」(増田義郎・山田睦男編『ラテン・アメリカ史　Ⅰ　メキシコ・中央アメリカ・カリブ海』山川出版社、一九九九年、二三九頁)。

61　志柿光浩、前掲書、二四二頁。

62　高橋均「メキシコ・中央アメリカにおけるスペイン植民地」(増田義郎・山田睦男編『ラテン・アメリカ史　Ⅰ　メキシコ・中央アメリカ・カリブ海』山川出版社、一九九九年、二八〇頁)。

63　ハロルド・U・フォークナー、小原敬士訳『アメリカ経済史』(下)、至誠堂、一九七一年、七三五頁。

64　メアリー・ベス・ノートン、前掲書、一八九頁。

65　志邨晃佑「革新主義改革と対外進出」(有賀貞・志邨晃佑・大下尚一・平野孝編『アメリカ史』2、山川出版社、一九九三年、一五八頁)。メアリー・ベス・ノートンによれば、アメリカ軍の死者は五四〇〇人。戦闘中に死んだのはわずか三七九人であり、残りはマラリアや黄熱で倒れた。詳しくは以下を参照。メアリー・ベス・ノートン、本田創造監修・上杉忍他訳『アメリカの歴史　4　アメリカ社会と第一次世界大戦』三省堂、一九九六年、一七九頁。

66　高橋均「メキシコ・中央アメリカにおけるスペイン植民地」(増田義郎・山田睦男編、前掲書)二七二頁。

67　ポール・ジョンソン、前掲書、五〇九頁。なおサンフランシスコから六四〇〇㎞も離れたパゴパゴはドイツ、イギリスも欲しがっており、アメリカとドイツ、イギリスは一八八九年にベルリンに集まり、サモアの人びとに相談もせず、サモアを三つの地域に分割し、アメリカはパゴパゴを含む島の一部を併合し、海軍基地を建設した。パゴパゴ（アメリカ領サモアの首都）は南太平洋における重要な軍事的位置を占めており、二一世紀に入った現在も、パゴパゴの国家元首はトランプ大統領であり、アメリカ海軍が駐留している。

68 ウォーラーステイン、川北稔訳『近代世界システム』Ⅳ、名古屋大学出版会、二〇一三年、一二五頁。

69 セバスティアン・ハフナー、山田義顕訳『ドイツ帝国の興亡　ビスマルクからヒトラーへ』平凡社、一九八九年、二三〜四頁。

70 N・G・ウゾイグエ、神野明訳「ヨーロッパによるアフリカの分割と征服」（ユネスコ・宮本正興編『アフリカの歴史　第7巻』同朋舎、一九八八年、四二頁）。

71 船田クラーセンさやか「紛争後モザンビーク社会の課題――村に戻らない人々」（池谷和信・武内進一・佐藤廉也編『朝倉世界地理講座　アフリカⅡ』朝倉書店、二〇〇八年）。

72 金七紀男『ポルトガル史（増補版）』彩流社、二〇〇三年。

73 河原温「ベルギー・ルクセンブルク」（森田安一編『スイス・ベネルクス史』山川出版社、一九九八年）三九二頁。

74 ヴイジャイ・プラシャド、粟飯文子訳『褐色の世界史』水声社、二〇一三年、三七頁。

75 水谷章『モザンビークの誕生』花伝社、二〇一七年、七二頁。

76 ドイツ初代皇帝ヴィルヘルム一世が没し、その子フリードリヒ三世が二代目の皇帝として即位するが、新皇帝は即位後すぐに病死したので、一八八八年にヴィルヘルム二世（在位一八八八年六月〜一九一八年一一月）が皇帝に即位し、ビスマルク宰相を辞任に追い込み、「新航路」政策を打ち出した。

だが新航路政策は一九一四年にヨーロッパを戦禍に巻き込み、皇帝自身一九一八年にオランダに亡命し、退位した。

77　喜安朗「帝国主義時代のフランス」（井上幸治編『フランス史』山川出版社、一九七六年）四七〇頁。

78　セバスティアン・ハフナー、山田義顕訳『ドイツ帝国の興亡――ビスマルクからヒトラーへ』平凡社、一九八九年、九三頁。

79　セバスティアン・ハフナー、前掲書、九七頁。

80　シュトルパー他、坂井栄八郎訳『現代ドイツ経済史』竹内書店、一九六九年、三七頁。

81　ロンド・キャメロン、ラリー・ニール、速水融監訳『概説世界経済史 Ⅱ』東洋経済新報社、二〇一三年、一六〇頁。

82　宮崎犀一・奥村茂次・森田桐郎編『近代国際経済要覧』東京大学出版会、一九八七年、九四頁。

83　シュトルパー他、前掲書、三八頁。

84　セバスティアン・ハフナー、前掲書、八六頁。

85　ロンド・キャメロン、ラリー・ニール、前掲書、二一〇頁。

86　Michel Chossudovsky The Loss of Life, From World War I to World War III. What Would Happen if a Third World War Were to Break Out? Global reserch. November 20, 2018. https://www.globalresearch.ca/the-loss-of-life-from-world-war...world-war-iii...world-war.../5660266

87　Marine Pohu, Grippe espagnole: dates, origines, morts de la pandémie de 1918, le 30/04/20 https://www.linternaute.com/actualite/guide-histoire/2490101-grippe-espagnole-une-seconde-vague-

epidemique-plus-agressive/
88 藤原辰史『カブラの冬』人文書院、二〇一一年、二〇～四頁。
89 オリバー・ストーン、大田直子・鍛原多恵子他訳『オリバー・ストーンが語るもうひとつのアメリカ史』I、早川書房、二〇一三年、六一頁。
90 ハワード・ジン、猿谷要監修、富田虎男・平野孝・油井大三郎訳『民衆のアメリカ史』（下）明石書店、二〇〇五年、六～七頁。
91 ルシタニア号は厳重に武装されており、三インチ砲弾一二四ケース、薬砲四九二七箱（一箱に一〇〇〇発ずつ入っていた）、それに小兵器用弾薬二〇〇〇ケースを積載しており、積荷目録は事実隠蔽のため改ざんされていた（ハワード・ジン、前掲書、二頁）。
92 志邨晃佑「革新主義改革と対外進出」（有賀貞・大下尚一他編『アメリカ史』山川出版社、一九九三年）一七九頁。なおユージン・デブスの生涯については以下を参照。Kenneth D. Tunnell, Situating Eugene V. Debs Within the Criminological Canon. https://justice.eku.edu/sites/justice. eku. edu/files/tunnell_situating_eugene_debs_within_crim_canon.pdf#search=%27Eugene+Debs++international+socialist+review%27
93 オリバー・ストーン、前掲書、六一頁。
94 Olmsted, Kathryn S. Real Enemies: Conspiracy Theories and American Democracy, World War I to 9/11 (pp. 14-16). Oxford University Press. Kindle 版
95 メアリー・ベス・ノートン、前掲書、二〇六～七頁。
96 志邨晃佑「革新主義改革と対外進出」（有賀貞・大下尚一他編『アメリカ史』山川出版社、一九九

三年）一七五頁。

97 ハロルド・U・フォークナー、前掲書、七七五頁。

98 The NBER Digest, The Economies of World War1 (Hugh Rockoff, Until It' over, Over There: The U. S. Economy in World War 1 (NBER Working Paper No. 10580)
http://www.nber.org/digest/jan05/jan05.pdf

99 志邨晃佑「革新主義改革と対外進出」（有賀貞・大下尚一他編『アメリカ史』山川出版社、一九九三年）一七六〜八頁。

100 志邨晃佑、前掲書、一七七頁。

101 紀平英作「戦間期と第二次世界大戦」（有賀貞・大下尚一他編、前掲書）二〇九頁。

102 石田勇治『ヒトラーとナチ・ドイツ』講談社現代新書、二〇一六年、二七〜八頁。この犠牲者の数にスパニッシュ・インフルエンザでの死者が加算されているかどうか分からない。

103 成瀬治・黒川康・伊東孝之『ドイツ現代史』山川出版社、一九八七年、一八〇〜二頁。

104 成瀬治・黒川康・伊東孝之、前掲書、一九四頁。

105 池内恵『サイクス＝ピコ協定　百年の呪縛』新潮選書、二〇一六年。

106 加藤栄一『ワイマール体制の経済構造』東京大学出版会、一九七三年、一〇五頁。

107 シュトルパー他、坂井栄八郎訳『現代ドイツ経済史』竹内書店、一九六九年、三四〜五頁。

108 加藤栄一、前掲書、一〇八頁。

109 賠償金総額１３２０億マルクは132billion gold marks である。以下を参照。
https://history.state.gov/milestones/1921-1936/dawes（二〇一七年五月三日閲覧）

110　加藤栄一、前掲書、114頁。
111　セバスティアン・ハフナー、山田義顕訳、『ドイツ帝国の興亡　ビスマルクからヒトラーへ』平凡社、一九八七年、一七五頁。
112　成瀬治・黒川康・伊東孝之、前掲書、二〇五〜六頁。
113　紀平英作「戦間期と第二次世界大戦」（有賀貞・大下尚一・志邨晃佑・平野孝編『アメリカ史　II』山川出版社、一九九三年）二一三頁。
114　セバスティアン・ハフナー、前掲書、一七八頁。
115　ドイツの賠償金を一二一〇億マルク（約二九〇億ドル）に減額し、支払期間を五八年とした。Office of the Historian, Bureau of Public Affairs, United States Department of State. https://history.state.gov/milestones/1921-1936/dawes
116　セバスティアン・ハフナー、前掲書、一八二頁。
117　https://history.state.gov/milestones/1921-1936/dawes
118　Eric Toussaint, Concerning the founding of the Bretton Woods' Institutions, https://www.cadtm.org/The-creation-of-the-Bretton-Woods-Institutions.
119　紀平英作「戦間期と第二次世界大戦」（有賀貞・大下尚一・志邨晃佑・平野孝編『アメリカ史　II』山川出版社、一九九三年）一八一頁。
120　紀平英作、前掲書、一八二頁。
121　オリバー・ストーン、大田直子・鍛原多恵子他訳『オリバー・ストーンが語るもうひとつのアメリカ史』1、早川書房、二〇一三年、一一頁。

122 一九一九年にフランスのパリ講和会議に提出された「フランス語」の韓国独立請願書が米国国立文書記録管理庁（ＮＡＲＡ）に保存されていることが、二〇一八年三月二八日確認された。米国大統領に手紙を送る形で作成されたこの請願書は、日本の陰謀で不当に植民地となった韓国の事情を聴取し、韓国の独立と自由回復の要請を訴える内容が盛り込まれている。「東亜日報」二〇一八年三月一日。http://japanese.donga.com/Home/3/all/27/1238703/1（二〇一八年五月八日閲覧）

123 紀平英作、前掲書、一八二頁。

124 以下を参照。国際労働機関駐日事務所　https://www.unic.or.jp/info/un_agencies_japan/ilo/
なおフィラデルフィア宣言は、附属文書「国際労働機関の目的に関する宣言」1-（a）において、労働は、商品ではない。（b）表現及び結社の自由は、不断の進歩のために欠くことができない。（c）一部の貧困は、全体の繁栄にとって危険である、と述べている。以下参照。https://www.ilo.org/tokyo/about-ilo/organization/WCMS_236600/lang-ja/index.htm

125 油井大三郎「一九二〇年代の対外経済関係」（鈴木圭介編『アメリカ経済史』Ⅱ、東京大学出版会、一九八八年、五四六頁）。

126 紀平英作、前掲書、二〇七頁。

127 油井大三郎「第一次世界大戦と独占資本主義の展開」（鈴木圭介編『アメリカ経済史』Ⅱ、東京大学出版会、一九八八年）五四六頁。

128 ドイツの清算同盟については以下に詳しい。大矢繁夫「為替生産システム・「マルク決済圏」ドイツの銀行」東北大学研究年報『経済学』Vol. 55、No. 4、一九九九年一月。https://barrel.repo.nii.ac.jp/?action=pages_view_main&active_action=repository_view_main_item_

detail&item_id=67&item_no=1&page_id=13&block_id=135　清算システムの一般的形態は、A国とB国との取引において、B国から輸入するA国輸入者は、その支払いをA国中央銀行の置かれたB国勘定のA国通貨をもって行う。B国輸出者は、B国中央銀行のA国勘定から、B国通貨をもって輸出代金を受取る。この取引の結果、A国通貨建てB国債権は増大し、B国中央銀行に対するB国通貨建てA国債権は減少する。しかし逆向きの取引が同量で生じれば相互の残高は均衡する。同論文七〇頁。

129　土生芳人「大恐慌と経済体制の転換」（総編集角山栄、入江節次郎・高橋哲雄編『講座西洋経済史Ⅳ』同文館、一九八〇年）八四頁。

130　ハワード・ジン、前掲書、四四〜五頁。

131　ジョン・K・ガルブレイス、牧野昇訳『新訳大恐慌』徳間書店、一九八八年、二六七頁。

132　楠井敏朗『アメリカ資本主義とニューディール』日本経済評論社、二〇〇五年、八一頁。部品互換性に基づく大量生産方式の完成形態は、一九一三年に完成したフォード自動車工場における移動式組み立てラインである。詳しくは以下を参照。レイ・バチェラー、楠井敏朗・大橋陽訳『フォーディズム――大量生産と二〇世紀の産業・文化』日本経済評論社、一九九八年。

133　加藤栄一、前掲書、一六六頁。

134　加藤栄一、前掲書、一七九頁。

135　フォード社は、大戦中におけるフォード社とGM社の戦争責任をめぐり、シモン・レイチ（Simon Reich）を責任者とする調査を行い、その結果を公表した。以下参照。"Reserch Findings About FORD-WERKE Under the Nazi Regime" Ford Motor Company Archive, 2001. https://www.jewishvirtuallibrary.org/jsource/Holocaust/Ford.pdf#search=%27https%

3A%2F%2Fwww.jewishvirtuallibrary.org%2Fjsource%2FHolocaust%2FFord.pdf%27（二〇一八年七月七日閲覧）

136　『国際ユダヤ人』（The International Jew）は、一九二〇年から一九二二年まで、フォードが新聞“The Dearborn Independent”に寄稿した論考を、四巻にまとめて出版された。概要は以下を参照。Le Monde Diplomatique, Michael Löwy “Henry Ford, inspirateur D'Adolf Hitler” Le Monde Diplomatique, 2007-4. https://www.monde-diplomatique.fr/2007/04/LOWY/14601（二〇一八年七月七日閲覧）同書の概要は以下のサイトに掲載されているので参照。http://holywar.org/txt/020.htm

137　“Reserch Findings About FORD-WERKE Under the Nazi Regime” Ford Motor Company Archive, 2001. p.6.

138　メアリー・ベス・ノートン他、本田創造訳監修、上杉忍他訳『アメリカの歴史』5、三省堂、一九六六年、一一一～二頁。

139　ジョン・A・ギャラティ　安倍悦生訳『世界恐慌――前兆から結末まで』TBSブリタニカ、一九八八年、六六～七〇頁。

140　ハーバート・フーヴァー「経済恐慌の原因は国外にある」（新川健三郎編『ドキュメント現代　5　大恐慌とニューディール』平凡社、一九七三年、二九～三九頁）。アメリカ的制度は根本的に健全であると確信していたフーヴァーは、金融資本自身による自律的景気回復とそれをとおしての失業問題の解決こそが最善の第一義的政策であり、失業救済や農業救済はそれに劣後する政策課題にすぎなかった。小松聰「アメリカ――ニューディール体制の展開」（入江節次郎・高橋哲夫編集『講座西洋経済史　Ⅳ　大恐慌前後』同文館、一九八〇年、一二六～七頁）。

141 W・Z・フォスター、前掲書、四九〇頁。
142 楠井敏明『アメリカ資本主義とニューディール』日本経済評論社、二〇〇五年、一一九頁。
143 メアリー・ベス・ノートン他、前掲書、一七頁。
144 メアリー・ベス・ノートン他、前掲書、二二頁。
145 楠井敏朗、前掲書、九三頁。
146 楠井敏朗、前掲書、九九〜一〇二頁。
147 メアリー・ベス・ノートン他、前掲書、五二頁。
148 楠井敏朗、前掲書、一〇五〜六頁。
149 メアリー・ベス・ノートン他、前掲書、六八頁。
150 メアリー・ベス・ノートン他、前掲書、六八頁。
151 メアリー・ベス・ノートン他、前掲書、六一頁。
152 小松聰「アメリカ――ニューディール体制の展開」(入江節次郎・高橋哲夫編集『講座西洋経済史Ⅳ　大恐慌前後』同文館　一九八〇年)一二八頁。
153 メアリー・ベス・ノートン他、前掲書、六四頁。
154 アメリカにおける社会保障法の成立過程に関しては、以下の研究が子細に論及している。楠井敏朗『アメリカ資本主義とニューディール』(日本経済評論社、二〇〇五年)第二章、Ⅴ「社会保障法」の成立とその周辺。
155 W・Z・フォスター、前掲書、四九七頁。
156 ジョン・K・ガルブレイス、前掲書、二五八頁。

157　W・Z・フォスター、貫名美隆訳『黒人の歴史――アメリカ史のなかのニグロ人民』大月書店、一九七〇年、四九六頁。

158　メアリー・ベス・ノートン他、前掲書、一〇〇〜一頁。

第 4 章

世界経済構造の変質

1937年の中国進攻を祝う南京付近の日本軍　第二次世界大戦は日本などの後進資本主義国が、英仏を主軸とする植民地帝国に対して世界の分割を要求する戦争であった。(R.G. グラント『戦争の世界史大図鑑』河出書房新社、290〜1頁)

戦勝国アメリカは、金《きん》に裏付けられたドル本位制を基軸とするIMF・GATT体制をもって大戦後の世界経済秩序を確立しようとした。だが一九六〇年代になると金が流出し、アメリカは金とドルを交換することができなくなり、一九七一年八月、ニクソン大統領（在任一九六九〜七四年）はドルと金との交換を停止し、世界は不安定な管理通貨制度に突入した。

アメリカの貿易赤字の原因は、アメリカ経済が、日本と西ドイツのキャッチアップにより地盤沈下したからであり、二〇世紀型産業が国際競争力を喪失したからでもあるが、ドラッカーが指摘しているように、一九七〇年代には財・サービスの貿易よりも、資本移動が世界経済を動かす原動力になったからだ。アメリカの多国籍企業も市場獲得競争で勝ち抜くため、賃金が安いメキシコやラテンアメリカ、さらにアジアに生産拠点を移し始めたのである。アメリカを中心とする工業国経済の空洞化と金融化が始まったのだ。資本主義そのものが「カジノ資本主義」へと大きく方向転換する一方、強大な多国籍企業は、地球全体をひとつの国家でもあるかのようにみなして、事業の国際展開を開始している。

トランプ大統領は、選挙目当てに貿易赤字削減を政治スローガンに掲げたが、GAFA（グーグル、アップル、フェイスブック、アマゾン・コム）に代表されるアメリカの巨大な多国籍企業が稼ぐ第一次所得（貿易外収益や海外直接投資収益、証券投資収益等から生じる利子や配当）はアメリカの貿易赤字とは無縁なのだ。国家と企業の財政は同一ではない。企業は潤い、国家と国民が危機に陥っているのだ。

1 世界恐慌と第二次世界大戦

†不健全な社会

ニューディールは、国家が経済に介入することによって恐慌からの脱出を目指した。だが事態を解決することはできなかった。低迷した需要は、過剰な供給を消化することができなかったのだ。ガルブレイスは一九二九年時点のアメリカ経済が「本質的に不健全」な状態におかれていたとして、所得分配の構造上の問題点を以下のように指摘している。

「一九二九年においては、金持ちは明らかに金持ちであった。データは不完全だが、当時における全米個人所得総額のおよそ三分の一は、総人口の五%にすぎない最高所得層によって占められていたとみられる。また、所得の内訳をみても、利子・配当所得や地代など、金持の型の項目が第一次大戦後の二倍近いウェートを占めていた模様である」[1]

またノートンは以下のように述べている。

「一人当たりの可処分所得(税控除後)は、一九二〇年から一九二九年までの間に約九%増加したが、最も豊かな一%の人びとの収入は七五%上昇した。(中略)連邦取引委員会によれば、アメリカ人一％がこの国の富の五九％を所有し、八七％の人びとがわずか一〇％を所有するのみだった」[2]

高所得層がカネを使うときには、贅沢で高価な商品を買うか、投資や投機によって収益の極大化を追求するかのどちらかである。彼らは所得が増えたからといって大量にパンを買いこむような人種ではない。彼ら高所得層の懐に流れ込んだ莫大な貨幣が投機ブームを沸騰させ、やがては現物経済から乖離した狂気じみた投機が崩壊したのだ。[3]要するに、労働者は労働の代償として賃金を受取るのだが、同時に消費者であり、消費者の所得＝賃金が抑制されれば需要は低迷することになる。

一九二〇年代には、独占体の支配力が強化され、独占体の支配が消費財部門をも含めてほとんど全ての主要産業部門にくまなく及ぶようになった。石油王ロックフェラー、鉄鋼王カーネギー、鉄道王ハリマン、ヴァンダビルト、金融王モルガンに代表される巨大独占がアメリカ経済を支配下においたのである。

こうしたなかアメリカ労働総同盟（ＡＦＬ）に代表される熟練工の職能別組合は弱体化した。労働生産性の向上、独占体制の強化、労働運動の弱体化を背景にして企業の利潤は増大し、増大した利潤は高所得層による株式ブームを巻き起こし、株式ブームはキャピタルゲインを増大させたのだ。労働組合の結成も、団体交渉権も認められていない資本家本位のアメリカ社会を変革しようとしたのが前章で触れたワグナー法（労使関係法、社会保障法、銀行法、公益事業持株会社規制法、富裕税法）だった。

ニューディールは、不平等な所得構造を幾分かは改革したが、膨大な失業者の就業を実現できなかったのである。事態を解決するためには、新たな供給、需要体制を構築する以外には方法がなかった。新たな需給体制の構築は、第二次世界大戦の勃発と共に凄まじい勢いで実現されたのである。

†貿易政策の転換

オタワ協定が締結された翌年の一九三三年三月、フーヴァー大統領は高関税政策を維持しながら、さらにバイ・アメリカン法を制定し、連邦政府は輸入品ではなく自国の製品を優先的に購入することを法制化した。[4] このようなアメリカの政策は、対抗的な関税引上げや報復的輸入制限を招き、さらには南米の農産物輸出国の対米輸出が急激に減少し、対米債務の返済を行うことができなくなった。こうしたアメリカの状況を西田勝喜は、「アメリカは、債権国としての地位に応じて、国内市場を外国の産業に開放して貿易収支黒字を圧縮するという方向での国際調整の認識は皆無であった」[5]と指摘している。

世界の輸入総額は、アメリカに端を発した恐慌が世界に波及するなかで、表4－1に示され

単位：100 万ドル

	1929	1930	1931	1932	1933
1 月	2998	2739	1839	1206	992
2 月	2630	2455	1701	1187	944
3 月	2815	2564	1889	1230	1057
4 月	3039	2450	1796	1213	—
5 月	2968	2447	1764	1151	—
6 月	2791	2326	1732	1145	—
7 月	2814	2190	1680	994	—
8 月	2819	2138	1586	1005	—
9 月	2774	2165	1572	1030	—
10 月	2967	2301	1556	1090	—
11 月	2889	2051	1470	1093	—
12 月	2794	2096	1427	1121	—

備考：75 か国の輸入総額。
資料：Kindleberger（1984）「The World in Depression 1929-1939」から作成。

表 4-1　1929 ～ 1933 年の世界貿易額の推移

出所：『平成 21 年版通商白書』http://www.meti.go.jp/report/tsuhaku2009/2009honbun/html/i2310000.html

るように、一九二九年に月平均で二九億ドルであったが、一九三〇年には二三億ドル、一九三一年には一七億ドル、一九三二年には一一億ドルに縮小した。またアメリカの輸出はこの間約七〇％も激減した。機械、自動車、鉄鋼など重工業製品は壊滅的な打撃を受け、農産物の輸出も半減した。[6]

†自由貿易と互恵通商政策

こうしたなかで、ローズベルト大統領は、米国企業の輸出を促進するために、これまで共和党が選択した高関税政策を止め、互恵通商政策を打ち出した。これが一九三四年の互恵通商協定法（Reciprocal Trade Agreement Act）である。互恵通商協定とは、同じ事項・貿易品目については、お互いに同じ待遇を与え合う相互主義に基づく協定であり、一九三〇年に成立した高関税法、スムート・ホーレー関税法に新しく一条項（第三五〇条）を付け加えて制定された。

同法は、合衆国大統領に、通商協定を結ぶ権限と関税を譲許する権限を委譲した。これまでの通商法は、議員が賛否の投票を産業界と取引して決めるログローリングの方法により制定されてきたが、互恵通商協定法は議会の批准を不要とした。すなわち、同法は大統領に、①外国政府と通商協定を結び、②現行の関税と輸入制限を修正したり新たな輸入制限を加えたりする権限、を委譲したのである。ただし関税率を修正する場合には、従来の課税対象品目と無課税対象品目を移動させないことを条件として、五〇％以内で税率を高めたり、低減する権限が付加された。[8]

こうした貿易政策の転換について西田勝喜は以下のように指摘している。

「アメリカの高関税が貿易を抑制する要因と認めたことを契機に、関税の互恵的譲許という反対方向の手段を最恵国条款と結びつけて孤立主義から国際主義への転換を図り、新しい様相の門戸開放を対外的に展開する政策へ転換した」[9]

一九四〇年までにアメリカは、南米の半植民地キューバ、ハイチ、ブラジル、ホンジュラス、コロンビアなど一〇か国と、ヨーロッパではベルギー、スウェーデン、オランダ、フランス、イギリスをはじめとする一〇か国、計二〇か国と互恵通商協定を締結した。なかでも注目されるのは、アメリカが一九三八年一一月に英米通商協定に調印したことである。英米通商協定の成立は、一九三二年に結成された英連邦特恵貿易体制の崩壊につながり、経済のブロック化を阻止する可能性があった。だが、一九三九年に勃発したヨーロッパでの戦争により、アメリカが締結した互恵通商協定は効力を停止した。

†第二次世界大戦

一九三三年一月、ヒンデンブルク大統領により首相に任命されたヒトラーは、二年後の一九三五年三月、ヴェルサイユ条約を公式に破棄すると同時に再軍備計画を発動し、大規模な軍事力の拡大に乗りだした。そして一九三六年に枢軸国としてイタリアのムッソリーニと手を結び、スペインのファシスト、フランシスコ・フランコ（一八九二〜一九七五年）が率いる反乱軍の支援を開始した。

イタリアでは一九二二年にムッソリーニが率いるファシスト党がローマ進軍を開始し、一九二八年にはファシスト党による独裁政権を確立、一九三六年にはヒトラーと手を結び、エチオピアを、さらに一九三九年にはアルバニアを併合した。

ヒトラーは一九三八年三月になるとオーストリアとチェコスロバキアのズデーテン地方を軍事的に併合した。ズデーテンの併合は、一九三八年九月に開かれたミュンヘン会議（ドイツ、イタリア、イギリス、フランスが参加）で承認された。要するにイギリスとフランスはヒトラーのズデーテン併合を公式に認め、チェコスロバキアを見捨てたのだ。こうしたなか、スターリンは、一九三九年八月、ドイツと不可侵条約（モロトフ＝リッベントロプ協定）を締結し、東ヨーロッパの分割に関する秘密協定を結んだ。同協定でドイツはポーランド西部、ソ連は東部の占有を各々認めあった。[10]

スターリンと不可侵条約を結んだヒトラーは、翌月の一九三九年九月一日、ポーランドに侵攻した。ドイツ軍がポーランドに侵攻したとき、イギリスとフランスはドイツに対して宣戦布告した。だがドイツ軍は、一九四〇年四月にはデンマーク、ノルウェーに侵攻、五月にはオランダ、ベルギーに侵攻し、六月にはパリを占領し、イギリスに対する空爆を開始した。

ドイツ軍が、一九三九年九月にポーランドに侵攻したとき、ソ連軍はドイツ軍よりも二週間遅れてポーランド東部に宣戦布告をせずに侵攻し、つづいてバルト海沿岸を掌握し、エストニア、ラトビア、リトアニアを支配下におき、さらにフィンランドに軍を進めた。このようにしてポーランドは、ソ連軍とナチス・ドイツに二分されて消滅した。このとき、ソ連軍によって、二万五〇〇〇人以上のポーランド市民が銃殺され、カチンの森に埋められた。[11] この事件は、

「カチンの虐殺」と呼ばれ、アンジェイ・ワイダ監督の映画、『カティンの森』(二〇〇七年)で描かれており、スターリン体制下のソ連邦の実像を物語っている。

ヒトラーは、一九四一年六月、独ソ不可侵条約を破棄し、三二〇万人の兵員を動員してソ連に対する全面戦争を開始すると、ソ連軍はドイツ支配下のポーランドに侵攻して親ソ政権を樹立し、ルーマニア、ブルガリア、ハンガリーに軍を進めた。ヒトラーが独ソ不可侵条約を破棄してから一年半後の一九四四年六月、アメリカ軍を主力とする連合軍がノルマンディーに上陸し、ドイツ軍を撃破、一九四五年五月、ドイツは無条件降伏した。

こうしたなかドイツやオーストリアに住む多くのユダヤ人はアメリカへの移住を望んだが、一九二四年の移民法によって制限されており、ローズベルト大統領は、一九三七年に法律の上限である二万七三〇〇人のユダヤ人しか受け入れなかった。

†日本の満洲侵出と枢軸国

中国大陸の制覇を目指した関東軍は、一九三一年九月に満洲事変を画策し、中国軍(張学良)に対する軍事行動を開始し、翌年の一九三二年初頭までに満洲全土をほぼ軍事的に制圧し、同年三月には傀儡国家、満洲国を建国した。一九三三年二月、関東軍が華北に隣接する熱河省に侵攻すると、国際連盟総会は、日本軍の撤退勧告決議を採択した。これに対して日本政府は国際連盟から脱退し、一九三七年には中国との全面戦争に突入、同年一二月には南京を制圧、一九四〇年九月には南進政策に転じ、ドイツ、イタリアと日独伊三国同盟を締結した。[12]これに対してローズベルト大統領は、一九三九年七月、一九一一年に結ばれた日米通商航海条約を破棄し、対日輸出制限と蔣介石の中国国民党政府への援助を強化した。そしてアメリカは、日本への原材料と軍事利用につながる物資の輸出を切断し、対日資産を凍結した。

一九四一年二月七日、日本は日米関係を調整するため、野村吉三郎を駐米大使としてワシントンに送り、国務長官ハルとの間で日米交渉が始まった。国務長官ハルは、日本に中国とインドシナからの撤退を求めたが、軍部はこれを拒否し、一九四一年一二月八日、真珠湾を奇襲攻撃した。ローズベルト大統領は、真珠湾攻撃の翌日、対日宣戦を布告し、同月一一日にはドイツ、イタリアがアメリカに宣戦布告、アメリカは第二次世界大戦に参戦したのである。[13]さらに翌年の一九四二年一月一日には、連合国二七か国の代表がワシントンに集まって連合国共同宣言に署名し、枢軸国に対する宣戦を布告した。[14]

一九四〇年六月、ローズベルト大統領はイギリスへの援助を約束し、議会に大規模な軍事予算の増額を要請した。また第一次世界大戦期にウィルソン大統領が設置した国防諮問会議（CND）にならって閣僚による国防会議と民間人を起用した国防諮問委員会（National Defense Advisory Commission：NDAC）を設置した。国防諮問委員会の会長には、GMの会長ニュードセンが就任し、委員にはＵＳスティール会長や流通業大手のシアーズの重役が任命された。[15] 国家と巨大企業が一体となって国防体制を確立したのである。

フランスがドイツに降伏してから三か月後の一九四〇年九月には、平時としてはアメリカ史上最初の徴兵法が議会を通過し、同年一〇月から徴兵が開始され、イギリスと駆逐艦基地交換協定が締結された。同協定では、西半球にある英国の軍事基地をアメリカが借り受けるかわりに、駆逐艦五〇隻をイギリスに供与することが取り決められた。翌年の一九四一年三月には、武器貸与法（レンドリース法）が議会を通過した。この法律は、大統領がアメリカ合衆国の防衛に必要だと認めた国には、武器またはその他の物品を販売ないし貸与すること、また場合により無償で譲渡することを認め、大統領に強大な権限を与えた。この法律によりアメリカはイギリスを始めとする連合国の巨大な兵器工場となったのだ。[16]

†アメリカと総力戦

先に触れたように、アメリカは一九四一年一二月、公式に第二次世界大戦に参加する以前、既にドイツとの戦争に参戦していた。日本が真珠湾を奇襲攻撃する以前、ローズベルトは、図４－１に示されるように膨大な予算を編成し、軍需産業を中軸とする新たな有効需要を創出する政策に着手したのである。この点について秋元英一は以下のように指摘している。

「政府は、再軍備に対する企業の全面的な協力を取りつけるために、企業にとって好都合な軍需発注方式を整えてゆく。一九四〇年六月には、競《せ》りによる入札方式でなく、「交渉による政府との契約」を認める法律が制定された。一九四〇年六月で終わる財政年度では、購入の八七％が公示と競りを通じて行われたのに対して、次の二年間では、政府の金額は一〇倍にふえ、そのうちの七四％は交渉による調達となった[17]」

ローズベルト政権は膨大な赤字予算を編成し、一九四二年には、労働者に対して賃金の一〇％の国債購入を強制し、翌年からは賃金の五％の特別税を徴収した。アメリカ政府は、戦時公債を七回にわたって公募し、総額一三五〇億ドルを調達した。また累進課税率を増率し、さらに所得税負担の最低限度額を大幅に引き下げた。一九四三年からは、より確実に税を徴収する源泉徴収方式が導入されたので、合衆国の勤労市民の大半から徴税することができるようになった。このため、戦時財政の七〇％近くが税収によって賄われたのである。[18] こうしたなかで完全雇用に近い状態が実現した。このようにしてローズベルト大統領は、一九四四年一一月の大統領選で異例の四選を勝ちとったのである。紀平英作は、戦時下のアメリカ社会について以下のように述べている。

「戦時下のアメリカ社会では、一五〇〇万人もの新しい雇用が生まれ、また一〇〇〇万人をこえる兵士の動員があり、三〇年代を通しておよそ八〇〇万人をくだらなかった失業問題は完全

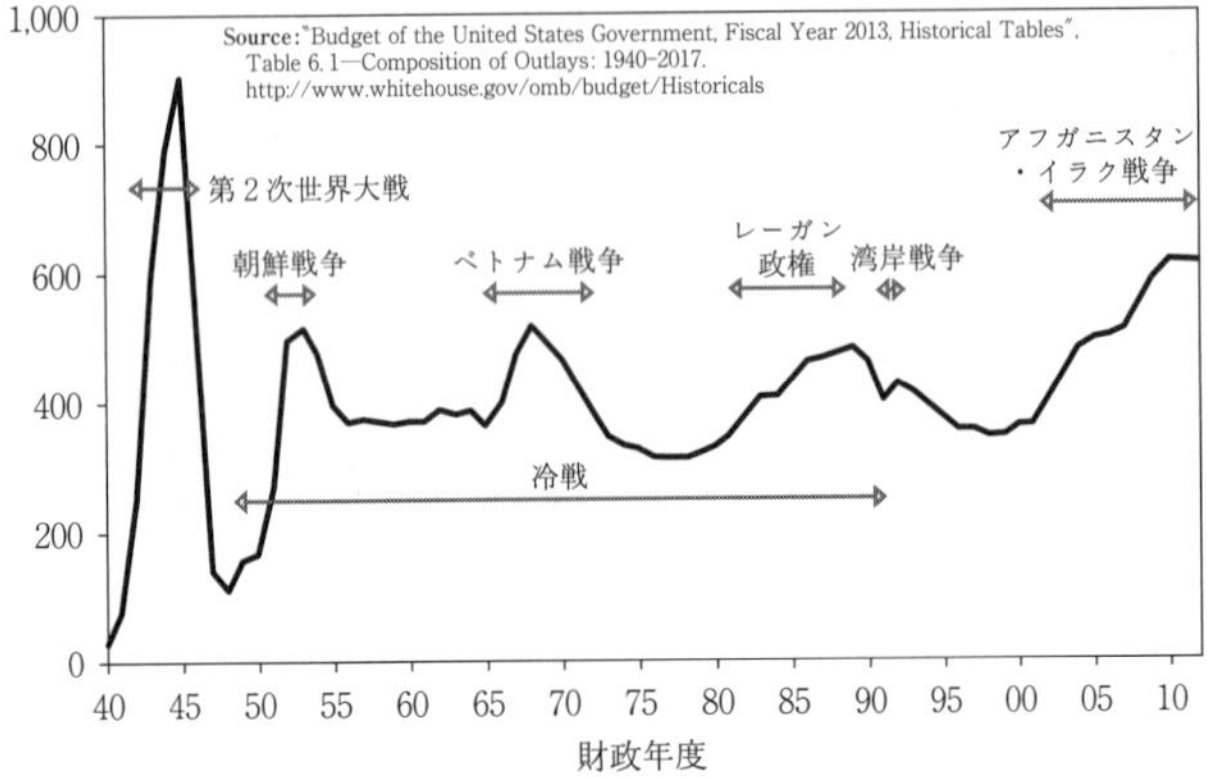

図 4-1　アメリカ合衆国の軍事費の推移

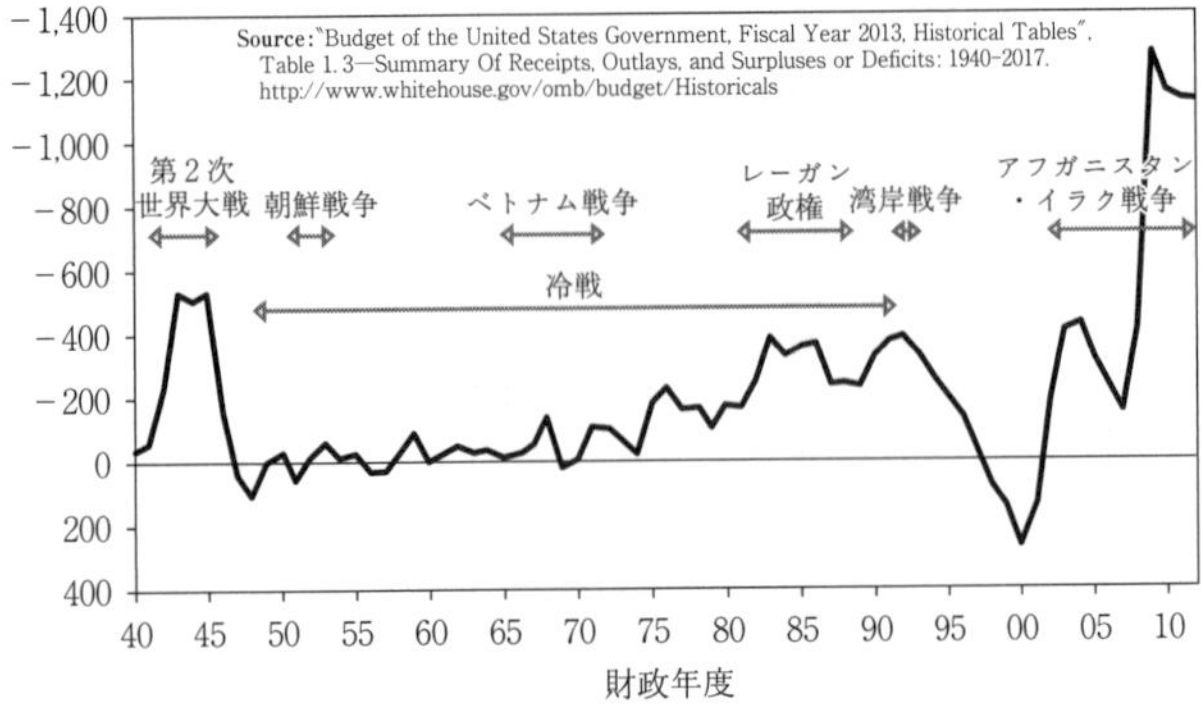

注：図 4-1、図 4-2 とも単位は 10 億ドル。インフレを調整し、財政年度 2005 年を基準として算出。

図 4-2　米連邦政府の財政赤字

出所：https://www.google.co.jp/search?q=us+military+budget+by+year&tbm=isch&source=iu&ictx=1&fir=xmZkiu9uDrRCNM%253A%252C_lRf9ZMlnxCslM%252C_&usg=__q7pdosllo9Id9cc42gK4gCtypW0%3D&sa=X&ved=0ahUKEwiPobXZs77aAhUHv5QKHYFZBqQQ9QEIRjAE#imgrc=zg6fK207dA9JEM:

に払拭された。戦時ではあったが、それはアメリカ社会が久しく経験したことのない公共の時代であった[19]」

まさに日本による真珠湾攻撃は、アメリカが戦争に参加する絶好の口実を提供したのだ。戦争はアメリカ経済を蘇生させ、アメリカ経済の軍事化を一層推し進めたのである。ちなみに参戦時点で、アメリカの陸軍兵力は一四〇万人であったが、参戦後の最高動員兵力は、陸軍八三〇万人、海軍三四〇万人、総兵力は約一二〇〇万人に達した。

†戦争の帰結と世界

第二次世界大戦は何だったのか。それは、世界の分割競争に出遅れて参加した後進資本主義国日本、ドイツ、イタリアがイギリス、フランスを盟主とする植民地帝国に対して世界の分割を要求する戦争であった。大日本帝国の天皇と政府そして軍部は、アジア全域から欧米諸国を排除して大日本帝国の植民地としてアジアを統治・統合して支配すること、すなわち大東亜共栄圏の樹立を夢想していたのだ。

第二次世界大戦を契機として、イギリス、フランスに代表される植民地帝国の覇権が崩壊し、代わりに圧倒的な経済力、軍事力を誇るアメリカの覇権が揺るぎないものとなった。勝利した連合国のなかでアメリカのみが巨大な生産力と金融力、軍事力を保持しており、他の連合国は、壊滅的な状態におかれていた。そしてアメリカは、ソ連を盟主とする社会主義陣営に対峙する資本主義陣営の盟主としての地位を獲得したのである。いわゆるパクス・アメリカーナ（アメリカによる平和）の出現であり、同時に一九九一年までつづく冷戦の開始でもあった。

第二次世界大戦が終ったとき、地球の光景は、瓦礫の山のような様相を呈していた。ノートンは以下のように述べている。

「実際「瓦礫」という言葉は、終戦時の地球の光景を表現するのにもっともよく引き合いに出される言葉となった。ハンブルク、シュトゥトガルトそしてドレスデンは荒廃し、ベルリンの四分の三は廃墟と化した。イギリスではコベントリーとロンドンの一部が空襲で焼失した。ヨーロッパ全土で輸送システムが切断され、水道も汚染されていた。あらゆるところで青白くやせこけた人びとが絶望的に食料を求め、帰ってこない人びとのことを嘆き、さまよい歩いていた。ソ連は二千万人、ポーランドは五八〇万人、ドイツは四五〇万人を失った。ヨーロッパ全域で戦争の犠牲者は合計三五〇〇万人だった。アジアでは何百万人もの中国人と二〇〇万人の日本人が死んだ[20]」

戦争で死んだ日本人兵士は二三〇万人、民間人が八〇万人、計三一〇万人。ドイツは戦死兵、民間人合計で六一九万人、中国は一一三二万人とされている。[21]このように大戦で恐るべき数の人びとが犠牲になった。だが、アメリカ合衆国は違っていた。合衆国の都市は爆撃されなかったからだ。ノートンは、つづいて以下のように述べている。

「ここでは都市は爆撃されなかったし、野山は踏みにじられなかった。アメリカ人戦死者約四〇万人は、他の諸国と比べればわずかなものだった。現実には、アメリカは第二次世界大戦が終わったときには、参戦したときよりも豊かになっていた。かれらだけが原爆をもっていた。アメリカの空軍と海軍は世界最大だった。合衆国は戦後、正規軍の主力部分を動員解除したが、陸軍は一九四六年になお二〇〇万人、一九四九年に一六〇万人の兵員を擁していた[22]」

†軍産複合体制

連合国の巨大な兵器工場としての役割を担ったアメリカは、参戦したときよりも豊かになっていた。枢軸国と戦った連合国は、アメリカの支援がなければ勝利することはできなかった。戦争が終った一九四五年、アメリカは世界の金の約六四%、約一万八〇〇〇トンを保有していたし[23]、企業は無傷だった。アメリカの経済力は世界で比類ないものとなっていたのである。パクス・アメリカーナが到来したのだ。ハワード・ジンは、終戦直後のアメリカについて以下のように述べている。

「(戦争の─引用者) 最大の利益は企業利潤にまわり、企業の利潤は一九四〇年の六四億ドルから一九四四年には一〇八億ドルに増加した。しかし、労働者や農民に対しても、彼らにとって体制が順調にいっていると感じさせる程度のものは分配された。

戦争が支配の問題を解決する、これは各国政府が学びとってきた古い教訓だった。ゼネラル・エレクトリック社の社長だったチャールズ・E・ウィルソンは、戦争中の状況に大変満足していたので、「恒久的な戦争経済」のために実業界と軍部との同盟を持続させるよう示唆した」[24]

政府と軍部、軍事産業を中核とする産業界の相互依存関係は、一九六一年、アイゼンハワー大統領（在任一九五三年一月〜六一年一月）が命名した「軍産複合体」であり、第二次世界大戦後のアメリカ合衆国経済の屋台骨となったのである。大戦後、軍産複合体を強化・発展させるうえで大きな役割を果たしたのが冷戦であり、一九四五年四月に亡くなったローズベルト大統領の後継者トルーマン大統領（在任一九四五年四月〜五三年一月）による共産圏の封じ込め政策、トルーマン・ドクトリンによって開始された。[25]

2 アメリカの世紀とグローバル資本主義

†ドル本位制の確立

アメリカは、戦後世界の新秩序を確立するため、大戦中の一九四四年七月、連合国政府の代表をニューハンプシャー州のブレトンウッズに集め、国際復興・開発銀行（IBRD）と世界の金融秩序を維持するための国際通貨基金（IMF）の設立を提案した。国際通貨基金設立に際して、アメリカとイギリスは激しく対立したが結局アメリカの提案が採択された。

アメリカを代表するハリー・ホワイトは、金《きん》に裏打ちされたドル本位性を提案し、イギリスを代表したジョン・メイナード・ケインズは、どの国のコントロール下にもおかれない超国家的な世界通貨バンコールの創設を提案した。[26] 当時、アメリカは世界の金の六〇％を所有しており、ハリー・ホワイトは金とドルをブレトンウッズ体制の基礎におくことを主張したのだ。[27] 結局ケインズの提案は拒否され、ホワイト案を基礎にする大戦後の通貨制度が確立した。

ソ連邦は国際通貨基金設立そのものを拒否したが、イギリスを始めとする連合国政府四四か国は、この提案を受け入れた。イギリス政府はブレトンウッズ協定に署名したが議会が反対した。議会は、一九四五年一二月、アメリカによる三七億五〇〇〇万ドルの低利借款の供与（英米借款協定）と引き換えにブレトンウッズ協定を承認したのである。

ドルを基軸通貨とするブレトンウッズ体制下では、それぞれの国家は、自国の経済を管理し、各国間の資金の自由な移動を制限する資本規制は金融制度に固有の要素だと見なされていた。当然、各国政府は、無軌道に自国通貨が流出するのを防いだ。[28] ヨーロッパへの軍事・経済援助

（マーシャル・プラン）等によって一九六〇年代初頭から大幅な資本収支の赤字に直面していたアメリカでは、ケネディ大統領が六三年に利子（金利）平衡税を提案し、翌六四年に、ジョンソン大統領の下で採択された。同法はドルの国外流出を規制することを目的とし、アメリカ国内で発行される外国証券に対して年率一％の税を課して米国人による外国証券の取得を規制した（同法は、一九七四年に廃止され、それまで規制されていた対外投資は解禁された）。

†金融自由化政策の意味

その後、アメリカで「双子の赤字」（貿易赤字と財政赤字）が年を追って肥大化すると、外国からの資本流入によってこの赤字を埋め合わせようとする戦略がとられるようになる。稲富信博が指摘しているように、このような戦略は純債務国に転落したアメリカにとって不可欠となったのである。[29] この戦略を強化するために、米国政府は諸外国に金融の自由化（資本移動の自由化）を迫る一方、外国人（非居住者）による財務省証券（米国債券）に対する源泉徴収税を廃止し、匿名で財務省証券を保有することを認可した。

現在にいたるまで、アメリカは巨額の貿易赤字と対外債務を累積してきた。今やアメリカは世界一の債務国だ。金子勝が指摘しているように、世界一の借金国の通貨が基軸通貨（国際決済通貨）であるというのは、どう見ても不自然である。中長期的には、基軸通貨国アメリカにおける対外債務の蓄積は、ドルの信認を危うくするからである。金子勝は以下のように指摘している。

「ドルの信認が動揺する危険性を少しでも低下させるためには、アメリカはドルを国際決済通貨として使用するように各国を縛りつけておかねばならない。さらにアメリカは、膨張する貿易赤字をファイナンスするために巨額の資金流入に依存しなければならない。しかし、そのままではアメリカの対外債務は膨らむばかりだ。そこで流入する海外資金の再投入先を確保して、投資収益を上げる必要が生じる。かくして新興工業国や発展途上国を含めたグローバルな規模で金融自由化政策を「強制」することが、アメリカの覇権維持のために不可欠となる[30]」

自由貿易協定と冷戦の開始

話を第二次世界大戦後に戻そう。一九四七年一一月、アメリカはハバナで、新しい国際貿易機構（International Trade Organization：ITO）を設立するため、国際貿易憲章を提案した。この憲章には五二か国が調印したものの、いずれの国も本国議会で審議・採択しなかったばかりか、アメリカの議会でさえも審議されることなく撤回された。こうしたなか、アメリカは早々と、ITO設立を予測して、自由無差別・多角的貿易を原則とする戦後国際貿易のルールを定めた「関税と貿易に関する一般協定」（GATT）を提起し、一九四七年一〇月三〇日、ジュネーブに集まった二三か国代表が調印、四八年一月から発効した。自由貿易を旗印に掲げるGATT自体、加盟国の議会で審議・採択されず、暫定的適用のまま放置されたが、加盟国は一九九三年には一一四か国に達し、一九九五年一月には世界貿易機関（WTO）に改組された。[31]

ソ連は、国際復興・開発銀行や国際通貨基金の創設は、世界支配を狙うウォール街による策動であるとして署名を拒否し、ソ連を軸に東欧社会主義国六か国を包摂する貿易圏、経済相互援助会議（コメコン）を築いてこれに対抗した。[32] これに対してアメリカは、共産主義国の経済・軍事能力を強化することを防ぐため、対共産圏輸出統制委員会＝ココム（Cordinating Committee for Multilateral Export Controls : COCOM）を設立して対抗した。米英を中心とする資本主義陣営とソ連を中心とする社会主義陣営の対決、いわゆる冷戦の開始である。ココムには、一九四九年にアメリカ主導で設立された北大西洋条約機構（NATO）加盟国と日本、オーストラリアが参加した。このようにして設立された大戦後の貿易システムがブレトンウッズ体制であり、この体制下で貿易制限の撤廃・軽減をめぐる熾烈な交渉が展開されたのである。

GATTは、自由貿易こそが世界の平和と繁栄をもたらすツールだとする原理、すなわち自由無差別・多角的貿易を原理とする貿易のルールを構築することを目的として結成された。GATT協定第一条は、加盟国が貿易を行う際、自由貿易、最特恵待遇を原則とすることを定めている。[33]最恵待遇とは、GATT加盟国が、ある国に最も有利な条件を与えた場合、そうした有利な条件をすべてのGATT加盟国に与えなければならないという原則である。

GATTは貿易赤字に陥っている国を救済する措置として、輸入制限や数量制限を認めているが、[34]あくまでも貿易の自由化と相互主義に基づく貿易の数量制限と関税を撤廃・削減することを目的としている。だが例外的措置として、加盟国が自由貿易協定や関税同盟を設立することを認めており、欧州石炭鉄鋼共同体（ECSC）のメンバーであるベルギー、西ドイツ、フランス、イタリア、ルクセンブルク、オランダの六か国は、一九五七年三月、欧州経済共同体（EEC）と欧州原子力共同体（EAEC）の設立に合意した。一九六七年にはEECを欧州共同体（EC）に改組、一九七三年にはイギリスが加盟、さらに一九九三年にはECを欧州連合（EU）に改組した。EUは東方拡大をつづけ、二〇一三年には加盟国が二八か国に達し、一九九三年には単一通貨ユーロを導入した（イギリスは採用せず）。EUは地域的ブロック経済圏の設立であり、域外の経済圏を差別する政策を展開しているが、イギリスは二〇二〇年一月、EUを正式に離脱した。

†日本のGATT加盟

日本は、一九五五年にGATTに一二条国として加盟、一九六三年に一一条国として加盟した。一一条国とは、「輸入又は輸出の許可によると、その他の措置によることを問わず、関税その他の課徴金以外のいかなる禁止又は制限も新設し、又は維持してはならない」国、いわゆる「先進国」の仲間入りを果たしたのである。また同年、IMF八条国（為替取引制限撤廃）への移行を果たし、経済協力開発機構（OECD）への加盟も認められた。

だが、日本のGATT加盟に反対していた欧州諸国は、日本がGATT一一条国に加盟しても、GATT加盟国の権利である最恵国待遇と内国民待遇を拒否する権利、すなわちGATT一三条を適用した。[35] EEC諸国による日本に対するGATT一三条の援用は、一九九五年のウルグアイ・ラウンドまでつづけられ、日本からの輸入を制限したのである。

GATTは、ウルグアイ・ラウンド（一九八六〜九四年）でWTOとして改組されるまで八回にわたって交渉（ラウンド）がもたれた。それ以前に行われたケネディ・ラウンド（一九六四〜六七年）では、工業製品関税が一律五〇％引下げられた。ウルグアイ・ラウンドでは、加盟国間の交渉が難航したが、サービス貿易に関する協定（GATS）や知的所有権の貿易に関する協定（TRIPS）、投資に関する協定（TRIM）が決められ、これらの協定を運用するための機関として国際機関WTOが設立された。表4-2に示されるように、アメリカ主導のもとで行われた交渉では約一三万品目の貿易商品の関税が引き下げられた。

二〇〇一年にカタールで開かれた第四回閣僚会議でWTO設立後初めてのラウンド交渉とし

交渉の名称	交渉名	参加国	主な交渉内容	新譲許成立品（概数）
第1回 一般関税交渉	1947年	23	関税引下げ	45000
第2回 一般関税交渉	1949年	32	関税引下げ	5000
第3回 一般関税交渉	50～51年	34	関税引下げ	8700
第4回 一般関税交渉	1956年	22	関税引下げ	3000
第5回 一般関税交渉	61～62年	23	関税引下げ	4000
ケネディ・ラウンド交渉	1964～67年	46	関税引下げ（注1）	30300
東京ラウンド交渉	1973～79年	99	関税引下げ 非関税障壁低減（注2）	33000
ウルグアイ・ラウンド交渉	1986～1994年	108	市場アクセスの改善ルールに関する交渉 新交渉分野	

注1. ダンピング防止協定等一部非関税障壁の低減も目指す。

注2. 東京ラウンド諸協定を作成

資料：GATT

表4-2　GATTの交渉（ラウンド）の比較

出所：『平成5年通商白書』〈総論〉通商産業省、29頁

てドーハ開発アジェンダ（ドーハ・ラウンド）が立ち上げられた。しかしドーハ・ラウンドは、アメリカ、日本などの「先進国」とインド、中国などの「途上国」の間で意見が対立し、以降二〇二〇年現在までラウンドは開催されていない。

†国連貿易開発会議（UNCTAD）

貿易の自由化によって恩恵を受けるのは、国際競争力のある工業国の企業であり、工業基盤のない途上国は、自国の市場を工業国の製品で食い荒らされる。ましてやラテンアメリカ諸国や一九六〇年代初頭まで植民地支配下におかれていたアジア、アフリカ諸国にとって、自由貿易のメリットは皆無であった。発展途上国が世界貿易に占める割合は、工業国とは逆に小さくなり、貿易赤字は増大するばかりであった。こうしたなか一九六四年ジュネーヴで第一回国連貿易開発会議（UNCTAD）が開催され、貿易問題をGATTではなく、国連によって解決することが決議された。第一回UNCTADでは、南北間の不公正な貿易を糾弾し、南の諸国の工業化を目指す途上国七七か国グループ（G77）が結成された。

第一回国連貿易開発会議ではGATTとは真逆の貿易政策、すなわち工業国には途上国の産品に対する特恵を認め、無差別・無条件の最恵国待遇をとらない貿易政策が確定された。[36]同年一二月に開催された国連総会では、国連貿易開発会議が国連の常設機関として認められ、一九六六年には第三世界の工業化を推進するため「国連工業開発機関」（UNIDO）が設立されたものの、未だに所期の目的を達成していない。それどころか、第三世界では、一九七三年の一次石油ショックを契機として産油国と石油資源をもたない諸国との間で格差が拡大した。さらに一九七〇年代後半になると一定程度の工業化を達成した諸国と、工業化に失敗した諸国に分解してしまった。[37]

†石油輸出国機構（OPEC）の石油戦略発動

一九六一年には石油輸出国機構（OPEC）が結成され、六七年にはアルジェで第一回七七か国グループ（G77）閣僚会議が開催された。そしてG77は工業国に対して特恵関税と開発援助を求めた。一九七三年一〇月、OPECは第四次中東戦争の勃発に合わせて北側諸国に対して石油戦争を宣言し、原油の公示価格を一挙に七〇％引上げた（一次石油ショック）。さらに同年一二月には原油公示価格を二倍強に引上げた。翌年の七四年には国連資源特別総会で、新国際経済秩序（NIEO）樹立宣言と行動計画が採択され、南北間の対話が開始された。[38] さらに一九七九年にはイラン革命（ホメイニ革命）が勃発し、世界第二の産油国イランの原油を独占していたセブン・メジャーズ（国際石油資本：エクソン、モービル、テキサコ、ガルフ、ソーカル、ブリティッシュ＝ペトロリアム、ロイヤル＝ダッチ＝シェル）による石油の独占体制が崩壊した

（第二次石油ショック）。

二度にわたる石油ショックは世界経済を震撼させた。石油価格の急激な上昇によって、これまで安価な石油を湯水のように使用して戦後復興を成し遂げた工業国は、激しいインフレと同時に経済停滞（スタグフレーション）に見舞われ、長期間にわたる経済不況に突入した。

他方、OPECによる石油戦略発動により産油国には膨大なオイルマネーが流れ込んだ。オイルマネーを手にしたアルジェリアやイラン、イラクのような産油国は、その全てを重化学工業化に注ぎ込んだ。[39] オイルマネーだけでは足りないので工業国から莫大な借金をして輸入代替工業化政策を展開した。輸入代替工業化政策とは、輸入品に頼っている工業製品を国産品に置き換える政策である。だが一九八〇年代になると重工業化政策の挫折は疑う余地のないものとなり、債務返済不能の状態に陥った。[40] それどころかイランとイラクは、一九八〇年九月から八八年八月までの九年間、戦闘状態（イ・イ戦争）に入り、双方で一〇〇万〜一四〇万人の犠牲者を出した。

†資源国はなぜ工業化に失敗したのか

豊富な地下資源に恵まれたアルジェリアのような国は、なぜ工業化に失敗したのか。[41] それは、地下天然資源の輸出収益だけでは実現できないような巨大な重化学工業化に取り組み、工業化に必要とされる生産設備や技術、そして資金を先進国に依存したからに他ならない。しかも権力は腐敗した国軍が掌握していた。重化学工業化が挫折しただけではない。一国の経済そのものが地下資源の輸出収益に依存するいびつな構造に作り変えられたのだ。[42]

サウジアラビアを盟主とする湾岸諸国は重化学工業化戦略をとらず、オイルマネーを欧米の金融機関に預けた。欧米の金融機関は南の貧しい国にオイルマネーと工業化プランをワンセットで貸付けた。だが流入した資金は、独裁政権の懐を肥やす資金源となり、また国民を抑圧する装備を強化するために利用され、何らみるべき成果を生まなかった。コンゴ民主共和国（旧ザイール）の恐るべき独裁者モブツは、三二年間（一九六五〜九七年）政権の座に居座りつづけたが、欧米諸国の政府は、モブツを政治的・軍事的に擁護し、同国の資源を奪い尽くしていたのだ。

モブツが政権の座から追われた時、コンゴ民主共和国の対外累積債務総額は五〇〇億ドルに達していたが、ジュビリー二〇〇〇によればモブツ大統領がスイスの銀行に預金していた金額は五〇億ドルもあったという。[43]

要するに膨大な借金を背負った諸国には膨大な債務だけが残された。一九八〇年代になると債務返済不能となった多くの重債務国はＩＭＦ、世界銀行が推奨する構造改革（民営化）に着手し、債権国の巨大企業に国民の財産の売却を開始した。

†アメリカの金利引上げと途上国の債務問題

こうしたなかで慢性的な経常収支赤字に悩む米国は一九七九～八〇年に高金利政策をとり、連邦準備制度（ＦＲＳ）は金利引上げを決定した。このため国際市場における金利は一挙に上昇した。七〇年代に低利で膨大な債務を借入れていた途上国は当初予定していた返済利子の約三倍の利払いに直面し、一九八二年八月に発生したメキシコ金融危機に象徴されるように発展途上国の債務問題は一挙に表面化したのである。

こうした米国の金融政策と七〇年代末における一次産品価格の下落が結合することにより、サハラ以南のアフリカ諸国は債務返済を履行するためにさらに借款に頼り、新規借款で債務を返済しなければならない債務増大の罠に陥った。債権国は、債務返済不可能な状態に陥った発展途上国に債務を返済させるために世界銀行とＩＭＦに債務取立てを委託した。

このようななかで一九八〇年から打ち出されたのが新自由主義に基づく経済政策、すなわち構造調整政策（Structural Adjustment Programme：ＳＡＰ）であり、それに基づいた世界銀行による構造調整融資（Structural Adjustment Loan：ＳＡＬ）の受入れである。[44] 具体的には、以下五点の経済政策を骨子とする新自由主義的政策の全面的な導入であった。

① 通貨の切り下げ。

② 規制緩和と市場経済の導入。
③ 国家の経済に対する介入の中止。
④ 国営企業の解体と民営化。
⑤ 企業に対する課税の削減と資金移動に関する規制の撤廃。

最貧国が密集するアフリカでは四〇か国が構造調整政策を受け入れ、市場経済の導入を進めた。これらの国では比較優位のある地下天然資源、コーヒー、ココア、綿花等の一次産品（換金作物）の栽培地拡大と輸出が奨励された。換金作物栽培のみに依存した経済は、植民地支配の遺物であったが、独立を獲得したアフリカ諸国は、独立後も唯一の外貨収入源である換金作物の栽培と生産に力を入れていた。[45] SAPは、さらなる地下天然資源の開発と換金作物の栽培を奨励した。だが二〇〇〇年段階でSAPの挫折は明白となり、貧しい国は以前にも増して貧しくなり、貧富の絶大な格差が拡大した。[46] すでに一九九七年、ベルギーの経済学者E・トゥッサンは以下のように述べている。

「現在の世界貿易システムのなかで、南の国は不利な立場におかれているが、サハラ以南のアフリカは最も不利な立場におかれている。なぜならばこれら諸国は、ラテンアメリカ諸国や東アジア諸国と比較して工業化が最も遅れており、輸出品のほとんどが非工業製品に偏っているからである。一次産品輸出を増大させればそれだけ国際市場における一次産品価格は下落し、サハラ以南のアフリカ諸国の貿易収支は年々悪化の一途を辿る。世界銀行および国際通貨基金による構造調整プログラムが実行に移されてから一〇年以上の歳月が経過した現在、同プログラムの挫折は白日のもとに晒されている[47]」

3 国家の衰退とグローバリゼーション

†ニクソン・ショックとアメリカ経済の凋落

オイルショックを契機として世界経済が停滞に見舞われるなか、アメリカの貿易は一九七一年には九七年ぶりに赤字を記録した。加えて一九七一年のアメリカの対外公的債務五〇六億ドルに対して金準備高は一〇二億ドルになり、債務が金準備高の五倍近く膨れあがった[48]。

こうしたなか、一九七一年八月一五日、ニクソン大統領は、突如、金とドルの交換を停止すると宣言したので、世界中の株式・金融市場は大混乱に見舞われた。同年一二月、先進一〇か国の蔵相・中央銀行総裁会議（G10）でアメリカは、ドルと交換する金の量を減らすこと（スミソニアン協定）を約束、ドルの価値が切下げられる反面、日本の円やマルクの価値が切り上げられた。だが、アメリカの貿易赤字と債務は膨張しつづけた。一九七三年になると日本やE

EC諸国が変動為替制への移行を宣言したので、IMF・GATT体制を支えていた固定相場制は崩壊したのだ。

それはD・ハーヴェイが指摘しているように、日本と西ドイツの経済が生産性と効率においてアメリカ経済を凌駕したからである。[49] そして、一九八五年九月、ニューヨークのプラザホテルでG5が開催され、アメリカは日・独・英・仏政府に対してドル売りを要請した。アメリカの要請に従って各国は、ドル売りの協調介入を行った（プラザ合意）。その結果、ドルは一挙に二四〇円から二〇〇円に下落、さらに一年後には一五〇円台にまで下落したが、アメリカの貿易赤字は増大しつづけた。

また貿易赤字だけではなく、財政赤字も拡大した。その最大の要因は、一九六五年から七六年までつづいたベトナム戦争である。アメリカは、アジアで共産主義勢力が拡大するのを恐れ、小国ベトナムに襲いかかり、第二次世界大戦中に使用した砲弾・爆弾の二・七倍もの砲弾の雨を降らせた。[50] ベトナム戦争のコストは、一九六〇年のGDP（国内総生産）に匹敵する五一五〇億ドルに達した。戦費の拡大で、軍需産業は潤ったが、国家財政は危機的状況に陥ったのである。[51]

†日米経済摩擦

連邦議会は貿易赤字を解消するため、一九七四年に「通商改革法」を可決、通商三〇一条が新設された。通商三〇一条は、外国の不公正な貿易慣行を改めさせ、市場開放を迫り、アメリカの輸出を増加させようとするものであった。しかも外国政府の政策や慣行が不公正だとする判断は、アメリカ合衆国通商代表部（USTR）が下すこととされた。[52] さらに議会は、一九八八年七月、「一九八八年包括通商・競争力法」を成立させ、スーパー三〇一条を新設した。スーパー三〇一条は、USTRに不公正な貿易を行っている国を特定し、不公正な貿易の除去を求めて交渉する権限、交渉決裂時の報復措置をとる権限を与えた。スーパー三〇一条は、一九九四年三月、ビル・クリントン大統領（在任一九九三〜二〇〇一年）の行政命令で九七年まで延長された。[53] 日米間での貿易摩擦は一九五〇年代の繊維摩擦、一九六〇年代後半の鉄鋼摩擦、カラーテレビ摩擦、一九八〇年代の自動車摩擦、一九八〇年代後半には半導体摩擦が挙げられるが、アメリカは自国産業（企業）を守るために保護貿易政策に向けて大きく転換したのである。

日米間の貿易摩擦において、一九八〇年代までには対米輸出自主規制という解決パターンが常態化した。[54] 繊維摩擦に対して佐藤栄作首相は、一九七二年一月、ニクソン大統領との会談で、繊維製品の対米輸出自主規制と引き換えに、アメリカの占領下におかれていた沖縄の名目的

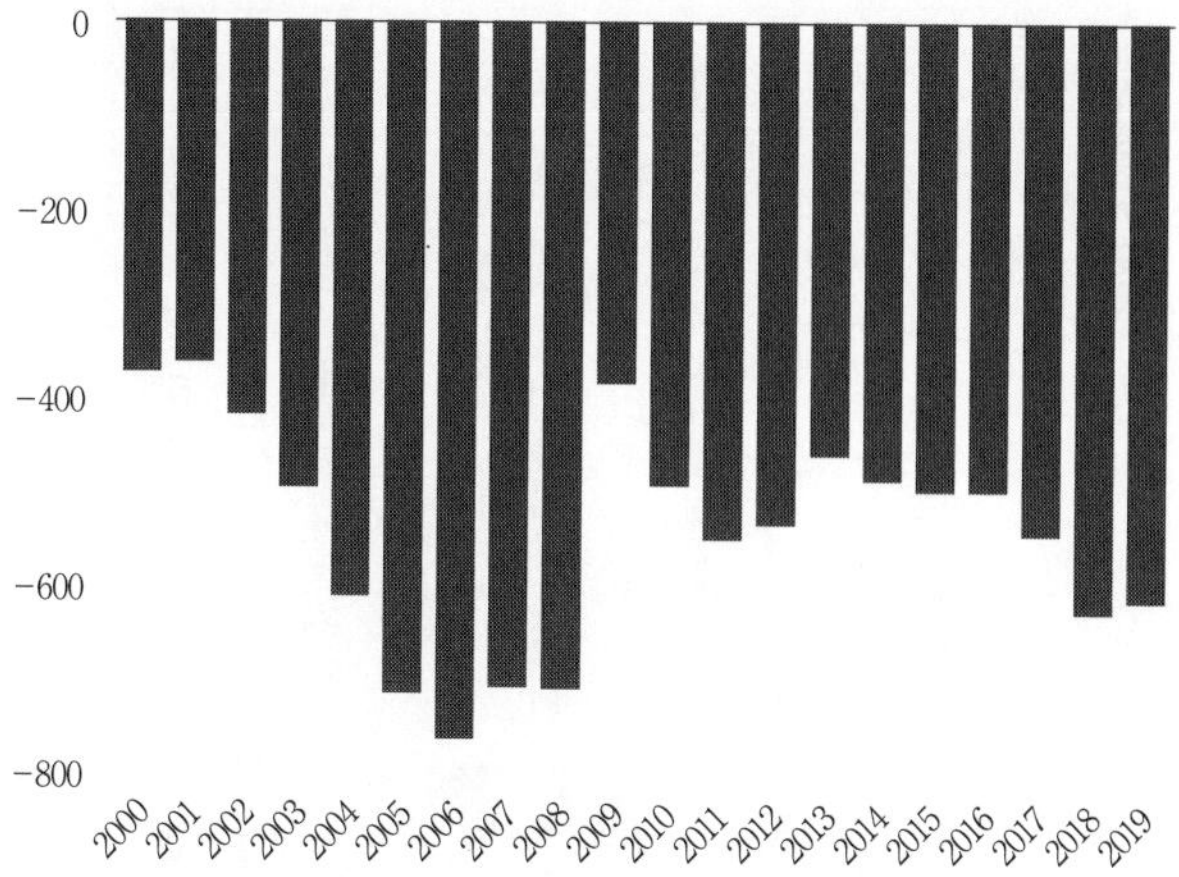

図 4-3　米国の貿易収支（2000〜2017 年）単位：10 億 US ドル

出所：https://www.statista.com/statistics/220041/total-value-of-us-trade-balance-since-2000/（2020 年 3 月 30 日閲覧）

「返還」を実現したのである。[55]

†米国による日本の市場開放

一九八〇年代に入り、米国の対日貿易赤字基調が定着すると、米国と日本の間では、両国の産業構造、さらには経済構造の違いが日米通商摩擦の交渉テーマとなっていった。[56]

日米貿易摩擦は日米経済摩擦へと転化したのだ。こうしたなかで、一九八五年一月のレーガン・中曾根会談で、「市場指向・分野選択型協議（Market Oriented Sector Selective talks：MOSS）が開始された。MOSS協議は、巨額の貿易赤字を抱える米国が、日本の市場開放を一層強く求め、日本政府がこれに応ずる形で開始されたものである。[57] それでも対日貿易赤字基調が変わらないので、一九八九年の宇野首相とブッシュ大統領の首脳会談で、MOSSを発展的に解消して「日米構造問題協議」(Structural Impediments Initiative：SII)が開始された。SIIは、一九八九年から九〇年にかけて五回、協議が行われた。[58] さらに一九九三年四月の日米首脳会議(宮沢・クリントン)では、SIIに代わり、「日米包括経済協議」(US-Japan Framework for a New Economic Partnership)が創設された。[59]

このような一連の流れについて、鷲尾友春は以下のように述べている。

「WTOの誕生で、輸出自主規制という手法を禁じられ、それ故、政府間協定によって、相手国に義務を課し、以て、相手国に行政措置を取らせる。そうしたやり方が主流になる中、規制の対象が、本来なら市場に任せ、あるいは、民間企業が自身の責任で対応すべき分野にまで、相手国の政府権限を及ぼさせ、米国の要求を果たさせる。米国の要求がここまで変貌してくると、明らかにダブル・スタンダード的色彩が濃くなってこざるを得ない。なぜなら米国は国内では、市場尊重を旗印に政府の介入を排しながら、海外では、相手国に市場への介入を強いるからだ[60]」

†世界経済の変質

先に触れたようにブレトンウッズ体制は、ニクソン・ショックをもって崩壊した。これはアメリカ経済が日本、西ドイツ経済のキャッチアップにより地盤沈下したからに他ならない。一九七〇年代になると、アメリカの多くの産業、特に伝統的産業の中心地であった北東部や中西部の産業は衰退の一途を辿った。だがこのとき、ハーヴェイが指摘しているように「グローバル経済におけるまったく新しい諸空間で工業化の驚くべき波が高まった[61]」のである。すなわち、金融と貿易の自由化によって多国籍化した巨大資本が、これまで開発が遅れていた地域、なかでもアジアNIES（新興工業経済地域：韓国、台湾、香港、シンガポール）や中国、インド、ASEAN[62]に生産拠点を移したために、これら諸国・地域が資本主義的発展を遂げ、新しい国際分業体制が確立したのである。このような発展のメカニズムについて、平川均は以下のように述べている。

「現代の世界経済は一般的に言って、先進国からの海外直接投資が貿易に先行し、貿易は投資の後に続く。アジアの新興諸国は、こうした海外からの資本と技術の導入によって発展の糸口をつかんできた[63]」

ドラッカーも指摘しているように、一九七〇年代を通じて世界経済の中身が大きく変質したのだ。すなわち財・サービスの貿易よりも、資本移動が世界経済を動かす原動力となったのである。[64]

柳田侃もこうした変化について、従来、企業の生産活動の主要な舞台は個別の国民国家の領域の内部にあったが、企業の対外直接投資による海外生産が増大するにつれて、国民国家の政治的領域はその国出自の企業の経済活動領域とますます乖離することになったこと、そして世界をひとつの国民国家内の市場と同様にみなして活動する多国籍企業が世界経済の主役になったことを指摘している[65]。すなわち世界経済は多国籍企業内の分業に包摂され、世界をひとつの国民国家内の市場と同じようにみなして活動する巨大な超国家的企業が世界経済の主役として躍り出たということだ。イアン・ティレルは、こうした変化の中でのアメリカ経済の空洞化の風景を以下のように描いている。

「一九七〇年代から産業の空洞化が社会現象となった。(中略)アメリカ北東部や中西部のいわゆる「ラストベルト」(斜陽重工業地帯)では工場の閉鎖や人口減少がみられた。(中略)アメリカ鉄鋼業界の雇用は一九七三年には五〇万人超であったが、一九八三年までには二四万人へと下落した。アメリカの労働組合はカナダより弱体で、政策も自由市場志向型であり、旧来のアメリカ産業はあっけなく衰退していった[66]」

†北米自由貿易協定(NAFTA)

一九七〇年代以降、アメリカの多国籍企業は、市場獲得競争で勝ち抜くために賃金が安い南米諸国、特にメキシコやアジアに生産拠点を大々的に移し始めた。こうしたなか、アメリカは一九八九年にカナダと自由貿易協定を締結し、一九九四年には、これにメキシコが加わり、北米自由貿易協定（NAFTA）が発効したため、三国間で関税が撤廃された。所康弘はNAFTAの目的について以下のように述べている。

「（アメリカは―引用者）カナダとは単一市場を形成しマーケットの一層の拡大を図ることで「規模の経済」を発揮し、また、メキシコとは同国の比較優位である稠密かつ低廉な余剰労働力を活かすことでコスト削減を狙うという、階層的な地域統合の相貌を呈している」[67]

NAFTAは、域外から輸入した部品で製造した商品、例えば自動車は、原産地規則によってNAFTA産の自動車として認定されず、三国以外の国のメーカーがメキシコからアメリカへ輸出する場合には、高い関税を支払わなければならない。米国の自動車産業（ビッグスリー）にとって原産地規則はメキシコの戦略的活用、および日本とドイツの自動車メーカーに対する競争力強化という意味で、有利な仕組みだったのである。[68]

自動車産業だけではなく米国の巨大な多国籍企業は、NAFTA発効以前からメキシコの保税加工区（マキラドーラ：輸入原材料に関税がかからず、完成品を輸出できる区域）に進出し、低廉な労働力を利用して膨大な利益を手にしていたのだが、NAFTA発効により以前にも増してメキシコへの直接投資を増やしつづけている。二〇一六年、メキシコの対内投資のなかでアメリカの投資は約四〇％（一〇九億六八〇〇万ドル）に達している。また同年のメキシコの輸出総額の約八〇％がアメリカに向けて輸出されている。輸出の主役は米国の多国籍企業であり、米国多国籍企業がアメリカの貿易赤字を生んでいるのだ。[69]経済の空洞化が進んだのはアメリカだけではない。日本やヨーロッパの経済も「グローバル経済における新しい諸空間」で新しい産業革命を始動したのであり、経済は恐るべき勢いで空洞化している。

なおトランプ大統領は、大統領就任直後、NAFTAの再交渉を指示した。三国間での交渉は、二〇一八年九月三〇日、「米国・メキシコ・カナダ協定」(United States-Mexico-Canada Agreement：USMCA）として合意された。新協定の名から「自由貿易」の文字が消され、自動車の対米輸出の数量規制や、通貨安誘導を封じる為替条項を盛り込み、管理貿易の色彩が濃厚になっている。

また新協定は、域外の企業の締め出しを目的としており、自動車を域内で組み立てる場合、域内から部品を調達する比率を従来の六二・五％から七五％に引上げ、時給一六ドル以上の高賃金の労働者による生産比率を四〇～四五％にすることが取り決められた。[70]またUSMCAは、中国包囲網の一環としての性格も濃厚だ。というのは、USMCAは、「非市場経済国」（中国）と自由貿易協定（FTA）を締結することを禁じる「毒薬条項」が盛り込まれているからだ。USMCAは、三国の議会で各々批准され、二〇二〇年四月二四日、米国通商代表部（U

STR）は、二〇二〇年七月一日に発効する旨を米議会に通知した。[71]

†資本主義国中国の誕生と「一帯一路」

かつての社会主義国「中華人民共和国」は、鄧小平（一九〇四〜九七年）による改革開放政策の提言を受けて一九七八年以降、南海沿岸地方に四つの経済特区を設け、これを外国貿易と外国からの投資に対して開放し、市場経済に向けて大転換を図った。一九九五年からはあらゆる種類の海外からの直接投資を全国的規模で開放し、輸出主導型の工業国へと大きく転換した。一九九〇年後半以降からは、マイクロソフト、オラクル社、モトローラ等、欧米の企業が研究開発の拠点を中国国内に移転しはじめた。その結果、香港近辺の深圳《しんせん》や東莞《とうかん》のような小さな村が瞬時にして数百万都市になり、強力な生産拠点になった。中国のGDPは、一九八〇年には世界で一一位であったが、二〇〇九年には日本を超えてアメリカに次いで世界第二位になった。

図4−4に示すように、二〇一九年度の中国の対外直接投資の受け入れ額は、一四一〇億ドル（約一四兆円）。アメリカに次いで世界第二位の直接投資受け入れ国なのである。二〇一七年段階で中国に進出している外資企業は五四万社、投資総額は六・九兆ドルに達する。[72] 米国の中国に対する直接投資は、図4−5に示されるように二〇〇五年には一五〇億ドル、二〇〇八年には二〇〇億ドル、二〇〇八年のリーマン・ショックを経て二〇一〇年以降、一四〇〜一五〇

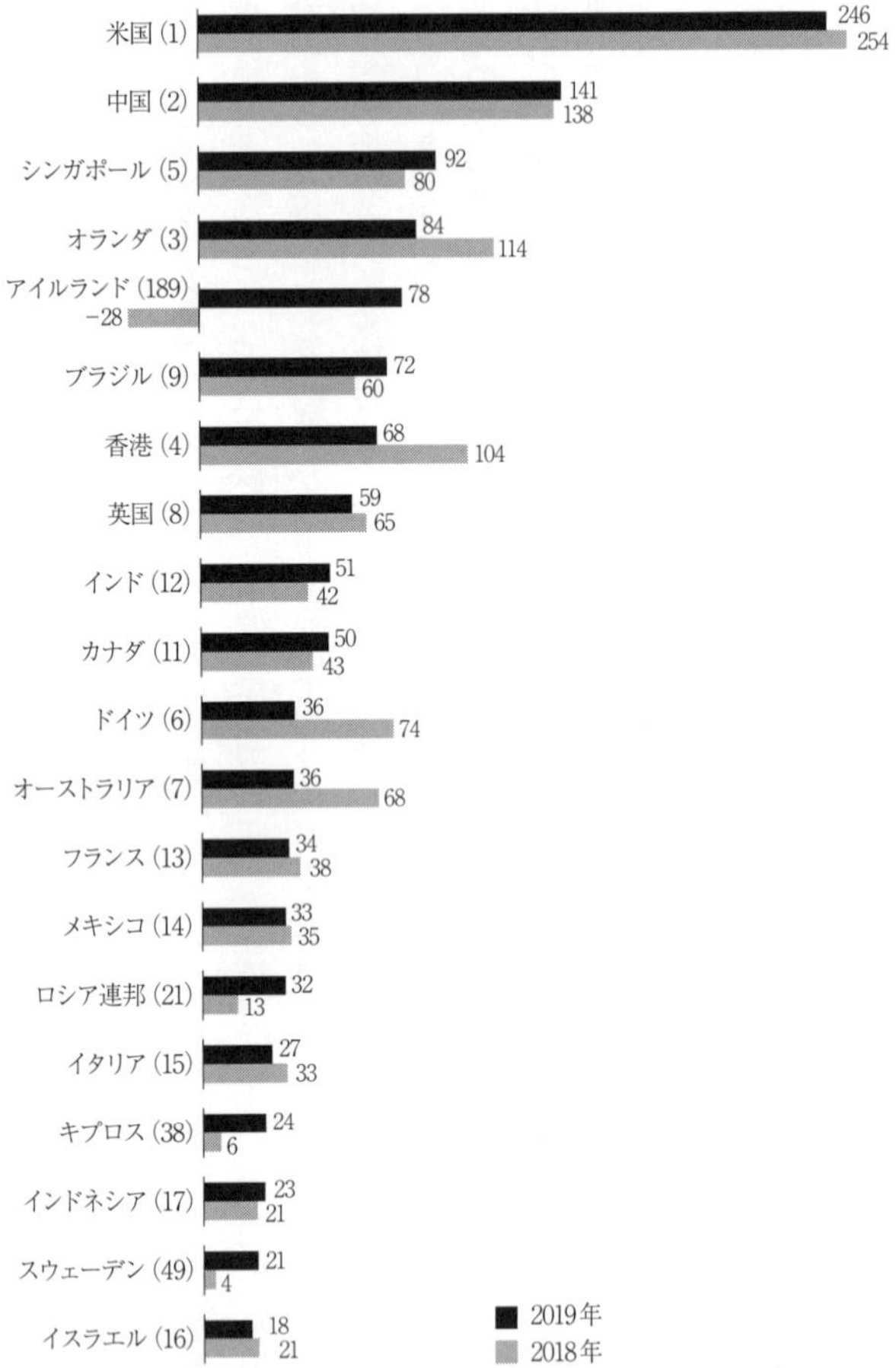

図 4-4　対外直接投資受入国トップ 20（2018、19 年）
単位は 10 億ドル。カッコ内は 2018 年。

出所：UNCTAD, World Investment Report 2020,p.12.

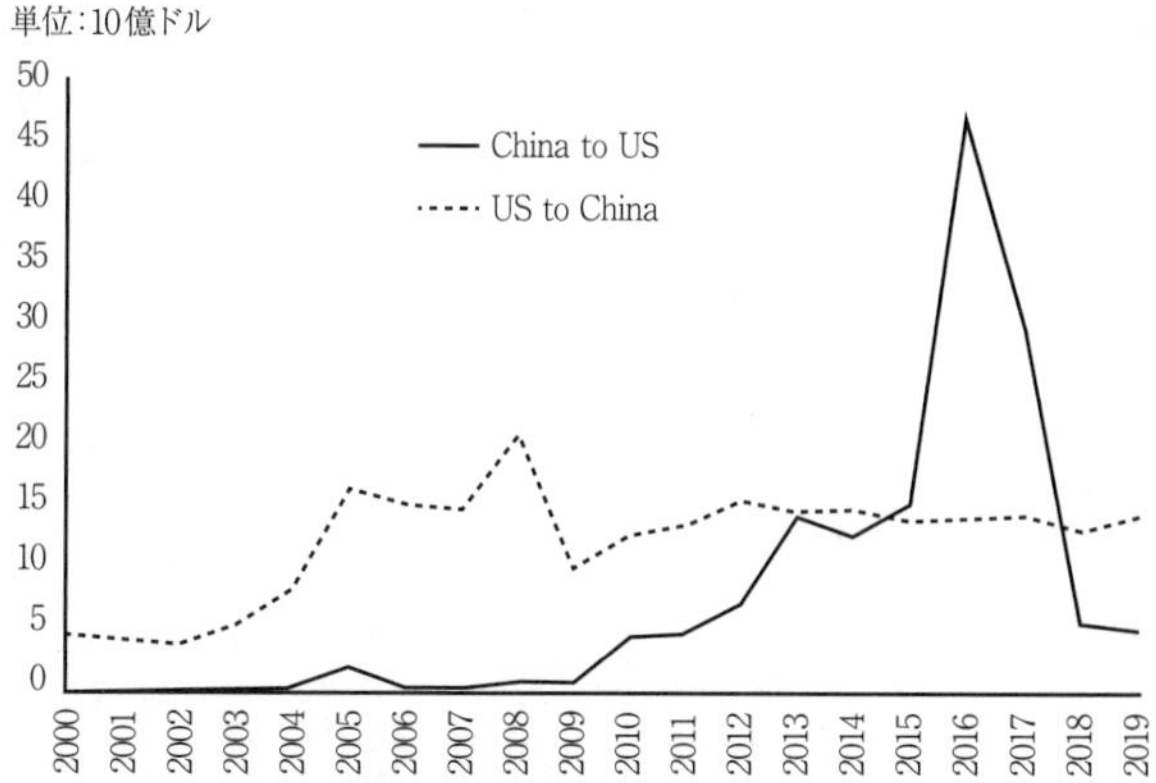

図 4-5　米国と中国の相互直接投資（2000～2019 年）

出所：https://arraysproduction-0dot22.s3.amazonaws.com/rhodiumgroup/assets/icon/TWS-2020_Report_8May2020_Final.pdf　p.9

億ドル台で推移しており、二〇一九年には前年を上回って一四〇億ドルを記録している。他方、中国の対米直接投資は、二〇一六～一七年の五〇〇億ドルから五〇億ドルに激減している。これはコロナ・パンデミックだけによるものではなく、米国政府の中国切り離し政策（デカップリング）によるものであり、中国企業が米国への進出を躊躇しているからに他ならない。二〇二〇年に入ると中国の対米直接投資は完全にストップした。

中国は低廉な労働力を武器に「世界の工場」、「世界の市場」として踊り出て急激な経済成長をつづけている。なかでも農村部から移住してきた若年労働者は超過搾取の対象とされている。他方、都市部では富をかき集めた新興ブルジョアジーがゲートとフェンスで守られた金持ち用高級住宅で暮らし、特権的な生活を享受している。[73] とはいえ、中国は低廉な労働力だけによって「世界の工場」になったのではない。携帯電話事業者の中国移動通信（チャイナモバイル）は、全世界に七七万基の携帯電話（国際通信規格）基地局を構築するまでになっているように（世界の四〇％、ボーダフォンに次ぐ携帯キャリア）、高い技術力を保持している。[74]

またサプライチェーンも米国を凌ぐまでに完備しており、世界中で使用される日常品からハイテク製品まで、あらゆる種類の商品が製造可能な国家として成長したのだ。例えば、二〇一二年に、オバマ大統領がアップル社の幹部に米国企業の空洞化について質問した際、同社のスティーブ・ジョブズは、中国に進出したのはただ単に労働賃金が低いからではないと述べている。そして、全ての iPhone には数百の部品が必要であり、その九〇％は海外で製造されている。先進的な半導体はドイツと台湾から、メモリは韓国と日本から、ディスプレイパネルと集積回路は韓国と台湾から、チップセットはヨーロッパから、そしてレアメタルはアフリカとアジアからきている。そのすべてが中国で組み立てられているが、その理由は、中国では大規模なサプライチェーンが完備しており、米国では見つけることができない規模の勤勉で有能な中間技術者がおり、迅速にスケールアップおよびスケールダウンできることを指摘している。[75]

だが、ハーヴェイが以下指摘しているように、この間、中国は厳然たる階級国家として、世界で最も貧富の格差が顕著な国として、最も不平等な社会として、米国に次ぐ第二の経済大国になったのだ。

「(中国共産党は―引用者) 社会的保護を骨抜きにし、受益者負担を押し付け、フレキシブルな労働市場体制をつくり出し、かつて共同で保有されていた資産の私有化を推進してきたのである。共産党は、資本主義企業が形成され自由に活動できる社会体制を生み出した。そうすることによって急速な成長を達成し多くの貧困を多少なりとも解消してきた。しかし同時に共産党は、社会の上層に巨大な富が集中するのを受け入れた[76]」

中国の習近平国家主席は、二〇一三年に「一帯一路」構想を打ち出した。また二〇一九年の「一帯一路フォーラム」で「デジタル一帯一路」を打ち出した[77]。一帯とは、かつての「シルクロード経済帯」であり、中国から中央アジア、イラン、トルコを経由してヨーロッパに至る陸のシルクロードの建設を意味する。また一路とは、「二一世紀海上シルクロード」、すなわち中国から南シナ海やインド洋を経由してヨーロッパやアフリカに至る海のシルクロードの建設を指している。二〇一五年段階で「一帯一路」への参加国は六〇か国であったが、二〇一九年にはイタリアが主要七か国(G7)としてははじめて参加し、参加国は一二三か国に増えている。

習近平国家主席は、「一帯一路」と同時に、開発の遅れた諸国のインフラ整備に必要な資金を貸し出す国際金融機関、「アジアインフラ投資銀行」(Asian Infrastructure Investment Bank:AIIB)の創設を提唱した。同行は二〇一六年に創設メンバー五七か国で発足して以降、四年半で一〇三の国・地域まで拡大している。なおG7からはドイツ、イギリス、フランス、イタリアが参加、日本とアメリカは不参加。二〇一七年三月にはカナダが参加し、加盟国・地域は、アメリカと日本が主導するアジア開発銀行（Asian Development Bank：ADB）を上回った。「一帯一路」構想の対象地域は七〇か国とされ、東南アジア、南アジア、中央アジア、西アジア、東欧、アフリカ等に広がる巨大な構想だ。[78]

習近平国家主席は、二〇三五年までに経済力・科学技術力で世界の一流国家の仲間入りを果たすことを目標として掲げている。だが、「一帯一路」構想に基づいて中国が融資した資金を返済することができなくなった場合、中国は債務国の港湾等を租借しており、中国の膨張主義政策をあからさまに見せつけている。例えば、二〇一五年には、パキスタンのグワダル港を四三年間租借、一六年にはギリシャのピレウス港の管理運営会社の株五一％を中国の国有企業が取得、一七年にはスリランカのハンバントタ港を九九年間租借している。[79] これは、かつてのイギリスのインドや中国に対する態度と何ら変わりがない。

†多国籍企業と東アジアの奇跡

二度にわたる石油ショック、プラザ合意を契機として、日本企業もアジアＮＩＥＳ（新興工業経済地域）に生産拠点を移行して、アメリカに輸出攻勢をかけた。欧米の企業もアジアＮＩ

ESに生産拠点を移した。NIESは、輸入している工業製品を国産化して工業化をはかる輸入代替工業化戦略ではなく、外資を導入して輸出主導型の工業化を目指し、低賃金を武器にして先進国の資本を惹きつけたのである。NIESのなかでも台湾と韓国は、アジアにおけるアメリカの反共基地として、労働者は企業に都合がいいように無権利状態におかれ、アメリカへの輸出は一般特恵制度が適応され関税が免除されていた。しかし一九八〇年代後半には、韓国、台湾と米国との間に経済摩擦が激化し、米国は韓国、台湾との貿易で深刻な赤字を記録するようになった。一九八八年九月、米国議会は包括貿易法を採択し、韓国、台湾の対米輸出はダンピング輸出(不当な廉価での輸出)であるとして不公正貿易慣行への対抗措置をとった。また一九八九年一月、米国は韓国、台湾に対する一般特恵制度の適応を除外し、市場開放と通貨切上げを要求し、輸出規制の強化を求めるに至ったのである。

NIESは一九九〇年代まで輸出主導型の工業化を目指したが、二一世紀に入ると、かつてのNIESのポジションに東南アジア諸国連合(ASEAN:タイ、マレーシア、ベトナム、インドネシア、カンボジア、フィリピン、ミャンマー、マレーシア、ラオス、ブルネイ)と中国がとって替わった。平川均が指摘しているように、一九九〇年代までの成長のトライアングルは、日本-NIES-アメリカであったが、今世紀になると、日本・NIES-中国・ASEAN-ヨーロッパ・アメリカからなるトライアングルに高度化したのだ[80]。日本や欧米が資本と中間財を供給していたNIESが、中国・ASEANに資本と中間財を供給するようになったのである。

いずれにせよ東アジア諸国は、外国からの直接投資に牽引されて外向きの輸出主導型の成長を果たしていった。一九九〇年代からは中国・ASEAN、今世紀に入ってからはBRICs(ブラジル、ロシア、インド、中国、南アフリカ)、そしてとりわけタイ、ベトナム、インドネシア等が国内の低廉な労働力を武器にして、輸出主導型の工業化政策を追求している。ハーヴェイによれば、資本にとって利用可能となった労働者数は、一九八〇年以降、世界で三倍増大し、約三〇億人になった。そしてそれは労働者の給与に対する強力な下降圧力となったのである。[81]

要するに、NIESをはじめこれら諸国は、安価な労働力を武器にして資本や技術だけではなく、市場までも国外に求めた、歴史上初のモデルとなったのである。[82]

多国籍化した超国家的企業の資本蓄積は、一九七〇年代中頃から海外直接投資と国境を超える企業合併、買収、併合(Cross-border M&A)によって実現されるようになった。二〇一六年度の世界の対外直接投資残高は二六兆ドル、一位はアメリカの六兆三八〇〇億ドル、二位は香港の一兆五三〇〇億ドル、つづいてイギリスの一兆四四〇〇億ドル、日本の一兆四〇〇〇億ドル(一七四兆一五七〇億円)となっている。[83]

なお国際通貨基金(IMF)が二〇一九年九月に公表した報告書によれば、多国籍企業等が節税を目的に租税回避地（タックスヘイブン）に移動させた資金は、世界の海外直接投資（FDI）の四割弱に達する。こうした租税回避地への資金移動は二〇一七年には一五兆ドルに達し、五年間で約五割増えた。FDI全体に占める比率も一七年は三八％と、一〇年の三一％程度から上昇した。資金移動の振り向け先は、ルクセンブルクとオランダが全体の約半分を占める。香港やアイルランド、英領ケイマン諸島などの租税回避地を合わせた一〇か国・地域で全体の八五％に達する。たとえば人口約六〇万人のルクセンブルクには、米国への年間FDI流入に匹敵する約四兆ドルの資金が流れ込んでいる。[84]

一九九七年七月に、イギリスが中国に返還した香港の対外直接投資受入額は、先に示した図4－4に示されるように、二〇一九年は六八〇億ドルであり、二〇一八年の一〇四〇億ドルより三四・四％減少している。その要因は、香港における民主化運動に起因する政情不安であるが、香港の海外直接投資受入残高は、二〇一九年段階で一兆八六七〇億ドルであり、世界第四位の直接投資受入れ国だ。香港は世界有数のタックスヘイブンであり、香港への主要な直接投資国は、中国、イギリス領ヴァージン諸島、ケイマン諸島、イギリス、オランダ、米国、バミューダ諸島そして日本だ。香港は、多国籍企業が易々と資金洗浄（マネーロンダリング）し、脱税を行うことが可能な天国であり、多国籍企業の司令塔としての役割を果たしている。[85]

貿易収支（二九五頁、図4-3）に示されるように、アメリカは財（モノ）の生産領域ではかつての支配力を失った。と同時にアメリカ経済は知的所有権にもとづいて技術使用料や特許料（レント）を引き出すことに依存するようになっていった。[86] アメリカは依然として巨大な金融力を保持しており、技術的・金融的イノベーションにおいてその優位性にもとづいて様々な金融派生商品を開発している。また銀行は投資銀行化し、カジノのような賭博場になっている。そのためには金融に関する規制を撤廃しなければならなかった。

アメリカでは、一九七五年五月に始まったディレギュレーション（規制緩和）の一環としての証券売買手数料の完全自由化を始発点とし、一九八〇年の金融制度改革法（預金金利規制の廃止）、さらにはレーガン大統領（在任一九八一〜八九年）のもとで財務長官に就任したリーガン（メリルリンチ会長）が主導した市場競争原理至上主義を根底におく新古典派の経済学が推進力となって、ひたすら「市場の成功」が喧伝されるようになった。

レーガノミックス（レーガン大統領がとった経済政策）の主目的は、①ニューディールの伝統を放棄し、②アメリカが支配するグローバル経済に途上国を組み込み、③アメリカ経済を新興工業国および日本の脅威から守り、④ニューディール式の大きな労組と政府との間に形成されていた社会契約を解体することであった[87]。

レーガノミックスの最終仕上げは、一九九九年の米国議会によるグラス・スティーガル法廃止である。同法は一九二九年の世界恐慌を反省し、銀行の証券業務を禁止する法律だった。同法が廃止されたことにより、銀行は伝統的機能を喪失し投資銀行化したのである。このような事態に対してスーザン・ストレンジは以下のように述べている。

「「銀行の終焉」と呼びたいような事態がある。（中略）銀行はもちろん今でも存在するが、それはかつての銀行とは違うものである。預金を受け入れて貸付を行う金融仲介が銀行の伝統的機能であったが、それはもはや銀行の主業務ではない。主要銀行は投資銀行化し、自己勘定取引（proprietary trade）――すなわち自らの資本をカジノに賭けること――へと急速に傾斜しつつある。（中略）競争の激化が保険会社を含むノン・バンクをビジネスに引き込み、さらには通常の銀行業務からの利幅を縮小してしまったのである[88]」

†新自由主義

「小さな政府」を標榜するレーガノミックスは、これまで国家による経済や社会に対する規制を撤廃し、規制対象とされていた医療、公的年金、福祉等の共同所有権の全てを市場に任せる政策（新自由主義政策）であり、イギリスではサッチャー政権が、日本では中曾根政権が引き継ぎ、七〇年代後半から世界的に浸透した。あらゆる分野で規制緩和が進展するなかで注目しなければならないのは、金融分野における規制の撤廃である。この過程をハーヴェイは、「生産から金融へのパワーシフト」と命名しているが、さまざまな産業分野や地域や国のあいだを資本が自由に移動することが決定的に重要なこととみなされ、資本の自由な移動を妨げるあらゆる障壁（関税、過酷な税制、計画性、環境規制、その他の局地的障壁など）を取り除くことが政策目標として掲げられた。[89] 要するに製造業のような非金融部門までもが金融投資から生まれる収益に依存するようになったのだ。[90] すなわち、世界経済はこれまでの実体経済中心の経済から金融中心の虚構経済へと変貌し、企業経営は株価を上げることを目的とするようになったのだ。正村俊之が指摘するように、金融化が経済活動の隅々まで浸透し、信用バブルが急速に膨れあがり一挙に収縮する「金融恐慌」が世界経済を直撃するような事態になったのである。[91] そしてヨアヒム・ヒルシュが指摘しているように、大企業が国内の労働力、市場、インフラストラクチャーを拠り所にし、大企業の繁栄が国民国家の境界線内の成長、雇用、豊かさと等しかった時代は過ぎ去ってしまったのだ。何よりも国家の政治は、他の国家と競合して、グローバルに、よりフレキシブルに行動する資本のために有利な価値増殖条件を整えることにますます関心を払うようになったのである。[92]

†国境を越えるマネー

国際決済銀行（Bank of International Settlement：BIS）の報告によれば、近年、国際間における為替取引が激増している。一日当たり国境を越えて動くマネーは、一九九八年には約一・五兆ドルであったが、二〇一〇年には約四兆ドル、二〇一七年度は五兆八七七〇億ドル、二〇一八年一月には一日当たり九兆七六三〇億ドルに達している。[93] 二〇一八年度の世界貿易総額（輸出額）は約一七兆四三〇〇億ドルであるから、わずか二日間で一年間の世界貿易総額に匹敵するマネーが増殖しながら国境を越えて移動していることになる。[94]

決済手段としての機能をもっていた貨幣が、価値を増殖するための最も効率的な手段になったということだ。つまり貨幣が商品となり、売買の対象となったということでもある。投機マネーにとって国境は必要なのだ。国境によって貨幣価値が異なり（貨幣価値の差異化）、為替は株価と同じように時々刻々、秒単位よりも速いスピードで変動する。貨幣価値の差異と変動こそが投機マネーや企業の国際的事業展開にとって巨大な利潤の源泉になっているのである。国境は、グローバルな事業展開を行う多国籍企業にとって存在しなくてはならないものであり、しかも資本や企業の移動の自由は保障されなければならないのである。デビッド・コーテンは、このような狂気じみた事態について以下のように指摘している。

「これまでの投資アナリストやトレーダーに代わって、精密な確率予測やカオス理論を駆使し、数式に基づいて投資プランを立てる数学者が幅をきかせるようになった。この方法で資金を運用するためには、人間にはできない猛烈なスピードで計算や決定を行わなければならない。そのため現在の金融取引では、商品の種類や銘柄とは全く関係のない抽象的な数字を、コンピューターどうしが直接やりとりしている。（中略）金融システム内の決定権は、次第に、難解な数式を用いて抽象的な数字を増やすことを追求するコンピューターに握られつつある」[95]

その帰結が、一九九七年七月にタイから燃え上がったアジア通貨危機や二〇〇八年九月のアメリカの投資銀行リーマン・ブラザーズの経営破綻（リーマン・ショック）に代表される金融危機なのだ。三和裕美子が分析しているように、今ではミリ秒単位、一〇〇万分の一秒の単位で株の売買取引が行われる「超高速取引」が、東京証券取引所やニューヨーク証券取引所の主要な流れになっている。[96]秒単位でカネがカネを生み出す社会が到来したのだ。

†トランプ政権の通商政策

トランプ大統領は、大統領就任直後の二〇一七年一月、NAFTAをめぐって、メキシコとカナダとの再交渉を指示し、NAFTAはSMACAとして二〇二〇年七月に発効した。またアメリカを含む一二か国で締結される予定だった環太平洋パートナーシップ協定（TPP）から正式に離脱する大統領令に署名した。そして二〇一八年三月八日には、鉄鋼、アルミ産業の労働者の立会いのもとで、鉄鋼に二五％、アルミニウムに一〇％の輸入関税を課すことを命じる文書に署名した。EUは、トランプ大統領への対抗措置として、鉄鋼製品やオートバイ、ウイスキー等二八億ユーロ（約三六〇〇億円）規模の米国からの輸入品に報復関税を発動した。これに対してトランプ大統領は、自動車への追加関税で対抗する方針を示唆した。

また米通商代表部（USTR）は二〇一八年四月三日、中国の知的財産の侵害に対して産業用ロボットなど生産機械を中心とした約一三〇〇品目に二五％の制裁関税を課すことを決めた。中国も直ちに反応し対抗措置を打ち出した。ただし、中国市場で巨大な利益をあげているスマートフォンや衣料品など輸入額の大きい消費財は除外した。

こうしたなか、トランプ政権は二〇一八年八月、政府機関がファーウェイ（華為技術）製品を使用することを禁止する「国防権限法」を制定し、同盟国にファーウェイ排除網に参加するよう呼びかけた。「国防権限法」成立一年後の二〇一九年八月には、ファーウェイ、中興通訊（ZTE）、海能達通信（ハイテラ）、監視カメラ大手の杭州海康威視数字技術（ハイクビジョン）、浙江大華技術（ダーファ・テクノロジー）、計五社の製品の政府調達を禁止した。

さらに二〇二〇年八月からは、中国五社の製品を使う一般企業からの政府調達を禁じた。日経新聞によれば、包囲網の切り札として浮上してきたのは、最先端技術の開発に不可欠なED

I（電子設計自動化）ツールだという。ファーウェイや中興通訊が強みとするプロセッサーや通信用ベースバンドIC等の設計には、米企業製のEDAツールが欠かせないからだ。[97]

トランプ米大統領が日本等の同盟国にファーウェイ排除を呼びかけたことを受け、日本政府は二〇一八年一二月、同社を念頭に情報通信機器の政府調達で安全保障にリスクのある製品を採用しないことを取り決めた。NTTドコモやauなどの主要携帯事業者も、5Gのインフラ設備にファーウェイを採用しない方針を決めている。[98] またイギリスやフランスもファーウェイ排除の呼びかけに賛同している。アメリカ№1を絶叫し、米中対立に突き進んだトランプ政権時の政策が、世界経済をどこまで攪乱しつづけるのか前途は不明である。

また米国によるファーウェイ排除は、日本の半導体装置メーカーやスマホ部品メーカーに多大の影響を与えることは必至であり、日本政府の米国追従政策は将来的に大きな禍根を残すことになる。

†保護貿易は悪なのか？

ところでTPPから離脱したトランプ大統領の一連の政策に対して、「保護主義と闘わなくてはならない」という言説が世論を導いている。しかし自由貿易の名のもとに関税を撤廃し、国外からの輸入を無制限に受け入れることは、米国に限らず、その国の産業や労働者に破滅的な被害を及ぼす。二〇一六年の選挙戦において大統領候補全員がTPPを否定したのは、米国民がTPPを拒否したからである。鈴木宣弘は以下のように指摘している。

「なぜ米国民にTPPが否定されたのか。「もうかるのはグローバル企業の経営陣だけで、賃金は下がり、失業が増え、国家主権が侵害され、食の安全が脅かされる」との米国民の反対の声は大統領選前の世論調査で約八割に達し、トランプ氏にかぎらず大統領候補全員がTPPを否定せざるをえなくなった事実は重い。（中略）米国民によるTPPの否定は「自由貿易」への反省期の時代に入ったことを意味する[99]」

自国の産業や企業が、外国の企業との競争に打ち負かされて次つぎに押し潰され、そこで働いていた労働者が路頭をさまようような事態は回避されなければならない。また企業が労働者を見捨てて国外に生産拠点を移すような事態は防がなければならない。トランプ大統領を熱烈に支持したのは、工場の閉鎖や人口減少がみられるアメリカ北東部や中西部のいわゆる「ラストベルト」（斜陽重工業地帯）の貧困化した労働者だった。まさにグローバル企業は、国境を乗り越え、利益を追い求めて自由に世界を駆け巡る一方で、多くの人びとから職を奪い、貧困の淵に追いやるのだ。

二〇一六年の統計によれば、米国の多国籍企業は国内で労働者を雇用する代わりにメキシコやインド、中国などの国外で約一四〇〇万人を雇用している[100]。すでにコールセンターはインドとフィリピンに移された。海外に進出した企業は、そこで低賃金労働力を確保し、低廉な商品を作り、世界市場に販路を求めている。一四〇〇万人といえば、米国の失業者七五〇万人の倍の数だ。それでは企業が海外からリターンしたと仮定した場合、アメリカの労働者は、新興国市場で雇用されている労働者と同じ賃金を受けとるのだろうか。K・アマエドによれば、IT関連技術者の給与は、インドでは年間約七千ドル、中国では八四〇〇ドルにしかすぎない。[101]

†アップルのiPhoneの値段はどのようにして決まるのか？

ラック・キャピタル（Luke Capital）の投資家G・リュックは、実名制Q&Aサイト、クオラ（QUORA）での質問に答えて、アップルのiPhoneをアメリカ国内で製造した場合の値段は、三万〜一〇万ドルになると述べている。[102] 現在の販売価格を維持するためには中国等の国外で製造する以外には方法はない。

米国のアップルは、二〇一六年度にiPhoneだけで二億一六〇〇万台（世界出荷でシェア一四・四%）を出荷し、売上高は二一五六億ドル（一ドル一一〇円換算で約二四兆円）に達する。二〇一二年からの五年間で、アップル社へのサプライヤーリストに名前を連ねた企業は合計で二六九社、本社所在国・地域は一七、事業所所在国・地域は三七に及んでいる。[103] まさに米国のグローバル企業の典型であり、スマホやiPhoneの電池に必要とされるコバルトやタンタル鉱石の供給源であるアフリカのコンゴ民主共和国の鉱山までも支配下においている。[104]

米国の貿易収支は一九七〇年来、一貫して貿易赤字を記録しつづけているが、米国企業がグローバルな事業展開をすることによって経済が空洞化したのであり、それは際限のない資本の増殖を追い求める企業の行動の必然的な結果なのである。

中国のケースを見ると、米国の企業が米国から原料や資材を輸出し、中国で製品化して完成品を輸入しているのだから、貿易赤字を生み出しているのは米国の企業に他ならない。二〇一七年の時点で、中国の輸出の四三％は、外資によって設立された企業によるものであり、情報産業部門の輸出の七九％は米国を中心とする外資系企業によるものである。[105]

†アメリカは世界最大の海外直接投資国

トランプ大統領は、アメリカの製造業を守り、雇用を創出すると言っているが、米国の多国籍企業は国内の労働者を見捨ててグローバルな事業展開をしているのであり、貿易赤字を増大させているのはグローバル化した米国企業に他ならない。グローバル化した企業は、海外でM&A（企業の合併・買収）を展開し、対外直接投資を推し進めている。米国は、世界最大の海外直接投資国であり、二〇一七年の海外直接投資額は、三四二二億六九〇〇万ドル（約三八兆円）に達する。アメリカの対外直接投資のストックは、七兆七九九〇億四五〇〇万ドル（約八

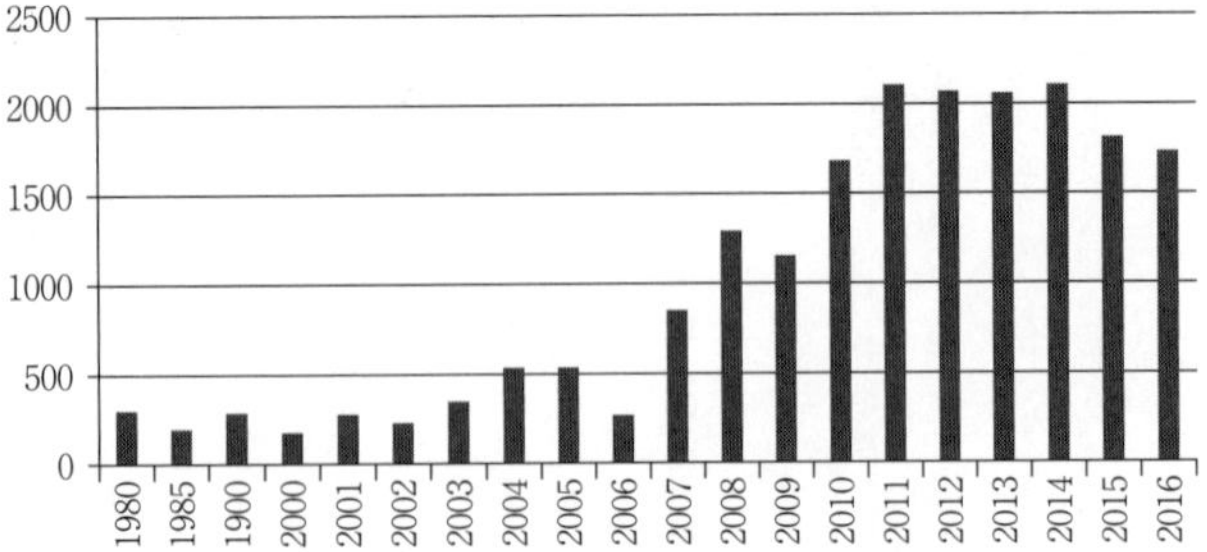

図 4-6　米国の第一次所得収支　単位：億ドル

出所：United States - Net primary income（BoP, current US$）
https://www.indexmundi.com/facts/united-states/indicator/BN.GSR.FCTY.CD

五七兆円）に達している。人民網日本語版によれば、一九九九年から二〇一五年までの一五年間、米国の対中直接投資は累計二二八〇億ドル（二五兆八〇〇億円）、中国の対米直接投資は累計六四〇億ドル（七兆四〇〇億円）に達している。米国の対中直接投資は、中国の対米直接投資の三・五倍にも達しており、米国企業にとって中国市場の重要性がうかがえる。[106]ただし、米中貿易戦争が激化するなか、二〇一八年一～五月には、中国の対米直接投資はわずか一八億ドルへと過去七年間で最低の水準に落ち込んでいる。[107]

ところで直接投資によって得られる利益、すなわち企業が海外に子会社を設立して稼いだ利益を親会社に配当金・利子として送金したり、海外で証券投資を行って稼いだ利益や債券の利子の受け取りが第一次所得収支である。米国の第一次所得収支は、図4‐6に示されるように二〇〇〇年以降、急激に増大しつづけており、二〇一六年には約一七三〇億ドル、二〇〇〇年から二〇一六年までの間に約七・五倍も増大している。[108]

また図4-7・8に示されるように、米国のサービス収支は一貫して黒字を記録している。サービス収支は、「知的財産権等の使用料」、「金融」、「旅行」などが拡大基調を示しており、二〇一六年度は二四二八億ドルの黒字を記録し、二〇〇六年から二〇一六年までの一〇年間にサービス貿易の黒字は三倍以上に拡大している。二〇一八年から開始された中国に対する制裁関税も、「知的財産の侵害」を口実にして課せられているが、米国のIT関連企業主導の下で、WTOで「知的所有権に関する協定」(TRIPS)を提起したように、米国は中国に脅かされつつあるとはいえ、世界最大の知的財産の保有国なのだ。米国のIT関連企業は国家を利用して自己の利益を追求しているのである。

なお経常収支のなかで、貿易収支が占める割合よりも第一次所得の割合が肥大化しているのはアメリカだけではない。図4-9に示されるように、日本の経常収支の黒字を支えるのは貿易収支ではなく第一次所得収支なのだ。いまや日本の企業(製造業)はグローバルな展開を行っており、日本も貿易立国ではなくなったのだ。

†富める者は富みつづける

以上検討したように、米国は今や製造業やモノを扱う産業から人件費や在庫コストのかから

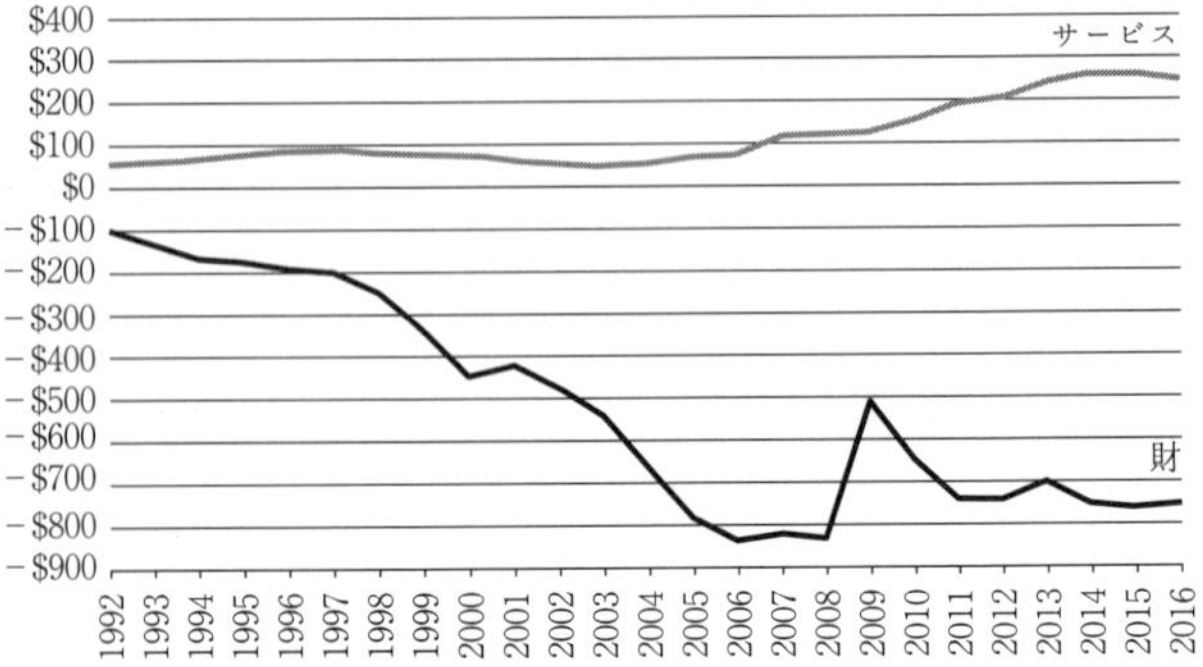

図 4-7　米国の財の貿易とサービス貿易（1992-2016 年）
単位：10 億ドル

出所：CRS, based on data from U.S. Department of Commerce, Bureau of Economic Analysis
https://fas.org/sgp/crs/misc/R43291.pdf#search=%27trade+in+services+USA%27
https://www.bea.gov/data/intl-trade-investment/international-transactions

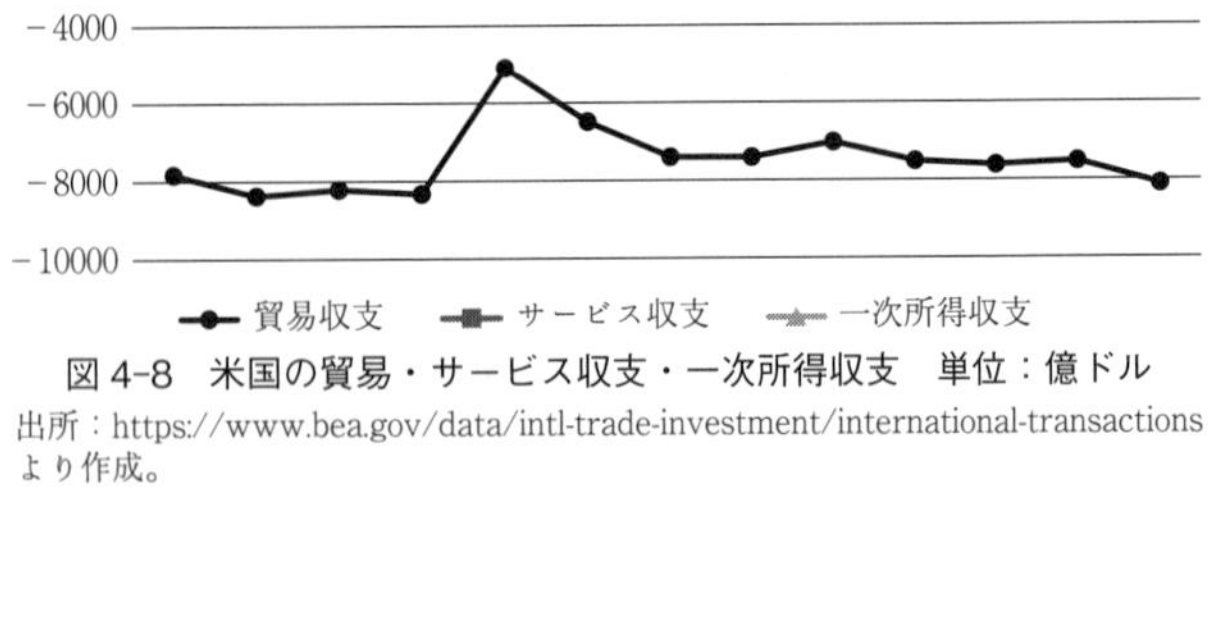

図 4-8　米国の貿易・サービス収支・一次所得収支　単位：億ドル

出所：https://www.bea.gov/data/intl-trade-investment/international-transactions より作成。

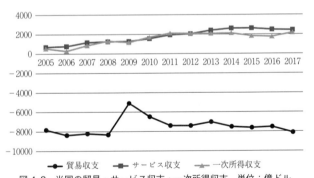

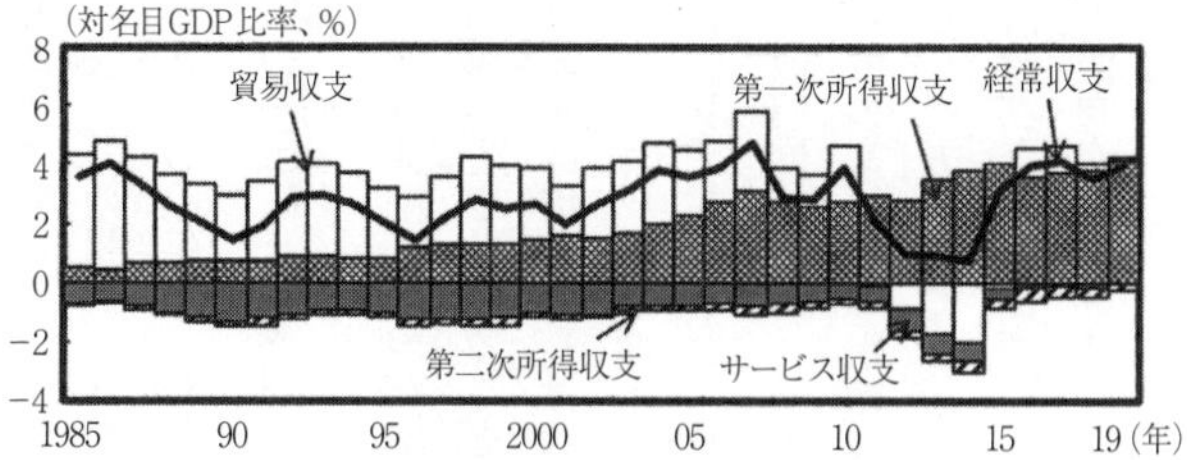

図 4-9　日本の貿易収支と第一次所得収支

出所：内閣府『人口減少時代の持続的な成長に向けて』2020 年 2 月
https://www5.cao.go.jp/keizai3/2019/0207nk/n19_3_1.html

ない知識集約産業へと脱皮したのであり、技術力を示す特許やブランド力を示す商標権に示される無形資産は、ここ一〇年間で二倍以上増え、二〇一七年には工場や店舗などの有形資産を上回るようになっている。日経新聞によれば、二〇一八年度の世界企業の売上高は三五兆ドル、一〇年前より一九%増えており、純利益は二・五倍の二・八兆ドルにも達しているが、米国の企業の純利益は世界のシェアの三九%、世界のトップの座を守っている。[109]こうしたなかトランプ大統領が法人税を減額したので、IT関連産業のCEOの報酬は異様に増大しつづけている。

二〇一八年五月二五日のニューヨーク・タイムズは、二〇一七年度の米国のCEO、二〇〇名の報酬を掲載しているが、トップのIT関連機器メーカーのブロードコム社CEO、タン氏の報酬は、一億三二〇万ドル(約一四五億二千万円)、二〇〇位のダウ・デュポン社のCEO、E・D・ブリーン氏は、一三八〇万ドル(約一五億円)だ。[110]統計局の数字によれば、二〇一七年段階で貧困ライン以下で生活している人は四〇〇〇万人に達している。[111] また三三〇〇万人近い人々の時間当たりの賃金は一〇ドル以下だ。[112] タン氏の年俸は、時間給一〇ドルで働く労働者の五五〇〇年分の給与に匹敵する。[113]

†国家と企業

二一世紀になった現在、GAFAに代表されるアメリカの多国籍企業が生き延びることと、国家が生き延びることとは無縁で無関係になったのだ。国家は窮乏化する一方であり、アメリカ政府は借金しなければ国家を運営することができない。米連邦政府の債務残高は、二〇一九年一〇月、二三兆ドル（約二五〇〇兆円）を超え、過去最高を更新している。それは法人税の引き下げと軍事予算の増大による財政難だ。

政府同様、アメリカの家計も膨大な借金を抱えている。NY連銀の発表によれば、二〇一七年度の家計債務総額は史上最高の一三兆ドル（一ドル一一〇円で計算すると一四三〇兆円）に達し、過去最高であった二〇〇八年の二八〇〇億ドル（約三〇兆円）を大きく凌駕している。家計債務とは、住宅ローン、クレジットカードローン、学生ローン、自動車ローンであり、三五〜四四歳のアメリカ人は一人当たり平均して一三万三一〇〇ドル（約一四六〇万円）、四五〜五四歳は平均して一三万四六〇〇ドルの負債を抱えている。[114]

先に指摘したように、一九七〇年代からは、資本移動が世界経済を動かす原動力となったのであり、米ソ冷戦の終結に伴って、米国をはじめとする資本主義諸国の資本は、一斉にグローバルな展開を開始したのである。そして旧ソ連邦経済圏や中国、そして南の国の低廉な労働力と市場を求めて経済の空洞化を推し進めたのだ。

経済の空洞化と並行して工業国では、一九八〇年代から大規模なダウンサイジング（人員削減）と企業従業員の入れ替えが行われた。そして一九八〇年代以降は、情報技術革命の進展、コンピューターの情報処理能力の高度化によって経営管理情報システムが開発されたため、企業は周辺業務や関連業務を外部化したのである[115]。なによりも企業はホワイトカラー業務を合理化し、階層的業務組織をフラット化した。アメリカだけではない。日本でも階層的業務組織はフラット化され、いまや非正規雇用労働者は全雇用の四〇％近くに達している。

こうしたなかでトランプ大統領は、ナショナリズムを煽り立て、軍事予算を増やし、環太平洋パートナーシップ協定（ＴＰＰ）やパリ協定から離脱し、法人税を引下げた。国外の企業との競争圧力から自国の労働者の生活や産業を守るための政策を保護貿易と命名するならば、トランプ大統領が推し進めた政策は、保護貿易政策とは無縁の貿易政策であり、アメリカの巨大な軍事産業や多国籍企業の利益を擁護しているだけなのである。

1　ジョン・K・ガルブレイス、牧野昇訳『新訳大恐慌』徳間書店、一九八八年、二七〇頁。ガルブレイスは問題点を以下五つ挙げている。1．所得分配の構造上の問題点、2．企業部門の構造的問題点、3．銀行部門の構造的問題点、4．対外収支状況の問題点、5．経済研究の分野における知的貧困。
2　メアリー・ベス・ノートン他、本田創造訳監修、上杉忍他訳『アメリカの歴史　5』三省堂、一九六六年、一三頁。
3　メアリー・ベス・ノートン他、前掲書、二七一頁。
4　Buy American Act は以下を参照。http://legisworks.org/congress/72/publaw-428.pdf（二〇一八年四月三日閲覧）
5　西田勝喜『GATT／WTO体制研究序説』文眞堂、二〇〇二年、二三頁。
6　西田勝喜、前掲書、四六頁。
7　ログローリング（logrolling）とは「丸太ころがし」を意味するが、二本柳高信によれば、「米国議会において法案の支持者を集める多数派工作に用いられる政治的な取引手段」のひとつ。詳しくは以下を参照。二本柳高信「ログローリング・立法府・デモクラシー」『産大法学』（京都産業大学法学部）38巻3・4号（2005年2月）一〇七頁。https://ci.nii.ac.jp/els/contentscinii_20180508181534.pdf?id=ART0001423668（2018年3月39日閲覧）
8　西田勝喜、前掲書、四八頁。
9　西田勝喜、前掲書、五〇頁。
10　ヴィクトル・ザスラフスキー、根岸隆夫訳『カチンの森――ポーランド指導階級の抹殺』みすず書房、二〇一〇年、一〇～一頁。なお同書はカチンの虐殺について詳しい。

11 その大部分が陸軍将校だったが、教師、実業家、幹部公務員、警官、神父たちがいた。詳しくはヴィクトル・ザスラフスキー　前掲書を参照。

12 宮地正人監修、大日方純夫・山田朗・山田敬男・吉田裕著『日本近現代史を読む』新日本出版社、二〇一五年、九九～一〇〇頁。

13 紀平英作「戦間期と第二次世界大戦」（有賀貞一・大下尚一・志邨晃佑・平野孝編『アメリカ史2』山川出版社、一九九三年、二九九～三〇〇頁）。

14 連合国共同宣言は以下を参照。http://www8.cao.go.jp/hoppo/shiryou/pdf/gaikou05.pdf（二〇一八年六月一八日閲覧）

15 秋元英一『アメリカ経済史』東京大学出版会、一九九五年、二一六頁。

16 秋元英一、前掲書、二九八頁。

17 秋元英一、前掲書、二一八頁。

18 紀平英作、前掲書、三〇八頁。

19 紀平英作、前掲書、三〇九頁。

20 メアリー・ベス・ノートン他、前掲書、一九八～九頁。

21 倉沢愛子他編『岩波講座　アジア・太平洋戦争I　なぜ、いまアジア・太平洋戦争か』岩波書店、二〇〇五年、二六一頁。

22 メアリー・ベス・ノートン他、前掲書、一九六頁。

23 Tomothy Green, Central Bank Gold Reserves: An Historical perspective since 1845. World Gold

Council 1999 p. 17.
http://newworldeconomics.com/wp-content/uploads/2017/01/WGC-central-bank-gold-reserves.pdf
（二〇一九年一月二〇日閲覧）

24　ハワード・ジン、猿谷要監修、富田虎男・平野孝・油井大三郎訳『民衆のアメリカ史』（上）、明石書店、二〇〇五年、一二三頁。

25　「トルーマン・ドクトリンの発表が発表された九日後の一九四七年三月二一日、トルーマン大統領は、連邦職員の忠誠審査を命令した行政命令九八三号を公布した。それは連邦公務員（当時は二百万名）とその志願者にたいして、「治安妨害、諜報活動、暴力による政体変革の唱道、情報の遺漏」などの行為の有無のみならず、司法長官が「全体主義的、ファシスト的、共産主義的ないし破壊活動的と指定した団体」に加入ないしそれと「同情的な交遊」をした事実の有無をも調査し、事実が確定した場合には解雇ないし任用を拒否するように命令したものであった」（油井大三郎「パクス・アメリカーナの時代」有賀貞・大下尚一・志邨晃祐・平野孝編『世界史大系　アメリカ史　2』山川出版社、一九九三年、三三七頁）。

26　ケインズ案、ホワイト案については以下を参照。伊藤正直「ＩＭＦの成立」（伊藤正直・浅井良夫編『戦後ＩＭＦ史——創生と変容』名古屋大学出版会、二〇一四年）。

27　ケインズは、国際収支の危機に際して、黒字国にも責任があり、黒字国は調整措置をとるべきだと主張した。これに対してホワイトは、赤字国責任論を主張し、結局ホワイト案が戦後世界通貨体制の原則として受け入れられたのである。ホワイト案、ケインズ案については以下を参照。宮崎犀一・奥村茂次・森田桐郎編『近代国際経済要覧』東京大学出版会、一九八七年、一六二～八頁。

28　ダニ・ロドリック、岩本正明訳『貿易戦争の政治経済学』白水社、二〇一九年、四二～三頁。

29　稲富信博「第二次世界大戦後の資本移動の自由化」（九州大学経済学会『経済研究』二〇〇一年一二月）二一三頁。グローバル資本主義の誕生に関して分析した卓越した論文である。

30　金子勝『反グローバリズム』岩波書店、一九九九年、二二～三頁。

31　GATTの成立プロセスについては以下を参照。山本和人『多国間通商協定GATTの誕生プロセス――戦後世界貿易システム成立史研究』ミネルヴァ書房、二〇一二年。

32　一九四九年一月のコメコン創立会議に参加したのは、ブルガリア、ハンガリー、ポーランド、ルーマニア、ソ連、チェコスロバキアの六か国。一九五九年までに、アルバニア人民共和国、ドイツ民主共和国（東ドイツ）が加盟した。

33　GATT協定第一条「…いずれかの締約国が他国の原産の産品又は他国に仕向けられる産品に対して許与する利益、特典、特権又は免除は、他のすべての締約国の領域の原産の同種の産品又はそれらの領域に仕向けられる同種の産品に対して、即時かつ無条件に許与しなければならない」（経済産業省訳『関税及び貿易に関する一般協定』）。http://www.meti.go.jp/policy/trade_policy/wto_agreements/custom_duty/index.html（二〇一八年四月二〇日閲覧）

34　GATT協定第一二条は、「国際収支の擁護のための制限」は、国際収支が悪化した国には、「輸入を許可する商品の数量又は価額を制限する」ことを認めている。

35　欧州諸国の日本に対するGATT一三条の適応に、日本政府は抗議した。一九五七年度版『外交白書』は以下のように述べている。「政府は三月末に六ヵ国に対して覚書を送り、域内の貿易自由化は域外諸国の犠牲によって行われるべきでないこと、海外領土との特恵の拡大はガットに違反すること、フランスおよびベネルックス三国はこの際わが国に対するガットや三五条援用を撤回してほしいこと等、ガットとの関係において共同市場に対するわが方の見解を明らかにした」。http://www.mofa.go.jp/mofaj/gaiko/bluebook/1957/s32-contents.htm（二〇一八年四月二〇日閲覧）日本に対するＧＡＴＴ一三条の援用はウルグアイ・ラウンド（一九八六〜九四年）までつづいた。

36　拙稿「国際貿易と国際分業――新国際経済秩序と開発理論」（『アジアアフリカ経済特報』№２１０、アジアアフリカ研究所、一九七九年六月）および日本国際政治学会編『第三世界――その政治的諸問題』有斐閣、一九六八年参照。

37　以下の文献は、第三世界、特にアフリカ諸国の独立後の現実を経済的に分析している。吉田敦『アフリカ経済の真実』ちくま新書、二〇二〇年。

38　拙稿、前掲論文参照。

39　独立後アルジェリアの経済過程については以下を参照。拙著『独立後第三世界の政治・経済過程の変容――アルジェリアの事例研究』西田書店、二〇〇六年。

40　拙稿「アラブ・アフリカの苦悩」（岩田勝雄編『21世紀の国際経済』新評論、一九九七年、二一二〜三二頁。

41　拙著『独立後第三世界の政治・経済過程の変容――アルジェリアの事例研究』（西田書店、二〇〇六年）参照。

42　地下天然資源に一元的に依存している国家を「レンティア国家」と呼ぶ。拙著、前掲書参照。

43　Jubillee2000 (Internet version). 井上信一『モブツ・セセ・セコ物語』新風舎、二〇〇七年参照。

44 拙稿「アフリカ」の苦悩はなぜなのか?」（「経済」新日本出版社、二〇〇八年一月）一〇四～一一頁。

45 Kojo Sebastian Amanor & Sam Moyo, "Land Development in Africa", Zed Book, London, 2008. P. 127～158. アマノールは、この論文で、西アフリカでも換金作物栽培地が、独立後、急激に拡大していることを実証的に分析し、問題点を摘出している。

46 例えばＯＸＦＡＭは、二〇一九年に報告書『世界の衝撃的な不平等な事実に関する五つの事実、如何にして是正するか』(5 shocking facts about extreme global inequality and how to even it up) において構造調整政策によりアフリカ諸国では貧困相が恐るべき勢いで増大したと指摘している。OXFAM International, "5 shocking facts about extreme global inequality and how to even it up" https://www.oxfam.org/en/5-shocking-facts-about-extreme-global-inequality-and-how-even-it 吉田敦も同様の指摘をし、アフリカ経済の現状を鋭く分析している。吉田敦『アフリカ経済の真実』ちくま新書、二〇二〇年。

47 Eric Toussain, "Sortir du cycle infernal de la dette". *Le Monde Diplomatique*. Octobre 1997.

48 一九七一年一二月、ワシントンのスミソニアン博物館において、米ドルの切下げを含む主要国の中心相場が合意され、固定相場制に復帰。一九七三年二月、米ドルの第二次切下げを契機として、為替相場は市場の実勢にまかせることを原則とする〈全面フロート制〉の時代に突入した。

49 デヴィッド・ハーヴェイ、森田成也他訳『資本の〈謎〉』作品社、二〇一三年、五三頁。

50 柴田三千雄・木谷勤『世界現代史 37』山川出版社、一九八五年、三八五～八頁。

51 秋元英一、前掲書、二二七頁。

52 中本悟『現代アメリカの通商政策』有斐閣、一九九九年、三三〜四頁。
53 中本悟、前掲書、四〇〜一頁。
54 鷲尾友春『日米間の産業軋轢と通商交渉の歴史』関西学院大学出版会、二〇一四年、二一〇頁。
55 佐藤・ニクソン会談と沖縄に関しては以下に詳しい。鷲尾友春、前掲書、四九〜五六頁。
56 鷲尾友春、前掲書、二一四〜五頁。
57 鷲尾友春、前掲書、二一五〜九頁。
58 米国から日本に対して協議を申し込んできたのは六項目（貯蓄・投資パターン、土地利用、流通、排他的取引慣行、系列関係、価格メカニズム）、日本から米国に七項目の協議を申し込んだ。詳しくは鷲尾友春、前掲書を参照。
59 日米包括経済協議の要点は外務相ホームページ（日米間の新たな経済パートナーシップのための枠組み）に掲載されているが、政府調達（電気通信、医療技術）、規制緩和及び競争力（保険）、その他（自動車・自動車部品）、経済調和（投資、知的所有権）、既存のアレンジメント（板ガラス）に至るまで、米国企業の日本市場進出を加速させるための協議が俎上にのせられている https://www.nikkei.com/article/DGXMZO28976750U8A400C1MM0000/（二〇一八年三月三〇日閲覧）
60 鷲尾友春、前掲書、二六五頁。
61 デヴィッド・ハーヴェイ、前掲書、五三頁。
62 東南アジア諸国連合加盟一〇か国（インドネシア、シンガポール、タイ、フィリピン、マレーシア、ブルネイ、ベトナム、ミャンマー、ラオス、カンボジア）で構成、域内の物品関税は約九〇%の品目が無税。平川均「グローバリゼーションと後退する民主化」（山本博史編著『アジアにおける民主主

義と経済発展』文眞堂、二〇一九年）参照。

63 平川均他編著『一帯一路の政治経済学』文眞堂、２０１９年、一六頁。

64 ドラッカー、上田惇生・佐々木実智男訳『マネジメント・フロンティア』ダイヤモンド社、一九八六年、二七頁。

65 柳田侃『世界経済』ミネルヴァ書房、一九八九年、一～二頁。

66 イアン・ティレル、藤本茂生・山倉明弘他訳『トランス・ナショナル・ネーション――アメリカ合衆国の歴史』明石書店、二〇一〇年、三一五頁。

67 所康弘『米州の貿易・開発と地域統合』法律文化社、二〇一八年、五一頁。

68 所康弘、前掲書、五二頁。

69 貿易統計数字は、『ジェトロ世界貿易・投資報告２０１７年度版』七頁を参照した。

70 「ＪＥＴＲＯビジネス通信」二〇一八年一〇月二日参照。https://www.jetro.go.jp/biznews/2018/10/5636a9a04c638d70.html（二〇一八年一〇月五日閲覧）

71 日本貿易振興機構「ＪＥＴＲＯビジネス短信」https://www.jetro.go.jp/biznews/2020/04/0162c28474d1c099.html

72 石原亨一『習近平の中国経済』ちくま新書、二〇一九年、一八六頁。

73 デヴィッド・ハーヴェイ、渡辺治監訳『新自由主義』作品社、二〇〇七年、二〇二頁。

74 奥村皓一『米中「新冷戦」と経済覇権』新日本出版社、二〇二〇年、五八頁。

75 New York Times "How the U.S. Lost Out on iPhone Work" https://www.nytimes.com/2012/01/22/business/apple-america-and-a-squeezed-middle-class.

html?searchResultPosition=1（二〇一二年四月三日閲覧）

76 デヴィッド・ハーヴェイ、前掲書、二〇六頁。

77 奥村皓一、前掲書、五七頁。同書によれば、これは国際通信レベルをあげるための、陸上での国境を越えた光ファイバー網の構築、衛星通信活用の環境完備、アジア海域・インド洋・アラビア海・ペルシャ湾・地中海・欧州大陸間の海底ケーブルの構築である。

78 平川均他編著、前掲書、一一頁。

79 平川均他編著、前掲書、二〇頁。

80 平川均他編著、前掲書、一八頁。

81 デヴィッド・ハーヴェイ、大屋定晴訳『コスモポリタニズム』作品社、二〇一三年、一一六～七頁。

82 平川均「東アジア工業化ダイナミズムの論理」（粕谷信次編『東アジア工業化ダイナミズム――21世紀への挑戦』法政大学出版局、一九九七年）一八～二一頁。

83 国際貿易投資研究所「世界各国の対外直接投資残高　上位60」。http://www.iti.or.jp/stat/1-006.pdf#search=%27%E4%B8%96%E7%95%8C%E3%81%AE%E7%9B%B4%E6%8E%A5%E6%8A%95%E8%B3%87%E6%AE%8B%E9%AB%98%27（二〇一八年九月一二日閲覧）

84 「日本経済新聞」二〇一九年九月九日。https://www.nikkei.com/article/DGXMZO49575810Z00C19A9EA2000/

85 https://www.nordeatrade.com/en/explore-new-market/hong-kong/investment

86 デヴィッド・ハーヴェイ、森田成也他訳『資本の〈謎〉』作品社、二〇一二年、五三頁。

87　デビッド・コーテン『グローバル経済という怪物』シュプリンガー・フェアラーク東京、一九九七年、八〇頁。
88　スーザン・ストレンジ、櫻井公人他訳『マッド・マネー』岩波書店、一九九九年、一五〜六頁。
89　デヴィッド・ハーヴェイ、渡辺治監訳『新自由主義』作品社、二〇〇七年、九六頁。
90　デヴィッド・ハーヴェイ、前掲書、九四〜六頁参照。
91　正村俊之『変貌する資本主義と現代社会』有斐閣、二〇一四年、三三頁。日本における新自由主義については以下を参照。二宮厚美『現代資本主義と新自由主義の暴走』新日本出版社、一九九九年。
92　ヨアヒム・ヒルシュ、木原滋哉・中村健吾訳『国民的競争国家』ミネルヴァ書房、一九九八年、一一四〜五頁。
93　一九九八年、二〇〇〇年は http://www.bis.org/publ/rpfxf10t.htm（二〇〇〇年七月五日閲覧）。二〇一七年、二〇一八年は https://www.bis.org/statistics/d1.pdf" https://www.wto.org/english/res_e/statis_e/wts2018_e/wts2018_e.pdf#search=%27world+trade+total+2018%27（二〇一九年九月一〇日閲覧）。
94　http://www.bis.org/publ/rpfxf10t.htm／国際決済銀行（Bank of International Settlement）は、「ＢＩＳ」とも呼ばれ、一九三〇年一月に世界の主要国が出資、主要国の中央銀行をメンバーとする国際銀行をいう（本部はスイスのバーゼル）。元々は、ドイツの第一次世界大戦の賠償支払いに関する事務を取扱っており、これが名称の由来である。第二次世界大戦後は、主として中央銀行間の国際協力の要として活動しているが、その目的は、中央銀行間の協力の促進、国際金融業務に対する便宜の供与、国際金融決済の受託・代理業務などを行うこととなっている。具体的には、各国の中央銀行からの預金の受け入れや為替の売買を行っているほか、国際金融問題について各国の中央銀行が討論する場である。WTO, World Trade Development 2011, http://www.wto.org/english/res_e/statis_e/its2011_e/its11_world_trade_dev_e.htm（二〇一九年三月二七日閲覧）

95 デビッド・コーテン、前掲書、二四二頁。

96 三和裕美子「経済の金融化における証券取引所の変質」（福田邦夫編著『二一世紀の経済と社会』西田書店、二〇一五年、一〇四〜五頁）。

97 「日本経済新聞」二〇二〇年七月一〇日。

98 Business Insider、二〇一九年一一月二九日、https://www.businessinsider.jp/post-202875

99 鈴木宣弘『TPP11はTPP12より悪い』（二〇一八年五月一七日、衆議院内閣委員会資料）一頁。http://kokuminrengo.net/tpp11%e3%81%aftpp12%e3%82%88%e3%82%8a%e6%82%aa%e3%81%84/（二〇一八年七月二五日閲覧）

100 Activities of U.S. Multinational Enterprises: 2016 EMBARGOED UNTIL RELEASE AT 8:30 A.M. EDT, Friday, August 24, 2018
https://www.bea.gov/news/2018/activities-us-multinational-enterprises-2016（二〇一八年六月三日閲覧）

101 Kimberly Amadeo updated March 19, 2018. "How Outsourcing Jobs Affects the U. S. Economy" https://www.thebalance.com/how-outsourcing-jobs-affects-the-u-s-economy-3306279（二〇一八年七月一日閲覧）。

102 How Much Would An iPhone Cost If Apple Were Forced To Make It In America?

https://www.forbes.com/sites/quora/2018/01/17/how-much-would-an-iphone-cost-if-apple-were-forced-to-make-it-in-america/#66bf2b152d2a（2018年5月5日閲覧）

103 大槻智洋「解剖「ケイレツリスト」アップル経済圏の栄枯盛衰」日本経済新聞、二〇一七年六月一五日 https://www.nikkei.com/article/DGXMZO17354170W7A600C1000000/（二〇一八年七月二五日閲覧）

104 This child being abused in a cobalt mine is why Apple is trying to fix the mining business http://uk.businessinsider.com/apple-cobalt-mine-child-labor-2017-5（二〇一八年六月一八日閲覧）

105 Krystal Hu, “Why the $375 billion US-China trade deficit can be totally misleading”, https://finance.yahoo.com/news/375-billion-us-china-trade-deficit-can-totally-misleading-173908781.html（二〇一八年六月二〇日閲覧）

106 人民網日報版、二〇一六年一一月二一日。http://j.people.com.cn/n3/2016/1121/c94476-9144558.htm（二〇一七年二月三日閲覧）。

107 「中国の対米投資が九割減、米中貿易摩擦は戦争へ?」『Newsweek』二〇一八年六月二一日。https://www.newsweekjapan.jp/stories/world/2018/06/post-10434.php（二〇一八年七月四日閲覧）。

108 だがこの額は正確な数字ではない。というのはロナン・パランが指摘しているように、国際貿易の約六〇%が企業内貿易という形態で行われており、価値移転操作が行われ、利益の大半が隠されているからだ。タックスヘイブンであるケイマン諸島や英領ヴァージン諸島には、ペーパーカンパニーが七万社も密集し、法人税の回避を狙う多国籍企業の住処となっているからである。ロナン・パラン他著、青柳伸子訳『「徹底解明」タックスヘイブン』（作品社、二〇一三年）参照。

109 日本経済新聞、二〇一九年一月二三日。

110 "The Highest-Paid C. E. O. s in 2017", May 25, 2018.
https://www.nytimes.com/interactive/2018/05/25/business/ceo-pay-2017.html（二〇一八年九月二八日閲覧）.

111 United State CensusuBureau, Income and Poverty in the United States: 2017.
https://www.census.gov/library/publications/2018/demo/p60-263.html

112 Kimberly Amandeo, "Income Inequality in America-Causes of Income Inequality",
https://www.thebalance.com/income-inequality-in-america-3306190（二〇一八年九月二八日閲覧）.

113 1億3200万ドル÷10ドル×10時間×20日×12か月＝5500として算出した。

114 My Big Apple-New York, http://mybigappleny.com/2018/08/17/hhd-18q2/（二〇一八年九月二八日閲覧）.
This is How Much Debt the Average American Has Now - at Every Age
http://time.com/money/5233033/average-debt-every-age/（二〇一八年九月二八日閲覧）.

115 石崎照彦『アメリカ新金融資本主義の成立と危機』岩波書店、二〇一四年、二五〜九頁。

おわりに

貿易とは何か？　貿易は便利だから行われるような代物ではない。本書で触れたように、貿易の歴史は、富を求める貿易商人の血で血を洗うような抗争の歴史であり、貿易商人は国家という巨大な武装装置を駆使し、世界の制覇を目指して近代史を刻んできたのである。今も昔も貿易の本質は変わらない。

本書では、二〇世紀後半、世界はグローバル資本主義の時代に突き進み、世界経済構造は大きく変容し、金融資本と強大な多国籍企業が国家を凌ぐほどの力を蓄えてきた歴史を描いた。際限なく利潤を追求する資本は、国家と癒着することによって途方もなく肥大化し、今では国家を凌ぐまでに成長したのである。激烈な企業間競争によって弱小企業は淘汰され、今や世界を駆け巡る巨大企業は司令塔をグローバル・シティに残して、製造拠点そのものを世界に配置・移転し始めたのである。[1]

金融市場はカジノのような賭博場となり、企業は貨幣的富の増殖を追求してグローバル化し、労働市場はフリーランス・エコノミーに巻き込まれ、資本の管理人は天文学的な報酬を手にする。このような世界にわれわれは巻き込まれているのだ。こうしたなかで貧困の渦の中に打ち捨てられた人々は、今再び、ネイション（民族）の神話を思い起こし、虚偽のナショナリズムに酔いしれている。アメリカのトランプ政権にみられるように、富裕層の利益を擁護しながらナショナルな価値を利用する選挙キャンペーンは、きわめて排外主義的な運動と結びつきやすい。

二〇二〇年一一月初旬段階で、アメリカの次期大統領にはバイデンが決まる公算が高くなってきた。しかし米国経済の空洞化を阻止し、雇用を海外から奪い返すことは極めて困難だ。オバマ大統領の時も「製造業雇用一〇〇万人創出」を掲げたが、その目的を実現することはできなかったからだ。

国家・国民の解体作業を展開しているのは、無限の資本増殖を追い求めるグローバル化したグローバル企業なのだ。マスコミを含め、保護貿易を悪とし、自由貿易を善とする論調が多く見られるが、いま一度、自由貿易を絶叫している集団の正体を見極めるべきではないか。貿易は、人類の全歴史を通じ、意図を持った何ものかが富を築くための道具として使用されていたのだから。

本書を執筆していた二〇二〇年の初め、コロナウイルス禍が世界を襲撃し、この世界が抱えている問題を白日のもとにさらし出した。またトランプ大統領が、大統領選挙を前にして、中国を世界経済から切断する政策（デカップリング）を展開し始めた。こうしたなか世界の至る所で貧富の格差が拡大し、不均衡・不平等な世界が広がっている。このようないびつな世界が生まれたのは昨今のことではない。それは、近代世界——全てを貨幣に変え、貨幣が全てを商品にしてしまう世界——の幕開けを告げた大航海時代を契機として生まれたのだ。無論、前近代社会が人類にとって理想の社会というわけではないが、本書の読者には、この人間社会の過去と未来を想像していただきたい。

本書を上梓するに当たり、執筆を奨めていただいた筑摩書房編集部の藤岡泰介さんには、大変お世話になった。また山中達也（駒澤大学）、深澤光樹（東洋大学）両氏には、数々の貴重な助言をいただいた。この場をお借りしてお礼申し上げたい。

1　サスキア・サッセンはグローバル・シティがもつ四つの機能を挙げている。その一は、グローバル・シティは、従来の国際貿易・銀行業の中心地としての役割に加えて、世界経済を組み立てるうえでの司令塔が密集する場になったこと。第二は、製造業にかわって経済の中心となった金融セクターと専門サービス・セクターにとり重要な場所になったこと。第三に、金融や専門サービスという主導産業における生産（イノベーションの創造も含む）の場として機能するようになったこと。第四に、生み出された製品とイノベーションが売買される市場としての機能が加わったこと。サスキア・サッセン、伊豫谷登士翁・大井由紀・高橋華生子訳『グルーバル・シティ』ちくま学芸文庫、二〇一八年、四四〜五頁。

1974年	国連資源特別総会、新国際秩序（NIEO）樹立宣言 p287 （米）通商301条新設 p294
1979年	（中）米国と国交樹立 イラン革命／第2次石油危機
1980年	イラン・イラク戦争（〜1988年）p288 構造調整政策（SAP）始動 p290
1981年	（米）レーガン大統領就任（〜1989年）p310
1985年	プラザ合意 p293
1987年	ニューヨーク株式大暴落（ブラックマンデー）
1988年	（米）1988年包括通商・競争力法、スーパー301条新設 p294／カナダと自由貿易協定調印、1994年にメキシコが加盟し北米自由貿易協定（NAFTA）発足 p299
1989年	（独）ベルリンの壁崩壊
1991年	ソ連邦解体
1992年	EU発足 p283
1994年	メキシコ通貨危機 p290
1995年	世界貿易機関（WTO）発足（GATTの解消）
1997年	タイバーツ急落、アジア通貨危機 p314
1998年	ロシア通貨危機
1999年	EUは単一通貨ユーロを導入
2001年	（中）世界貿易機関に加盟
2002年	欧州単一通貨ユーロが12か国で流通 p283
2008年	リーマンショック p314
2010年	（中）GDP（国内総生産）世界第2位 p301
2013年	（中）習近平国家主席、「一帯一路」構想を発表 p305
2017年	（米）トランプ大統領就任（〜2020年）p314
2018年	（米）NAFTAを解消し、米国・メキシコ・カナダ協定（USMCA）に改編 p300
2020年	（英）EU離脱 p283

	（独）ヒトラー、独ソ不可侵条約を破棄 p270
	（英）（米）大西洋憲章発表／（米）武器貸与法可決 p272
1943 年	（独）スターリングラードの戦いでドイツ軍降伏
1943 年	（伊）無条件降伏
1944 年	ブレトンウッズ協定調印 p279／連合軍、ノルマンディーに上陸／パリ解放
	国際復興・開発銀行（IBRD）発足 p279
1945 年	ポツダム会議（米、英、ソ）ポツダム宣言
	（独）無条件降伏
	（米）広島・長崎に原爆投下／（日）無条件降伏
	国際連合成立（UN）、50 か国／国際通貨基金（IMF）発足 p279
1946 年	第 1 回国連総会、安全保障理事会成立
1947 年	（米）トルーマン＝ドクトリン発表 p278／マーシャル・プラン p280／GATT 調印 p282／国際貿易憲章を提案 p281
	「関税と貿易に関する一般協定」に 23 か国が調印
	（英）インド独立
1949 年	北大西洋条約機構（NATO）成立 p282／中華人民共和国成立／コメコン（COMECON）成立 p282
1950 年	朝鮮戦争（～1953 年）
1951 年	（日）サンフランシスコ対日講和会議（米国の占領終わる）
1955 年	（日）GATT に 12 条国として加盟（1963 年に 11 条国）p283
1957 年	ヨーロッパ経済共同体（EEC）成立 p283
1960 年	石油輸出国機構（OPEC）結成 p287
1963 年	アフリカ統一機構（OUA）結成（2002 年にアフリカ連合（AU）に改名）
1964 年	国連貿易開発会議（UNCTAD）発足 p286
1965 年	（米）ベトナム戦争（～1975 年）p293
1966 年	（仏）NATO 軍より正式脱退（2009 年に復帰）、NATO はブリュッセルに移転
1967 年	ヨーロッパ共同体（EC）発足 p283／ケネディ・ラウンド p284／国連工業開発機関（UNIDO）設立 p286／アルジェで第 1 回 77 か国グループ閣僚会議開催 p287
1968 年	EC 関税同盟完成
1971 年	（米）ニクソン大統領、金・ドル交換停止発表 p292
	ワシントンで 10 か国蔵相会議（スミソニアン体制発足）p292
	（中）中華人民共和国、国連に加盟
1972 年	（米）ニクソン訪中
1973 年	石油危機（オイルショック）p292／EC6 か国共同変動相場制に移行

1919年	(独) ヴェルサイユ条約締結、1920年から発効／ドイツ共和国憲法（ワイマル）制定 p218
1920年	国際連盟発足 p225
1922年	(露) ソヴィエト社会主義共和国連邦（USSR）成立
1924年	(米) パリで開催されたドイツの賠償問題に関する専門家会議でドーズ案了承される p223／移民法実施、アジア系移民原則禁止 p270
1928年	(伊) ムッソリーニ、ファシスト党による独裁政権確立
1929年	(米) ヤング案発表／大恐慌 p235
1930年	(米) 高率関税法スムート＝ホーレー関税法成立 p229
1931年	(墺) オーストリア中央銀行破産
1932年	(米) フランクリン・D・ローズベルト、第32代大統領に当選 p236
	(英) 帝国経済会議（オタワ会議）開催 p229
	(日) 傀儡国家、満洲国建国宣言 p219
1933年	(米) 全国産業復興法（NIRA）p241／農業調整法（AAA）p239
	(独) ヒトラー、政権を掌握、1935年にヴェルサイユ条約破棄 p268
1934年	(米) フランクリン・D・ローズベルト、互恵通商協定法成立 p267
	(露) ソ連、国際連盟に加盟
1935年	(米) フランクリン・D・ローズベルト、第二のニューディールに着手 p243／ワグナー法 p242
1936年	(伊) エチオピアを併合
1937年	日・独・伊防共協定成立
	(日) 盧溝橋事件、日華事変（日中戦争）始まる
1938年	(独) ヒトラー、自動車王ヘンリー・フォードにドイツ鷲十字勲章を授与 p233
	ミュンヘン会議（独、伊、英、仏が参加）p269
1939年	(独) 独ソ不可侵条約 p269／独、ソヴィエトはポーランドに侵攻 p269／第2次世界大戦始まる p268
	(米) 日米通商航海条約破棄通告 p271
1940年	(独) パリを占領
	日・独・伊三国同盟成立 p271
	(英) チャーチル戦時内閣（～1945年）
1941年	(日) 真珠湾奇襲攻撃 p271／アジア・太平洋戦争始まる／日ソ不可侵条約
	(米) 第2次世界大戦に公式に参加 p271

1886年	(英) ビルマをインド帝国に併合
1887年	(仏) フランス領インドシナ連邦成立(〜1945年)
1889年	(英) 英はエジプトとスーダンを共同管理(植民地化)
1890年	(米) フロンティアの消滅宣言 p146
	(英) セシル=ローズがケープ植民地の首相に
1893年	(仏) ラオスを保護国化
1894年	日清戦争(〜1895年) p219
1895年	(米) 砂糖プランターB. ドールはハワイで「公安委員会」を組織し、リリウオカラニ女王を逮捕、投獄 p191
1898年	(米) ウィリアム・マッキンレー大統領はハワイを併合しパール・ハーバーに海軍基地を建設 p192
	(西) ハバナに停泊中のアメリカの戦艦メイン号が爆発・沈没 米西戦争、パリ条約でフィリピン、グヮム島、プエルトリコはアメリカ領になる p195
	(清) 独は膠州湾を租借 p202、露は旅順・大連を租借、仏は広州湾を占拠、英は九龍半島威海衛を租借
	(独) ドイツ皇帝はトルコを訪問しドイツ・バクダード鉄道敷設権を獲得 p221
1899年	(比) 独立運動の指導者エミリオ・アギナルドは独立を宣言 p196/独立戦争(〜1901年)
	(米) 米は清国政府に対華門戸開放宣言、仏は広州湾を租借
1900年	(米) 金本位制確立
1904年	日露戦争(〜1905年) p219
	英仏協商成立、エジプトはイギリス、モロッコはフランスが支配することを相互承認 p204
1905年	(独) タンジール事件 p204
1907年	英仏露三国協商成立
1910年	(日) 韓国併合、朝鮮総督府設置
1911年	関税自主権回復
1914年	第一次世界大戦始まる p162/(米) 中立宣言 p211
1915年	(英) ルシタニア号がドイツに撃沈される p212
1916年	英・仏・露はサイクス=ピコ協定に調印 p220
1917年	(米) ドイツと断交し宣戦布告 p212
	(露) ロシア、10月革命、戦線を離脱し、レーニンはサイクス=ピコ協定を暴露 p220
1918年	オーストリア=ハンガリー帝国崩壊、ハンガリー、チェコスロバキア、セルブ=クロアート=スロヴェーンが独立を宣言
	(米) ウィルソン大統領、「14か条の平和原則」を発表 p225
	(独) 休戦協定に調印

統治 p133
（印）ムガル帝国の滅亡
仏越戦争（～1862年）（ナポレオン3世、ベトナムに派兵）
1859年 （仏）インドシナ侵略の開始、サイゴン占領
1860年 （清）⇔（英）（仏）北京条約 p130
英仏通商条約、自由貿易に移行
1861年 （米）南北戦争（～1865年）p162／リンカーン大統領（～1865年）p178／ホームステッド法（自営農民法）成立 p164／モーリル関税制定 p170
1862年 （普）ビスマルク、プロイセン首相に就任
（仏）メキシコに宣戦布告（1867年に撤兵）
1863年 （米）リンカーン大統領、奴隷解放宣言 p178
（仏）カンボジアを保護国に
（米）国法銀行法制定 p169
1865年 （米）南北戦争終結／憲法修正第13条により黒人奴隷制廃止を提案／リンカーン暗殺 p180
1866年 普墺戦争
1867年 （普）北ドイツ連邦発足
（米）ロシアからアラスカを購入 p146
（英）マライ海峡植民地、英国直轄植民地となる
1868年 （日）明治維新
（西）キューバで独立戦争（～1878年）
1869年 （英）スエズ運河開通 p204
（米）東西を結ぶ大陸間横断鉄道完成 p169
1870年 普仏戦争（～1871年）p206
1871年 （独）ドイツ帝国成立、宰相にビスマルク p207
1873年 （米）金融恐慌、ニューヨーク取引所一次閉鎖 p176
1876年 （白）ブリュッセル地理学会（ベルギーのレオポルド2世が招集）で「国際アフリカ協会」設立 p199
1877年 （英）インド帝国の成立、皇帝はイギリスのヴィクトリア女王
1880年 （仏）タヒチを植民地化
1882年 独・墺・伊・三国同盟結成 p211
1883年 （仏）ベトナムを保護国に
1884年 清仏戦争（～1885年）
（独）ビスマルクの呼びかけでアフリカ分割に関するベルリン会議（～1885年）p201
1885年 （白）コンゴ自由国（ベルギー王の私有地）（～1908年）誕生 p201
（清）⇔（仏）天津条約／清はベトナムに対する宗主権を失う

1776年	（米）独立宣言（ジェファソンが起草）p142
1780年	第4次英蘭戦争（～1784年）p75
1781年	（英）ヨークタウンの戦いで米・仏に決定的な敗北
1783年	（英）パリ条約でイギリスがアメリカの独立を承認
1785年	（米）大陸評議会は公有地条例を公布p147
1787年	（米）アメリカ合衆国憲法制定p147／大陸評議会は北西部条例を公布p147
1789年	（米）ワシントン初代大統領に就任
	（仏）フランス革命勃発p75
1790年	（米）サミュエル・スレイター、アークライト式水力紡績機の制作に成功p171
1796年	（清）清朝政府はアヘンの輸入禁止令（1800年にも発令）p126
1803年	（米）ジェファーソン大統領はナポレオンから仏領ルイジアナを購入p145
1813年	（米）ウォルサム型工場（紡績一貫の機械製工場）操業を開始p172
1819年	（米）スペインからフロリダを購入p145
	（英）トーマス・ラッフルズがシンガポールに上陸、商館を建設
1824年	（英）シンガポールを領有（～1963年）
1828年	露土戦争（～1829年）
1830年	（蘭）ジャワでサトウキビ強制栽培制度（～1870年）
1839年	（清）林則徐、アヘン没収p127
1840年	（英）⇔（清）アヘン戦争（～1842年）p127
1840年	（英）英海軍、広東港に入港し清国に開国を迫るp127
1842年	（英）⇔（清）南京条約p127
1843年	（英）⇔（清）虎門寨条約（南京条約を補足）p127
1844年	（米）⇔（清）望厦条約p128
	（清）⇔（仏）黄埔条約p128
1846年	アメリカ・メキシコ戦争（～1848年）p146／（米）メキシコからテキサスを奪い併合p146
1849年	（英）航海法廃止で貿易の自由化p133
1851年	（清）太平天国の乱（～1864年）
1856年	（英）⇔（清）アロー号事件／アロー戦争（～1860年）p128
1857年	（印）セポイの反乱（～1859年）p121
1858年	（清）⇔（露）アイグン条約（黒竜江以北をロシア領）
	（清）⇔（英）（米）（仏）（露）天津条約p129
	（英）東インド会社解散でインドはイギリス本国による直接

1661年	（蘭）ハーグ講和条約。イギリスの仲介によりオランダはポルトガルのアンゴラ領有を認める p37
1664年	（英）イギリスはオランダのニューネーデルラントを奪い、ニューヨークと改称 p95
1664年	（仏）フランス東インド会社再建（1604年に設立されたが間もなく廃止された）p116
1665年	第2次英蘭戦争（～1667年）p75
1667年	（仏）ルイ14世のネーデルラント継承戦争（～1668年）
1672年	（仏）オランダ侵略戦争（～1678年）
1672年	第3次英蘭戦争（～1674年）p75
1674年	（蘭）オランダ西インド会社解散。同社の植民地スリナムを政府直轄植民地として支配（～1975年）p75
1675年	（米）フィリップ王戦争（～1676年）p139
1682年	（仏）ルイジアナ植民地建設
1688年	（英）名誉革命 p100
1689年	（英）英仏植民地戦争（第2次百年戦争）（～1815年）p141
1693年	（葡）ブラジルで金鉱床発見（～1695年）p39
1701年	（仏）スペイン継承戦争（英・蘭・独⇔仏・西）（～1713年）
1703年	（葡）イギリスとメスエン条約を締結 p40
1704年	（英）ジブラルタル占領
1707年	（英）スコットランドと合同、大ブリテン王国に
1713年	ユトレヒト条約 p93
1744年	（英）⇔（仏）第1次カーナティック戦争（～1748年）p118
1750年	（英）⇔（仏）第2次カーナティック戦争（～1754年）p118
1755年	（葡）リスボンで大地震発生
	（英）⇔（仏）フレンチ・インディアン（7年）戦争（～1763年）p117
1757年	（印）プラッシーの戦い p118
1758年	（英）⇔（仏）第3次カーナティック戦争（～1761年）p118
1763年	（仏）カナダとミシシッピ以東の仏領植民地放棄 p95
1764年	（英）砂糖法 p141
1765年	（英）印紙法（～1766年）p141
1767年	（英）タウンゼンド関税法（ガラス、茶、紙、塗料などに関税）
1773年	（米）茶法採択 p142／ボストン茶会事件 p142
	（英）東インド会社はインドでのベンガルアヘンの専売権を獲得 p123
1774年	（米）第1回大陸会議／ボストン港を閉鎖
1775年	（米）独立戦争始まる（～1783年）p141／第2回大陸会議で大陸軍司令官にワシントンを任命

	（葡）ポルトガル王国はコンゴ王国に軍隊を派遣して反乱を鎮圧 p25
1578年	（葡）ポルトガル軍、モロッコで敗北 p36
1580年	（西）スペイン国王フェリペ2世はポルトガルを併合（～1640年）、フィリペ1世と名乗って1580年にポルトガル国王に p36
1588年	（西）スペイン無敵艦隊はイギリス艦隊により壊滅（アルマダの海戦）p46
1600年	（英）イギリス東インド会社設立 p71
1602年	（蘭）オランダ東インド会社設立 p71
1607年	（英）ヴァージニア植民地建設 p103
1609年	（蘭）アムステルダム銀行設立 p69／スペインと休戦協定
1611年	（蘭）アムステルダム取引所完成 p69
1618年	30年戦争（～1648年）p49
1619年	（英）北米イギリス植民地への黒人奴隷貿易始まる／ヴァージニア植民開始
	（蘭）ジャワに総督を置く、バタビア建設 p78
1620年	（英）メイフラワー号でピューリタンのピルグリム＝ファーザーズ（巡礼始祖）がプリマスに上陸 p103
1621年	（蘭）オランダ西インド会社設立（～1674年）p71／オランダ東インド会社総督 J.P. クーンは、インドネシアのバンダ諸島を占拠し、イギリス人を追放 p78
1623年	（英）西インド諸島に移民開始
	（蘭）アンボン事件（アンボイナの虐殺）p80
1624年	（英）ヴァージニア、英王の直轄植民地になる
1637年	（米）ピークォート戦争 p138
1640年	（葡）筆頭侯爵ブラガンサ家のジョアンはスペイン・ハプスブルグ家の駐在使節を追放してスペインから分離独立を達成する p38／ジョアン4世、新国王に就く p39
1641年	（蘭）オランダ軍はポルトガル領アンゴラを占拠 p37
1642年	（英）ピューリタン革命（～1649年）
1649年	（英）チャールズ1世国王処刑（1625～49年）／共和制宣言／アイルランド征服
1648年	（蘭）ウエストファリア条約によりオランダ独立 p113
1651年	（英）航海法成立 p109
1652年	第1次英蘭戦争（～1654年）p109
1654年	（英）航海法成立（1651年の航海法を確認）p109
1656年	（葡）ポルトガルの貿易拠点セイロン島がオランダの支配下に置かれる p38

『貿易の世界史』関連年表・索引

1143年	（葡）ポルトガル王国成立
1415年	（葡）ジョアン1世、モロッコ北端のセウタを攻略 p22
1431年	（葡）奴隷海岸、象牙海岸と呼ばれたギニア湾沿岸を制圧（～1460年）p27
1445年	（葡）エンリケ航海王子が派遣した船が西アフリカのヴェルデ岬に到着 p23
1479年	（西）スペイン王国成立　アラゴン王太子フェルナンドとカスティリャ王女イサベルが結婚 p42
1488年	（葡）バルトロメウ＝ディアス、喜望峰に到着 p42
1492年	（西）国土回復運動（レコンキスタ）終結 p42／コロンブス、サンサルバドル島に到着（～1493年3月）p134
1493年	（葡）ギニア湾のサントメ・プリンシペでサトウキビ栽培を開始 p23
1494年	トリデシリャス条約（スペインに有利な教皇子午線を変更）p83
1498年	（葡）ヴァスコ・ダ・ガマ、インドのカリカットに到着 p23
1500年	（葡）カブラル、ブラジルに到着 p31
1510年	（葡）ゴアを占領
1511年	（葡）マラッカ占領
1512年	（葡）モルッカ（香料）諸島に到着
1513年	（葡）ポルトガル王国とコンゴ王国は独占的貿易取引を行う条約を締結 p24
1516年	（西）カルロス1世が国王（～1556年）。同国王はカール5世として神聖ローマ帝国皇帝（1519～56年）p43
1517年	（葡）中国（明）との貿易を開始
1519年	（西）コルテスはアステカ王国（メキシコ）を征服（～1521年）p52／マゼラン一行、世界周航（～1522年）p150
1529年	サラゴサ条約（ポルトガル、スペインの領土分割線設定）
1532年	（西）ピサロはインカ帝国を征服 p52
1543年	（葡）種子島に漂着 p23
1545年	（西）ポトシ銀山（ボリビア）発見 p52
1549年	（葡）イエズス会士フランシスコ＝ザビエルが鹿児島に上陸
1556年	（西）カルロス1世は、息子フェリペ2世に王位を譲る p44／異端審問が拡がる p44
1558年	（英）エリザベス1世即位（～1603年）p97
1568年	（蘭）オランダ独立戦争が始まる p46
1571年	（西）マニラ建設 p57

ちくま新書

1538

貿易《ぼうえき》の世《せ》界史《かいし》

――大航海時《だいこうかいじ》代《だい》から「一帯一路《いったいいちろ》」まで

二〇二〇年一二月一〇日 第一刷発行

著者 福田邦夫（ふくだ・くにお）

発行者 喜入冬子

発行所 株式会社 筑摩書房

東京都台東区蔵前二―五―三 郵便番号一一一―八七五五

電話番号〇三―五六八七―二六〇一（代表）

装幀者 間村俊一

印刷・製本 株式会社 精興社

ISBN978-4-480-07356-3 C0220